...pour que la parole
soit au service de la Vie !

ÉDITIONS PAIX POUR TOUS
Lucie Marcotte - auteur
www.luciemarcotte.com
info@luciemarcotte.com

Conception graphique et mise en page
Lucie Marcotte

Publié au Québec, 1er trimestre 2014

ISBN et Dépôt légal
ISBN 978-2-924391-08-2 (imprimé)
ISBN 978-2-924391-09-9 (ebook)
Dépôt légal - Bibliothèque et Archives nationales du Québec, 2014
Dépôt légal - Bibliothèque et Archives Canada, 2014

Catalogage avant publication de Bibliothèque et Archives nationales du Québec et Bibliothèque et Archives Canada

Marcotte, Lucie, 1958-

Prendre la parole pour un monde meilleur : découvrir le langage non verbal de la lumière intérieure et la guérison consciente de ce qui est exprimé et transmis par l'état personnel, le corps, les yeux et le silence... pour que la parole soit au service de la vie!

En tête du titre : Le leadership du cœur.
Comprend des références bibliographiques.

ISBN 978-2-924391-08-2

1. Langage du corps. 2. Communication non-verbale. I. Titre.

BF637.N66M37 2014   153.6'9   C2014-940797-1

REMERCIEMENTS

Merci à mes guides et à la puissance d'Amour qui m'accompagnent, m'aident, m'enseignent et me guérissent au fil de mon cheminement.

Merci, merci et merci.

Lucie Marcotte

Le leadership du coeur

Prendre la parole
pour un monde meilleur

Découvrir le langage non verbal de la lumière intérieure
et la guérison consciente de ce qui est exprimé et transmis
par l'état personnel, le corps, les yeux et le silence

... pour que la parole soit au service de la Vie !

ÉDITIONS PAIX POUR TOUS

Table des matières

Table des matières

Introduction

Prendre la parole pour un monde meilleur
Découvrir le langage non verbal de la lumière intérieure
et la guérison consciente de ce qui est exprimé et transmis
par l'état personnel, le corps, les yeux et le silence

... pour que la parole soit au service de la Vie !

De nombreux ouvrages abordent le langage non verbal et apportent des clés et connaissances pour décoder les gestes et mouvements du langage non verbal.

Mais d'où viennent ces gestes et mouvements? Quelle est cette partie de nous qui anime ces gestes et mouvements ?

Quelle en est l'intention positive ? En quoi le langage non verbal est-il un outil au service de notre évolution, de l'expression de notre Être ?

Dans ce livre, vous trouverez de nombreux exemples de ce qui est exprimé et transmis par l'état personnel, le corps, les yeux et le silence.

Si plusieurs observations nous permettent d'en saisir le message émotionnel ou rationnel relié à notre façon de vivre ce que nous vivons, il y a un message plus profond qui vient de l'intérieur et qui a une intention positive pour chacun de nous.

Par le langage non verbal, notre corps et notre état personnel nous parlent de nos mouvements intérieurs, de ce qui est important pour nous, de nos aspirations profondes.

Ils nous parlent de ce qui appelle à être exprimé et transmis par notre Être, par notre lumière intérieure.

Chaque petit mouvement intérieur, chaque petit geste, chaque petit mouvement et expression du corps est inspiré par notre lumière intérieure.

Par ces formes de langage, des signes les plus subtils aux plus évidents, elle nous parle de qui nous sommes, de la reconnaissance, l'amour et la confiance en qui nous sommes.

Elle nous parle aussi des chemins de guérison consciente de notre façon de vivre l'expérience de la vie, afin qu'elle puisse être aussi lumineuse que nous le sommes vraiment.

Elle nous parle de l'amour, des pensées, paroles, actions et énergies positives et bienveillantes envers nous-mêmes, les autres et la vie.

Elle nous parle de ce qui est présent dans l'inconscient et le subconscient, de guérison consciente.

Elle nous parle de nos rêves du coeur, d'intégrité, de liberté d'être ce que nous sommes vraiment.

Notre lumière intérieure souhaite le meilleur pour nous. Elle nous dit à quel point nous sommes aimés. Elle nous invite à nous regarder par les yeux de l'amour et nous encourage à nous faire confiance, à être doux et bienveillant envers nous-mêmes, à créer les miracles du coeur dans notre vie.

Le langage non verbal est une source d'enseignements, d'apprentissages, de chemins de guérison, de communication et de sagesse très riche. Il nous permet de mieux comprendre comment une personne vit ce qu'elle vit et de quelle façon ce qu'elle vit peut être au service de son évolution, de l'expression de sa lumière intérieure.

L'observation et l'auto-observation des signes du langage non verbal comme les gestes, les mouvements, les expressions, l'état personnel, les silences, etc., nous apporte des informations précieuses pour éclairer et élever le niveau de conscience de nos communications, ainsi que des messages de sagesse et thérapeutiques inspirés par notre lumière intérieure.

Lorsque le langage verbal et non verbal sont cohérents, notre lumière intérieure peut s'exprimer avec sagesse et rayonner de la plus belle manière possible.

Qu'il y ait paix, paix et paix. Qu'il y ait Paix, Paix et Paix.

Chapitre 1

Le langage non verbal

LE LANGAGE NON VERBAL

Le langage non verbal est le langage transmis par le corps, l'énergie des mots, notre état d'être, notre énergie personnelle et ce qui est exprimé par l'inconscient.

Il exprime ce que nous vivons et les mouvements intérieurs qui représentent la façon dont nous le vivons.

L'observation des gestes, mouvements et expressions du corps permet de prendre conscience de ces mouvements intérieurs et de comment nous vivons ce que nous vivons.

L'impact réel du langage non verbal est plus grand que celui des mots. Les mots contribuent à environ 7% de l'impact de ce qui est exprimé au cours d'une communication verbale. La façon dont les mots sont dits contribue à environ 38% de l'impact, et ce qui est exprimé par le corps contribue à environ 55% de l'impact.

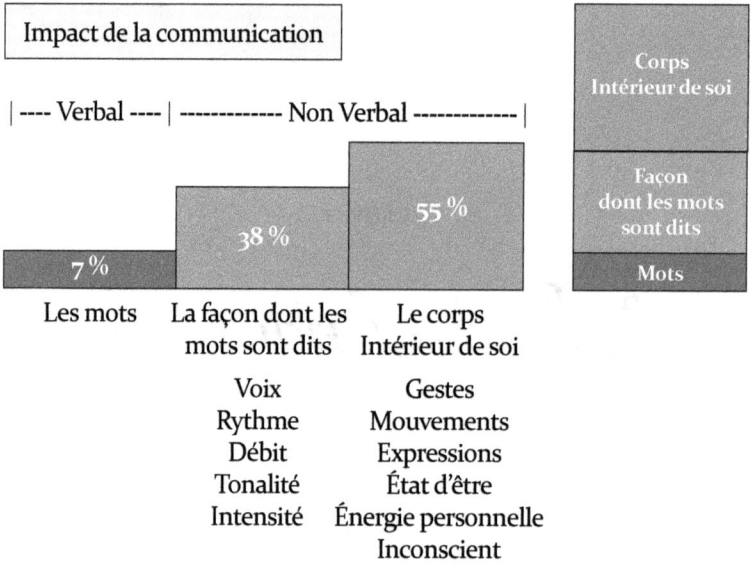

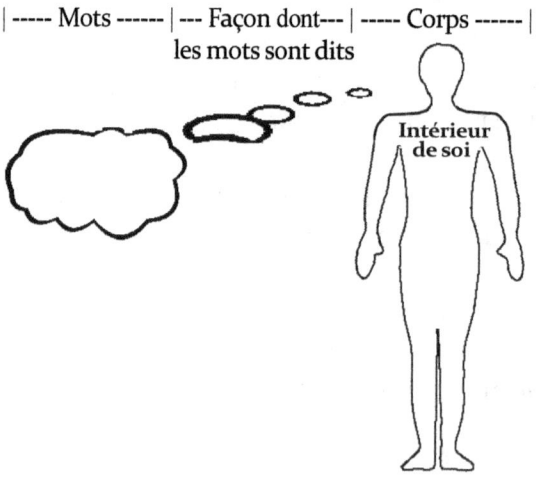

Impact de la communication

| ---- Verbal ---- | ------------- Non Verbal ------------- |

7 %   38 %   55 %

Corps
Intérieur de soi

Façon
dont les mots
sont dits

Mots

Les mots	La façon dont les mots sont dits	Le corps Intérieur de soi
	Voix	Gestes
	Rythme	Mouvements
	Débit	Expressions
	Tonalité	État d'être
	Intensité	Énergie personnelle
		Inconscient

| ----- Mots ------ | --- Façon dont--- | ----- Corps ------ |
les mots sont dits

Intérieur
de soi

Il est intéressant d'observer que plus ce qui est transmis au cours d'une communication vient de l'intérieur de soi, plus son impact est grand.

Lorsqu'une personne entend des mots, elle entend une « forme » donnée par le langage, à ce qui a été exprimé et qui vient de l'intérieur de la personne qui a prononcé les mots.

La façon dont les mots sont dits exprime par le mouvement extérieur de la parole, l'état du mouvement intérieur de la personne qui les a prononcés, au moment précis où elle les a prononcés. Ce mouvement est caractérisé par la qualité de la voix, le rythme, le débit, la tonalité et l'intensité de la voix.

Les gestes, mouvements et expressions du corps expriment par le mouvement extérieur non verbal, l'état du mouvement intérieur de la personne et de son énergie personnelle qui émerge de façon consciente et inconsciente. Ces mouvements du corps sont initiés par le cerveau et transmis au corps par les voies bio-physico-chimiques et neurologiques.

Le rayonnement non verbal qui se dégage de la personne est le mouvement extérieur vibratoire qui émane du mouvement intérieur de son état d'être et de son essence profonde.

Ces observations montrent que le plus important dans les communications vient de l'intérieur de nous.

Lorsque dans notre état d'être nous choisissons de nous faire confiance et d'être intègre avec notre lumière intérieure, notre Essence profonde peut émerger, s'épanouir et rayonner de la plus belle manière possible autour de nous.

Les miracles arrivent en croyant que tout est possible et en déployant nos ailes de liberté.

Chapitre 2

Choisir notre état personnel

CHOISIR NOTRE ÉTAT PERSONNEL

Notre état personnel est la composante principale dans toutes nos communications. Quelle que soit la forme de langage utilisé, notre état personnel est la source de l'énergie que nous dégageons par les mots, notre comportement verbal et non verbal.

Lorsque les plus belles communications sont portées par une énergie positive, cohérente, intègre et bienveillante, elles peuvent avoir un rayonnement qui contribue naturellement au plus grand bien.

L'état personnel, c'est aussi l'énergie qui propulse chaque être vers la création du meilleur possible et accessible, et c'est la foi qui peut créer des miracles.

L'état personnel d'intégrité avec notre lumière intérieure est celui qui nous permet d'être en paix et bien aligné avec notre destinée.

LA SENSIBILITÉ, LE RESSENTI, L'INTUITION, LES DONS, LA CONSCIENCE

La sensibilité nous apporte des informations relatives à ce que nous percevons de nous-mêmes et du monde extérieur. Lorsque nous sommes bien centrés dans notre coeur et dans notre chemin de vie, la sensibilité est un outil au service de notre lumière intérieure. Elle nous guide en nous donnant du feedback pour nous aider à avancer dans nos expériences personnelles. Elle nous permet de percevoir ce qui se passe en nous et dans notre état d'être.

La sensibilité au monde extérieur est une invitation à nous réaligner avec notre lumière intérieure.

Le ressenti est un mouvement intérieur qui traduit la perception que nous avons de ce qui est vécu par notre expérience de la sensibilité.

L'intuition est une inspiration claire qui vient de notre Être divin. C'est une forme de communication qui nous accompagne, nous éclaire et nous guide vers ce qui est bon pour nous et la réalisation de notre destinée.

Les dons sont les cadeaux que chaque Être reçoit pour accomplir sa destinée. Ils permettent à chaque Être d'offrir sa contribution en développant et en utilisant ses dons au service d'un monde meilleur et de « la puissance de la Vie qui est plus grande que soi. » Certaines personnes ont des dons pour la musique, les arts, l'enseignement, l'éducation, la communication, les activités créatives, les sciences, les médecines, etc. Certaines personnes expriment de la compassion, de la douceur, de la paix, de l'amour, de la joie, et plusieurs autres valeurs humaines. Chacun de nos dons est une voie d'expression du potentiel divin sacré merveilleux présent en chaque personne.

La conscience est l'état d'être éveillé, intègre, confiant en notre lumière intérieure, qui nous révèle une perception juste de nous-mêmes, de notre propre existence, du monde extérieur, de « la puissance de la Vie qui est plus grande que soi. »

LES ÉMOTIONS
Les émotions sont de l'énergie en mouvement. Elles parlent de ce que nous vivons et de la façon dont nous le vivons.

Les émotions sont universelles. Quelle que soit l'origine ou la culture, une même émotion peut être observée avec les mêmes signes et traits caractéristiques qui sont exprimés sur le visage et le corps des personnes partout sur la planète.

Les travaux de M. Clynes, Ph. D. ont montré qu'il y a des ondes spécifiques à chaque sentiment et émotion. Ces ondes appelées sentiques, ont des qualités vibratoires caractéristiques, reproductibles, mesurables et universelles, ce qui veut dire par exemple que l'onde émotionnelle de la joie est la même partout dans le monde, qu'elle soit vécue ou initiée par l'intention personnelle, et cela quelles que soient l'origine, la culture ou les façons personnelles de l'exprimer.

Notre capacité à utiliser la puissance de notre intention est donc un outil puissant pour changer la réalité de nos expériences individuelles et contribuer à un monde meilleur.

LE POINT ZÉRO

Le « point zéro » est l'état de l'observateur neutre. Il permet d'être témoin de notre expérience et de l'observer de façon neutre et objective.

Les perceptions rationnelles et émotionnelles de ce que nous vivons sont initiées par le cerveau gauche et le cerveau droit respectivement.

Les perceptions « au point zéro » sont initiées par le coeur. Lorsque notre attention y est centrée, c'est par les yeux de l'amour et de notre lumière intérieure que nous observons les expériences de la vie.

OBSERVER DANS QUEL ÉTAT JE SUIS EN CE MOMENT

Nous pouvons observer si notre attention est focalisée vers des pensées rationnelles ou des états émotionnels, ou si elle est centrée dans notre coeur.

Cette observation simple et révélatrice peut nous aider à prendre conscience de ce que nous vivons, de l'endroit où se trouve notre attention, et des ajustements possibles pour être dans un état personnel présent, centré et aligné avec notre lumière intérieure, confiant et paisible.

CHOISIR L'ÉTAT DANS LEQUEL JE CHOISIS D'ÊTRE

Nous pouvons choisir notre état d'être.

Pour nous aider à centrer notre attention dans notre coeur, la pratique du choix conscient, de la respiration, la cohérence cardiaque, la méditation, le contact avec la nature, etc. peuvent être très bénéfiques.

Lorsque notre attention est centrée dans le coeur, nous pouvons avancer vers la réalisation de notre destinée et de nos rêves du coeur.

Être centré dans le coeur est un état d'être naturel.

En étant centrés dans notre coeur, nous pouvons choisir d'être dans un état personnel de gratitude, d'appréciation, de joie, de compassion, d'empathie, d'ouverture, d'amour, de paix, de douceur, etc.

Nous pouvons vivre l'expérience de l'épanouissement de notre potentiel au service du plus grand bien et de « la puissance de la Vie qui est plus grande que soi. »

SE RELEVER EN ÊTRE DEBOUT

Se relever en Être debout, c'est choisir l'état d'unité avec notre lumière intérieure. C'est choisir l'intégrité avec notre lumière intérieure, d'avoir la foi en notre lumière intérieure, d'avoir foi en soi, d'avoir confiance en notre lumière intérieure, d'avoir confiance en soi, de croire à notre lumière intérieure, de croire en soi. C'est choisir d'Être et de rayonner l'amour et cette belle lumière dans le monde, pour le plus grand bien et dans le respect des lois divines qui gouvernent l'univers.

L'INTENTION

Quand nous formulons une intention en étant centrés dans notre coeur et dans un état d'unité avec notre lumière intérieure, l'univers contribue à sa réalisation.

Quelques clés pour formuler une intention
- format - simple, clair, positif
- contenu - ce que nous voulons véritablement
- attention - centrée dans le coeur
- état d'être - intégrité avec notre lumière intérieure
- but - au service de notre évolution, du plus grand bien, de « la puissance de la Vie qui est plus grande que soi.»

La **compassion**, c'est un état d'être centré dans le coeur, au « point zéro » (point de vue d'un observateur neutre, le regard du Sage) qui permet d'aider d'autres personnes à apprendre mieux et plus vite ce qu'elles ont consciemment ou inconsciemment choisi d'apprendre dans leur chemin d'expérience et d'évolution, et de les aider à se relever en Être debout et conscient.

L'**empathie**, c'est la faculté de pouvoir être présent à d'autres personnes et à ce qu'elles vivent, dans un état de qualité de présence, de bienveillance et de compassion.

- Communication bienveillante et non violente
Lucie Marcotte, Éditions Paix pour tous, 2013

Choisir notre état personnel

Chapitre 3

Être centré dans le coeur et cohérence cardiaque

ÊTRE CENTRÉ DANS LE COEUR ET COHÉRENCE CARDIAQUE

Le cerveau par sa physiologie et son fonctionnement est polarisé. Il y a le cerveau droit qui est relié au côté gauche du corps et aux habiletés intuitives, créatives, émotionnelles, artistiques. Il y a le cerveau gauche qui est relié au côté droit du corps et aux habiletés de raisonnement, logique, structure, organisation. Les deux hémisphères doivent apprendre à travailler ensemble et à être synchronisés pour un fonctionnement équilibré et en santé.

**Le coeur est au centre de l'Être.
Il est unifié.**

**Lorsque nous sommes centrés dans le coeur,
la paix devient possible.**

LE CERVEAU DU COEUR

Le cœur est le premier organe à se développer et lorsqu'il se forme pendant la grossesse, il a son propre système nerveux et réseau de neurones: c'est le cerveau du coeur. Il commence à battre dès la 3e semaine de gestation pour nourrir les tissus, même s'il n'a pas encore acquis sa forme définitive. Le cerveau de la tête et le système nerveux se créent graduellement entre la 6e et 18e semaine de gestation.

Au début, le coeur est situé à l'extérieur de ce qui deviendra la cavité thoracique. Lorsque le système nerveux du corps se développe, l'embryon se recroqueville et le coeur prend sa place au niveau de la gorge de l'embryon, et plus tard il va descendre dans la cavité thoracique. Le cerveau du cœur contient « l'intelligence du cœur » qui guide le développement et l'épanouissement de notre corps et de notre vie, dès le début de la grossesse.

COMMUNICATION COEUR-CERVEAU

Le cerveau du coeur communique avec le cerveau de la tête par les voies qui permettent la circulation de l'énergie dans notre corps, par les voies électriques du système nerveux et par les voies biochimiques des hormones et d'une multitude d'autres molécules qui contribuent à un état de bonne santé.

Le cerveau du coeur peut communiquer harmonieusement

avec le cerveau de la tête lorsque nous sommes dans un état de cohérence et de paix intérieure. Le cerveau du coeur envoie beaucoup plus d'informations au cerveau de la tête que l'inverse. Les neurones du cerveau du coeur ont une mémoire à court terme et à long terme.

EFFET DES SENTIMENTS ET ÉMOTIONS SUR LA COHÉRENCE DES RYTHMES DU CŒUR

Les émotions et sentiments disharmonieux créent des rythmes cardiaques irréguliers et inégaux et du stress, davantage de difficultés à penser clairement et à se sentir bien dans sa peau.

Les émotions et sentiments harmonieux créent des rythmes cardiaques réguliers et doux. Ce sont des sentiments comme l'amour, la paix, la joie, la gratitude, l'appréciation, la compassion, etc.

- Ils induisent dans notre corps des réactions neurologiques, hormonales et biochimiques qui amènent le corps dans un état de plus grande harmonie

- Ils nous aident à trouver des solutions créatives et innovatrices aux problèmes et défis que nous rencontrons.

- Ils contribuent à renforcer le système immunitaire.

- Ils favorisent l'état de cohérence intérieure et de paix intérieure

- Ils favorisent une pensée plus claire pour prendre de bonnes décisions et faire des choix qui sont bons pour nous, pour le plus grand bien de tous et sources de bienfaits au service de l'amour divin.

HARMONISER LA COMMUNICATION
COEUR-CERVEAU ET LES ÉMOTIONS

Lorsque la respiration est centrée dans le coeur, que nous ressentons des émotions et sentiments positifs, et que les rythmes du cerveau de la tête se synchronisent avec les rythmes du cerveau du cœur, il y a un état de cohérence cardiaque qui s'installe naturellement.

En étant centrés dans notre cœur, nous pouvons ressentir un état de cohérence intérieure et vivre l'expérience de l'harmonie, de la maîtrise de notre vie et de la paix intérieure.

Dans cet état, le champ électromagnétique naturel du coeur s'harmonise et son rayonnement devient plus cohérent. Le champ électromagnétique naturel du coeur humain a un rayonnement de plusieurs pieds et il circule sous la forme d'un torus qui varie selon nos pensées et notre état émotionnel.

Le champs électromagnétique du coeur a un impact pour nous et autour de nous. C'est par son rayonnement que nos attitudes et émotions nous affectent et affectent les autres. En étant synchronisés sur des émotions et ressentis positifs centrés dans le coeur, nous pouvons collectivement créer des champs électromagnétiques cohérents dans notre environnement. Par un effet de résonance, l'état d'incohérence de d'autres personnes peut être synchronisé et harmonisé.

**Imaginez la Terre si chaque personne commençait
sa journée en prenant quelques minutes
pour se centrer dans son coeur
dans un état de cohérence cardiaque
et de paix intérieure !**

**Imaginez votre environnement sain et
rempli de vibrations de joie, de paix, d'harmonie... !**

Des exercices...

LA MÉTHODE DE BASE

C'est la première étape vers un état plus cohérent, présent et calme.

1. **Respiration centrée dans le coeur**
    *   Prends trois grandes respirations... inspire par le nez... expire par la bouche...
    *   Amène ton attention au niveau de ton cœur pendant au moins 10 secondes.
    *   Respire de façon rythmique en gardant ton attention au niveau du cœur.
        Exemple: inspire 1...2...3...4... expire 1...2...3...4...
        Exemple: inspire 1...2...3...4... retient 1...2...3...4...
                   expire 1...2...3...4... retient 1...2...3...4...
    *   Ferme les yeux et continue de respirer calmement.

2. **Ressentir un sentiment fondamental positif**
    *   Rappelle-toi un sentiment fondamental positif
        Exemple: amour, gratitude, compassion, paix, joie, émerveillement, bienveillance...
    *   Ressens-le dans ton cœur et laisse-le s'amplifier à l'infini.

3. **La suite...**
    *   Continue de respirer en restant centré dans ton cœur.
    *   Tu es maintenant prêt pour continuer tes activités dans un état de cohérence et de paix intérieure.

LA MÉTHODE POUR COULER AVEC LA VIE

1. Respiration centrée dans le coeur

- Amène ton attention au niveau de ton cœur pendant au moins 10 secondes.
- Respire de façon rythmique en gardant ton attention au niveau du cœur.
  Exemple: inspire 1...2...3...4... expire 1...2...3...4...
  Exemple: inspire 1...2...3...4... retient 1...2...3...4...
  expire 1...2...3...4... retient 1...2...3...4...
- Ferme les yeux et continue de respirer calmement.

2. Ressentir le sentiment de « couler avec la vie »

- Rappelle-toi une expérience où tu avais le sentiment de couler avec la vie et que c'était facile. Si tu n'as pas de souvenir de cette expérience, tu peux l'imaginer.
- À chaque respiration, ressens le sentiment de « couler avec la vie » et laisse-le équilibrer l'énergie mentale et émotionnelle.

3. Ancrer le ressenti de « couler avec la vie »

- Lorsque tu ressens bien le sentiment de « couler avec la vie », joint ton pouce et ton index ensemble.
  Note - ce qui est à ancrer n'est pas l'image ou le souvenir, seulement le ressenti.

4. Maintenir le ressenti de « couler avec la vie »

- Joins ton pouce et ton index ensemble. Observe comment tu te sens.
  Note - avec la pratique et l'activation de l'ancre, tu vas pouvoir vivre cet état de plus en plus facilement.

5. La suite...

- Continue de respirer en restant centré dans ton cœur.
- Tu es maintenant prêt pour continuer tes activités dans un état de cohérence et de paix intérieure.

AMÉLIORER LA COMMUNICATION ENTRE LE CŒUR ET LE CERVEAU EN SITUATION DE STRESS

En situation de stress, notre corps utilise son énergie pour affronter le stress au lieu de créer et maintenir un état d'harmonie et de santé. Si l'expérience est prolongée ou répétée, notre corps s'épuise plus rapidement et nous pouvons que c'est temporairement plus difficile de se sentir calme, joyeux et bien dans notre corps.

1. **Je me sens en situation de stress... STOP !**

2. **Je prends conscience de ce qui me stresse**
   - Situation : _____
   - Pensée : _____
   - Émotion : _____
   - Comment je me sens : _____
   - Réaction réflexe : _____

3. **Je respire au niveau du coeur**
   Je me recentre dans un état de cohérence cardiaque
   - Amène ton attention au niveau de ton cœur pendant au moins 10 secondes.
   - Respire de façon rythmique en gardant ton attention au niveau du cœur.
     Exemple: inspire 1...2...3...4... expire 1...2...3...4...
     Exemple: inspire 1...2...3...4... retient 1...2...3...4...
             expire 1...2...3...4... retient 1...2...3...4...
   - Ferme les yeux et continue de respirer calmement.

4. **Je ressens un sentiment fondamental positif**
   - Rappelle-toi un sentiment fondamental positif.
   - Ressens-le sincèrement dans ton cœur. Laisse-le s'amplifier à l'infini.

Cela permet de calmer ton mental et favorise l'accès à l'intuition de ton cœur.

5. J'écoute le message de ma Lumière intérieure

- En continuant de respirer en restant centré dans ton cœur, demande à ta Lumière intérieure de te guider ou de t'éclairer si tu as une question. Écoute sa réponse.
- Dis-lui merci.

6. J'observe et j'agis dans un état de cohérence intérieure

- Ouvre les yeux et observe les nouvelles perceptions, attitudes et ressentis en toi.
- Tu es maintenant prêt pour continuer tes activités dans un état de cohérence et de paix intérieure. Relève la tête, prends ta posture de confiance en toi, souris et respire!

AMÉLIORER LA COMMUNICATION ENTRE LE CŒUR ET LE CERVEAU LORSQU'IL EST DIFFICILE DE RESSENTIR UN SENTIMENT FONDAMENTAL DANS LE COEUR

Si nous avons de la difficulté à ressentir un sentiment fondamental dans notre cœur, il est possible que nous ressentions un état de stress très élevé ou une grande charge émotionnelle. Si cela se produit, nous pouvons nous centrer dans notre coeur et observer ce que nous vivons et comment nous le vivons, comme un témoin neutre, au « point zéro ».

Nous pouvons demander à notre Lumière intérieure de nous éclairer et nous guider vers ce qui est bon pour nous.

1. **Dans un état de charge émotionnelle ou de stress élevé...**

2. **Je respire au niveau du coeur**
   Je me recentre dans un état de cohérence cardiaque
   - Amène ton attention au niveau de ton cœur pendant au moins 10 secondes.
   - Respire de façon rythmique en gardant ton attention au niveau du cœur.
     Exemple: inspire 1...2...3...4... expire 1...2...3...4...
     Exemple: inspire 1...2...3...4... retient 1...2...3...4...
             expire 1...2...3...4... retient 1...2...3...4...
   - Ferme les yeux et continue de respirer calmement.

2. **Je prends un recul, comme un témoin neutre au « point zéro »**
   - En conservant ton attention centrée dans ton coeur, prends un recul pour observer ce que tu vis et comment tu le vis, comme un témoin neutre, au « point zéro ».

3. **Je pratique l'état de reconnaissance et de gratitude**
   Dans cette situation, tu es reconnaissant/e pour... :
   1. _____
   2. _____
   3. _____

4. **Je ressens un sentiment fondamental positif**
   - Dans cet état de reconnaissance et de gratitude, rappelle-toi un sentiment fondamental positif et agréable.
   - Rappelle-toi une expérience où tu as ressenti ce sentiment positif et agréable.
     Si tu n'as pas de souvenir de cette expérience, tu peux l'imaginer.
   - À chaque respiration, ressens-le sincèrement dans ton

cœur.
- Laisse-le s'amplifier à l'infini.

5. **J'écoute le message de ma Lumière intérieure**
- En continuant de respirer en restant centré dans ton cœur, demande à ta Lumière intérieure de te guider vers des états émotionnels plus sains. Écoute sa réponse.
- Dis-lui merci.

AMÉLIORER LA COMMUNICATION ENTRE LE CŒUR ET LE CERVEAU LORSQU'IL Y A DES PERCEPTIONS À GUÉRIR

Si nous essayons de nous débarrasser des perceptions mentales, émotionnelles, physiques ou autres sources de stress en les refoulant, nous avons probablement besoin de guérir quelque chose qui nous a fait de la peine ou qui a été souffrant pour nous. Si nous sommes centrés au niveau du cœur, nous pouvons pardonner avec le cœur, guérir, nous libérer et trouver un état de paix intérieure. Cela nous permet d'accueillir plus clairement les messages de notre cœur, d'avoir l'esprit tranquille et d'être disponible pour vivre de nouvelles expériences positives et bienveillantes pour nous. Quoi faire?

1. **Si l'état de stress persiste et que je le refoule temporairement...**

2. **Je prends conscience de ce qui me stresse et que je refoule**
- Prends conscience de ce qui te stresse et que tu refoules.
- Prends conscience de ce qui est inconfortable dans ton corps, ton état personnel, tes sentiments, émotions et ressentis.
- Prends conscience des perceptions reliées à ce qui te

stresse et ce que tu refoules.

3. **Je respire au niveau du coeur**
   Je me recentre dans un état de cohérence cardiaque
   - Amène ton attention au niveau de ton cœur pendant au moins 10 secondes.
   - Respire de façon rythmique en gardant ton attention au niveau du cœur.
     Exemple: inspire 1...2...3...4... expire 1...2...3...4...
     Exemple: inspire 1...2...3...4... retient 1...2...3...4...
               expire 1...2...3...4... retient 1...2...3...4...
   - Ferme les yeux et continue de respirer calmement.

4. **Je prends un recul, comme un témoin neutre au « point zéro »**
   - En conservant ton attention centrée dans ton coeur, prends un recul pour observer ce que tu vis et comment tu le vis, comme un témoin neutre, au « point zéro ».

5. ***J'enveloppe et rempli de lumière de guérison***
   En conservant ton attention centrée dans ton coeur et par ton intention centrée dans le coeur...
   - Je me pardonne. Je pardonne.
   - Enveloppe et rempli de lumière ce qui est inconfortable dans ton corps
   - Enveloppe et rempli de lumière ce qui est inconfortable dans ton état personnel
   - Enveloppe et rempli de lumière les sentiments, émotions et ressentis dont tu as pris conscience
   - Enveloppe et rempli de lumière les perceptions reliées à ce qui te stresse et ce que tu refoules
   - Enveloppe et rempli de lumière ces situations

6. ***J'écoute le message de ma Lumière intérieure***
   - En continuant de respirer en restant centré dans ton

cœur, demande à ta Lumière intérieure de te guider ou de t'éclairer. Écoute sa réponse.
- Dis-lui merci.

7. Je me relève en Être debout
- Fais l'exercice d'enracinement, centrage et alignement.
- Visualise que tu es debout, calme, humble, positif et centré dans ton coeur.
- Fais confiance à ta Lumière intérieure.

8. Je ressens un sentiment positif
- Rappelle-toi un sentiment positif (amour, compassion, gratitude...)
- Rappelle-toi une expérience où tu as ressenti ce sentiment positif et agréable.
  Si tu n'as pas de souvenir de cette expérience, tu peux l'imaginer.
- Ressens-le sincèrement dans ton cœur tout en continuant de respirer.

9. J'observe et j'agis dans un état de cohérence intérieure
- Ouvre les yeux et observe les nouvelles perceptions, attitudes et ressentis en toi.
- Relève la tête, prends ta posture de confiance en toi, souris et respire!
- Tu es maintenant prêt pour continuer tes activités dans un état de cohérence et de paix intérieure.

L'observation neutre, l'accueil par le coeur et l'écoute de ta Lumière intérieure permettent une transformation intérieure dans la façon de vivre cette expérience, un passage, une bascule, un renouveau qui permet d'être dans un nouvel état et de faire de nouveaux choix.

ÉQUILIBRER LES ÉMOTIONS
ET LIBÉRER LES BLOCAGES ÉMOTIONNELS

Si nous avons vécu une même émotion de façon répétitive et récurrente avec une réaction automatique, il est nécessaire que de nouveaux réseaux de neurones soient créés dans notre cerveau pour les remplacer par de nouvelles réactions plus appropriées et bénéfiques pour nous.

La compassion du cœur permet de dégager et libérer les sentiments et les émotions récurrentes, même si elles sont enregistrées depuis longtemps. Lorsque nous ressentons de la compassion envers nous-mêmes, les autres et la vie, notre état de cohérence cardiaque augmente graduellement ainsi que le sentiment de liberté d'être qui nous sommes vraiment.

Comme c'est le cas pour notre cœur, le plexus solaire a aussi son propre cerveau de neurones et de neurotransmetteurs. Il est affecté par les émotions fortes que nous vivons. C'est ce qui est à l'origine des réactions de l'estomac comme la nervosité, le sentiment d'avoir un nœud, des papillons, des brûlements, des reflux, etc., et des réactions de notre ventre comme les charges émotionnelles de peur, la nervosité, le trac, la diarrhée, la constipation, etc. Lorsque nous ramenons notre attention dans ces deux zones simultanément et dans un état de cohérence cardiaque, une nouvelle « ligne de base » devient possible. Le cerveau du plexus solaire peut s'aligner avec celui du cœur, pour calmer les émotions. Le système nerveux devient plus efficace énergétiquement et un changement émotionnel permet de retrouver un état plus équilibré et stable. Quoi faire?

1. **Si je vis une émotion de façon répétitive...**

2. **Je prends conscience de cette émotion**

- Prends conscience de cette émotion récurrente
- Prends conscience de ce qui est inconfortable dans ton corps, dans ton état personnel
- Prends conscience de la façon automatique de réagir
- Prends conscience des perceptions reliées à cette émotion et réaction

3. Je respire au niveau du coeur
Je me recentre dans un état de cohérence cardiaque

- Amène ton attention au niveau de ton cœur pendant au moins 10 secondes.
- Respire de façon rythmique en gardant ton attention au niveau du cœur.
  Exemple: inspire 1...2...3...4... expire 1...2...3...4...
  Exemple: inspire 1...2...3...4... retient 1...2...3...4...
               expire 1...2...3...4... retient 1...2...3...4...
- Ferme les yeux et continue de respirer calmement.

3. Je commence à libérer les émotions au niveau du coeur et du plexus solaire

- Amène ton attention simultanément au niveau de ton cœur et ton plexus solaire.
- Pendant au moins 10 secondes, inspire et expire dans cette zone
- Dans les régions inconfortables de ton corps...
  Inspire: compassion, douceur, guérison
  Expire: lâcher-prise, libération, pardon
- Refais ce cycle de respiration 3 fois ou plus, avec douceur envers toi-même.

4. Je prends un recul, comme un témoin neutre au « point zéro »

- En conservant ton attention centrée dans ton coeur, prends un recul au « point zéro ».
- Imagine que tu es assis confortablement dans une

cabine de projection, et que tu vas regarder cette expérience sur un écran devant toi, avec compassion, dé-identification.

- Tu peux démarrer la projection quand tu veux et tu peux ajuster la distance de l'écran ou l'éclairage pour te sentir confortable et prendre conscience des leçons de sagesse de cette expérience.

5. J'écoute le message de ma Lumière intérieure
- En continuant de respirer en restant centré dans ton cœur, demande à ta Lumière intérieure de te guider ou de t'éclairer. Écoute sa réponse.
- Dis-lui merci.

6. Je ressens de la reconnaissance et de la gratitude
- En conservant ton attention au niveau de ton cœur, remercie pour la nouvelle compréhension que tu as de cette situation.
- Remercie pour les apprentissages que tu as faits dans ces expériences et les leçons de sagesse.

7. Je ressens un sentiment positif
- Rappelle-toi un sentiment positif (amour, compassion, gratitude...)
- Rappelle-toi une expérience où tu as ressenti ce sentiment positif et agréable.
  Si tu n'as pas de souvenir de cette expérience, tu peux l'imaginer.
- Ressens-le sincèrement dans ton cœur tout en continuant de respirer.

8. J'observe et j'agis dans un état de cohérence intérieure
- Ouvre les yeux et observe les nouvelles perceptions, attitudes et ressentis en toi.

- Relève la tête, prends ta posture de confiance en toi, souris et respire!
- Tu es maintenant prêt pour continuer tes activités dans un état de cohérence et de paix intérieure.

9. **La suite...**
   Si j'anticipe une expérience où l'ancienne émotion et réaction pourrait émerger...
- Je respire au niveau du coeur.
- Je me centre dans un état de cohérence cardiaque.
- Je choisis mon état personnel.

   En conservant mon attention centrée dans le coeur...
- Je vis l'expérience.
- Si cela est nécessaire, je me recentre dans un état cohérent aussitôt que possible.

   Je dissous le pattern...
- J'apprends à être et maintenir un état de cohérence cardiaque et de paix intérieure par la pratique régulière.

En nous dé-identifiant des rôles joués dans ces expériences, nous pouvons nous déposer doucement dans notre coeur et laisser notre Lumière intérieure prendre soin de nous et rayonner à l'infini. Même si elles nous ont peut-être paru interminables, ces expériences ont eu un début, un dénouement et une fin.

La Lumière intérieure est éternelle.

**Lorsque nous cessons de nous identifier
à ces versions de « soi »,
alors le vrai Soi peut émerger
et briller au grand jour.**

ÊTRE À L'ÉCOUTE DE NOTRE CŒUR
ET AMPLIFIER L'AMOUR-LUMIÈRE À L'INFINI

Lorsque nous sommes à l'écoute de notre Lumière intérieure, nous pouvons ressentir un état de joie, de paix et de douceur qui transforme notre perception de nous-mêmes, des autres et de la vie. C'est une façon toute simple de participer à la création d'un monde meilleur et de créer une nouvelle « ligne de base » dans notre état personnel.

1. **Je m'installe confortablement dans un état calme et détendu**

2. **Je respire au niveau du cœur**
    Je me recentre dans un état de cohérence cardiaque
    *   Amène ton attention au niveau de ton cœur pendant au moins 10 secondes.
    *   Respire de façon rythmique en gardant ton attention au niveau du cœur.
        Exemple: inspire 1...2...3...4... expire 1...2...3...4...
        Exemple: inspire 1...2...3...4... retient 1...2...3...4...
        expire 1...2...3...4... retient 1...2...3...4...
    *   Ferme les yeux et continue de respirer calmement.

3. **Je ressens un sentiment positif pour une personne ou une situation**
    *   En continuant de respirer en restant centré dans ton cœur, laisse émerger un sentiment d'amour, de bienveillance, de reconnaissance ou de compassion envers une personne facile à aimer pour toi ou une situation positive dans ta vie.
    *   Continue de ressentir ce sentiment pendant 5-15 minutes.

Cet état prolongé de communication entre ton cœur et ton cerveau permet à ton corps de se régénérer en douceur, de reprogrammer tes cellules et organes vers un état de santé naturelle bienveillante, et d'équilibrer tes systèmes nerveux, immunitaire et hormonal.

4. **Je rayonne ce sentiment positif pour d'autres personnes, la Terre**

- Dirige maintenant ce sentiment d'amour, de bienveillance, de reconnaissance ou de compassion envers toi-même, d'autres personnes ou la Terre.

Cela t'aide à être en harmonie avec Toi et la Vie. Si des pensées parasites émergent, ramène doucement ton attention au niveau du cœur et respire calmement. Rappelle-toi un sentiment fondamental positif et agréable. Ressens-le dans ton cœur et laisse-le s'amplifier à l'infini.

5. **J'écoute le message de ma Lumière intérieure**

- En continuant de respirer en restant centré dans ton cœur, demande à ta Lumière intérieure de te guider ou de t'éclairer. Écoute sa réponse. Dis-lui merci.
- Si tu veux, tu peux noter les sentiments et intuitions qui émergent lorsque tu es dans cet état. Tu pourras les mettre en action au moment approprié.

JE RECHARGE MES BATTERIES

Pour être dans un état personnel sain et plein d'énergie, nous devons prendre soin de notre santé et nous ressourcer pour « recharger nos batteries ».

Nous pouvons reconnaître que cela est nécessaire lorsque...
- Nos sentiments, émotions et notre patience sont à fleur de peau
- Nos paroles ne reflètent pas nos valeurs
- Notre langage verbal et non verbal avec les personnes qui nous entourent sont incohérentes avec ce que nous sommes vraiment
- Ce que nous exprimons dans le monde est incohérent avec nos véritables valeurs
- Le sommeil n'est pas suffisant pour récupérer pleinement.

1. **Je m'installe confortablement dans un état calme et détendu**

2. **J'observe comment je me sens**
- Prends conscience de ton niveau d'énergie.
- Prends conscience de ton niveau de patience.
- Prends conscience de la cohérence de ce que tu dis avec tes valeurs personnelles.
- Prends conscience de la cohérence de ton langage verbal et non verbal avec qui tu es vraiment.
- Prends conscience de la cohérence de ce que tu exprimes par tes pensées, paroles, actions et ton état d'être, avec tes valeurs fondamentales.
- Prends conscience de ce qui est confortable et inconfortable dans ton corps, dans ton état personnel.
- Prends conscience des perceptions reliées à ton niveau d'énergie.

3. **Je respire au niveau du coeur**
   Je me recentre dans un état de cohérence cardiaque
- Amène ton attention au niveau de ton cœur pendant au moins 10 secondes.
- Respire de façon rythmique en gardant ton attention au niveau du cœur.
- Exemple: inspire 1...2...3...4... expire 1...2...3...4...
  Exemple: inspire 1...2...3...4... retient 1...2...3...4...
          expire 1...2...3...4... retient 1...2...3...4...
- Ferme les yeux et continue de respirer calmement.

4. **Je ressens un sentiment positif**
- Rappelle-toi un sentiment fondamental positif et agréable.
- Rappelle-toi une expérience où tu as ressenti ce sentiment positif et agréable.
  Si tu n'as pas de souvenir de cette expérience, tu peux l'imaginer.
- À chaque respiration, ressens-le sincèrement dans ton cœur.
- Laisse-le s'amplifier à l'infini.

5. **Je prends conscience de ce qui pourrait m'aider à retrouver un niveau d'énergie et un état personnel sain.**
   Tu peux t'inspirer de la liste qui suit pour faire un bilan et y ajouter tes propres idées et observations.

APPARTENANCE ET SPIRITUALITÉ
- ❑ Spiritualité
- ❑ Connexion avec « la puissance de la Vie qui est plus grande que soi »
- ❑ Être connecté et aligné avec notre véritable identité spirituelle
- ❑ Chemin du coeur

ÉTAT PERSONNEL
☐ État d'amour, s'aimer, aimer et être aimé
☐ État de cohérence et paix intérieure
☐ État de rire et joie
☐ État personnel positif et régénératif
☐ Reconnaissance, confiance et estime de soi
☐ Valeurs fondamentales alignées avec notre connexion spirituelle
☐ Croyances alignées avec notre connexion spirituelle

RÉALISATION PERSONNELLE
☐ Sens de notre vie et de la Vie
☐ Reconnaître et développer nos dons, forces et talents en étant centré dans le coeur
☐ Contribution au service de la « puissance de la Vie qui est plus grande que soi »
☐ Création

PHYSIQUE
☐ Santé du corps
☐ État de cohérence cardiaque - harmonie du cœur et du cerveau
☐ Harmonie des hémisphères du cerveau
☐ Respiration
☐ Exercice et mouvements
☐ Eau et nourriture
☐ Sommeil et repos
☐ Ressourcement

ÉMOTIONNEL
☐ Conscience de soi
☐ Santé émotionnelle - sentiments et émotions positives, lumineuses et bienveillantes
☐ Capacité d'arrêter ce qui vide l'énergie
☐ Capacité de prendre une distance et d'être observateur
☐ Capacité de lâcher prise
☐ Résilience

PSYCHOLOGIQUE ET MENTALE
- ❑ Santé mentale
- ❑ Santé psychologique
- ❑ Pensée positive et bienveillante
- ❑ Nourriture sensorielle saine -visuelle, auditive, kinesthésique, olfactive, gustative

RELATIONNEL
- ❑ Santé relationnelle
- ❑ Contact et relations humaines
- ❑ Communications saines et bienveillantes
- ❑ Espace personnel
- ❑ Sécurité personnelle

ENVIRONNEMENT
- ❑ Santé environnementale
- ❑ Santé énergétique et électromagnétique
- ❑ Maison, logement, abri
- ❑ Lieu de vie sain
- ❑ Contact avec la nature
- ❑ Lumière et chaleur
- ❑ Confort
- ❑ Silence
- ❑ Temps
- ❑ Tranquillité

6. J'écoute le message de ma Lumière intérieure
- En continuant de respirer en restant centré dans ton cœur, demande à ta Lumière intérieure de te guider ou de t'éclairer. Écoute sa réponse.
- Dis-lui merci.

7. Je fais de nouveaux choix pour recharger mes batteries et favoriser un état de santé globale

8. Je ressens de la reconnaissance et de la gratitude

Être centré dans le coeur et cohérence cardiaque

Chapitre 4

Observer le langage non verbal

LE LANGAGE NON VERBAL
CE QUI EST EXPRIMÉ PAR LE CORPS

Le corps a ses façons de dire ce qu'il a à dire. Il exprime ce qui vient de l'intérieur conscient et inconscient, par chacun de nos gestes et mouvements intérieurs.

Certains gestes et messages du corps sont très faciles à observer et d'autres sont plus subtils. Si certains gestes peuvent être retenus, contrôlés ou inhibés par la raison, les croyances ou les réactions programmées suite à des mémoires d'expériences semblables, la grande majorité des gestes et messages du corps sont spontanés et régulés par les mécanismes naturels de vie et de survie du corps.

En Occident, la référence du passé est à gauche, le présent est au centre et le futur est à droite. Dans les cultures araméennes, la référence du passé est à droite, le présent est au centre et le futur est à gauche. Les gestes naturels et spontanés accompagnent la parole dans les directions du passé, du présent ou du futur.

Les gestes précisent ce qui est dit avec les mots. Ils expriment concrètement ce que les mots représentent, ce qui n'est pas dit avec des mots, et ce qui est inconscient. Ils peuvent exprimer simultanément un état personnel relié à une situation, une métaphore de ce qu'elle représente dans l'expérience de la personne, l'émotion qui est vécue, et représenter ce qui est dit par la parole.

Chaque personne a sa façon unique de s'exprimer par les gestes, mouvements et expressions de son corps, même si la signification des gestes, mouvements et expressions est universelle. Par exemple, partout sur la Terre, le sourire est compris comme un signe de bonheur, le corps et la tête relevés avec les épaules et pieds ouverts, est compris comme une posture de confiance en soi.

LES ÉMOTIONS ET LE CORPS

Les émotions parlent de ce que nous vivons et de la façon dont notre cerveau réagit aux informations sensorielles qu'il reçoit par ce que nous voyons, entendons, sentons, goûtons, touchons et ressentons.

Elles ont un impact sur l'état du corps qui peut être relax et détendu, jusqu'à être tendu et crispé, selon notre un état personnel. Lorsque certains états personnels ont été vécus de façon prolongée ou répétée, ils peuvent être inscrits dans la physiologie du visage et du corps.

LES HÉMISPHÈRES DU CERVEAU ET LE LANGAGE DU CORPS

L'hémisphère droit du cerveau induit les mouvements sur le côté gauche du corps et l'hémisphère gauche du cerveau induit les mouvements sur le côté droit du corps.

Lorsqu'une personne s'exprime avec sa main, son bras ou sa jambe droite, ou qu'elle fait des gestes et mouvements avec le côté droit de son corps, elle exprime le message transmis par l'hémisphère gauche du cerveau qui s'occupe des fonctions logiques, rationnelles, organisées, structurées. Lorsqu'elle s'exprime avec sa main, son bras ou sa jambe gauche, elle exprime le message transmis par l'hémisphère droit du cerveau qui s'occupe des fonctions émotionnelles, intuitives, créatives, et de la sensibilité.

LE LANGAGE NON VERBAL CE QUI EST PLUS FACILE À OBSERVER

Certains gestes et mouvements du corps sont relativement faciles à observer. Ils expriment extérieurement comment nous vivons intérieurement ce que nous vivons. Ce sont des indices très utiles de l'état personnel. Par exemple, nous pouvons observer:

Le corps
- **Posture générale**
  debout, assis, plié, penché sur un côté, couché...
  droit, équilibré, souple, rigide, tendu, décontracté...

- **Gestes**
  ouverts, fermés, monolatéraux, bilatéraux...
  aidants, indication, guidance, accompagnement...
  agressifs, violents, intimidants, contrôlants...
  bienveillants, doux, accueillants, aimants, apaisants...

- **Mouvements involontaires**
  tics nerveux, balancement de jambes, jeux de mains...
  gonflement de veines superficielles, rougeurs...

Les parties du corps
- **Position de la tête et du cou**
  à gauche, à droite, devant, derrière, droite...
  hochement, rotation, étirement, inclinaison...

- **Position des épaules**
  vers l'avant, l'arrière, le haut ou le bas...
  arrondie, droite, refermée, ouverte, tendue, relaxée...

- **Position des bras**
  vers l'avant, l'arrière, le haut ou le bas...
  détendus, ouverts, fermés, croisés, levés, en cercle...
  déposés sur une autre partie du corps, balancement...

- **Position des mains**
  ouvertes, fermées, poings, croisées, en prière...
  déposées, pointées, levées, cachées, signe de main...
  donner, recevoir, prendre, lever, tirer, pousser, flatter,
  frotter, indiquer, applaudir,...

- **Position du tronc**
  droit, penché vers l'avant, l'arrière ou les côtés...
  expansion, contraction, arrondi, étiré, souple, libre...

- **Position des jambes**
  vers l'avant, l'arrière, les côtés, le haut ou le bas...
  allongées, repliées, croisées, tournées, levées, au sol...
  rigides, tendues, détendues, libres, souples...

- **Position des pieds**
  vers l'avant, l'arrière, les côtés, l'intérieur, l'extérieur...

à plat, retroussés, levés, pointés, flex...

Le visage
- **Expressions du visage**
  joie, ouverture, rire, compassion, émerveillement...
  tristesse, colère, fâché, préoccupé, perplexe...
  lisse, plis, rides...

- **Mouvements des narines**
  contraction, épatement, gonflement...

- **Couleur des lèvres**
  rose, rouge, bleu, blanche...

- **Mouvements des lèvres**
  détendues, ouvertes, entrouvertes, rire, sourire...
  pincées, crispées, fermées, tendues, tremblotantes...

- **Mouvements du menton**
  détendu, avancé, reculé, mouvement gauche-droite...

- **Respiration**
  par le nez, par la bouche...
  inspiration, expiration, retenue,
  superficielle, profonde...

Le regard
- **Brillance du regard**
  brillant, pétillant, translucide...
  terne, endormi, distrait, furtif, inquiet...

- **Taille des pupilles**
  normale, contractée, dilatée...
  (relié à l'ouverture sur le ressenti, l'affectivité)

- **Mouvements des paupières**
  ouvertes, fermées, à demi-close...
  clignements, clin d'oeil...

- **Mouvements des sourcils**
  détendu, hausse, circonflexe, baisse...

- **Ouverture de l'œil :**
  ouvert, entrouvert, fermé, écarquillé...
  (la pupille de l'œil gauche est plus grande en période
  d'émotivité, d'intuition, de création, d'intérêt soutenu
  et celle de l'œil droit est plus grande en période de
  réflexion logique)

- **Les larmes**
  aux yeux, assèchement, sans larmes...
  coulent près du nez, au centre ou coin de l'oeil...
  (les larmes qui coulent de l'intérieur des yeux, près du
  nez, sont des larmes de tristesse, celles qui coulent du
  milieu de l'œil sont des larmes de libération des charges
  émotionnelles et celles qui coulent de l'extérieur des
  yeux sont des larmes de joie)

La voix
- **Tonalité**
  normale, aiguë, grave, nasillarde, posée...

- **Intensité - volume**
  normale, faible, chuchotement, éteinte, fébrile...
  puissante, cri, forcée, hurlement, tremblottante...

- **Mouvement de la voix**
  parler, crier, chuchoter, taire...
  turluter, chanter, siffler, tousser, toussoter...

QUELQUES OBSERVATIONS SUR LES MOUVEMENTS DE LA TÊTE

La tête

- Dans une situation émotionnelle, l'axe de la tête penche vers les côtés ou vers l'avant-arrière, et le menton se relève ou se rétracte.

- Lorsqu'une personne a la tête baissée, cela peut indiquer qu'elle vit des émotions qu'elle garde pour elle-même.

- Lorsqu'une personne a la tête relevée, cela peut indiquer qu'elle se sent en confiance d'exprimer et confier ses émotions avec d'autres personnes.

Le visage

- L'es traits et expressions du visage permettent d'être témoin des émotions ressenties par une personne.

Les sourcils

- Quand le sourcil gauche lève plus haut que le sourcil droit, c'est un signe que la personne n'a pas le goût de parler d'elle ou de s'impliquer personnellement.

- Quand le sourcil droit se lève plus haut que le sourcil gauche, c'est un signe que la personne prend du recul pour être plus à l'aise et qu'elle ne souhaite pas laisser transparaitre ses émotions à ce moment précis.

Les paupières

- Lorsque nous ressentons un état de fatigue, les paupières ont tendance à tomber.

- Quand la paupière gauche est plus basse que la paupière droite, cela est un signe que la personne est fatiguée, même si elle sourit.

- Les paupières inférieures montent lorsque nous vivons une émotion positive et descendent lorsqu'il y a une émotion négative.

Les yeux

- Lorsqu'une personne est intéressée par quelque chose qui éveille en elle une émotion positive, elle regarde plus attentivement avec l'oeil gauche.

- Si la personne a une opinion ou une émotion négative, nous pouvons voir apparaître le blanc de l'oeil sous l'iris.

- Le regard avec l'oeil gauche est plus présent en situation relationnelle.

- Le regard avec l'oeil droit est plus présent en en situation de recul.

- Le regard avec les yeux grands ouverts est souvent relié à un désir de mieux voir quelque chose, une situation ou une personne.

Le nez

- Le nez est au centre du visage. Il est relié à la capacité de rassembler, synthétiser et unifier les informations venant des autres sens.

- En situation de peur, le nez devient lisse, et en état de colère, il se plisse.

La bouche
- Le profil et l'ouverture de la bouche sont des indices de l'état personnel, de la tristesse jusqu'à la grande joie.

- L'expérience répétée d'émotions positives ou négatives peut être visible par les plis qui se forment à partir des coins de la bouche.

Le cou
- La cohérence de l'axe du cou avec la main qui communique reflète un état d'harmonie intérieure entre la pensée et le geste.

- Lorsque l'axe du cou est dans la direction opposée à la main qui communique, cela reflète un état de disharmonie entre la pensée et le geste, un besoin de confiance pour exprimer librement sa véritable pensée.

QUELQUES OBSERVATIONS SUR LES MOUVEMENTS DES MAINS
Les poignets
- Lorsqu'un ou les poignets se déplacent vers l'extérieur, cela peut indiquer que la personne veut considérer d'autres options, qu'elle crée un mouvement d'ouverture, qu'elle met quelque chose à l'écart, ou que quelque chose est à côté ou différent d'elle.

- Lorsqu'un ou les poignets se déplacent vers l'intérieur, cela peut indiquer que la personne ramène son attention vers le centre, qu'elle concentre son focus et ses choix, qu'elle fait une synthèse de la situation ou de ce qui a été exprimé par le rationnel et les émotions, qu'elle propose un rapprochement, une entente, une réconciliation, une solution.

Les mains

- Lorsque les mains sont ouvertes avec les paumes orientées face à une autre personne, cela peut indiquer que la personne souhaite établir une limite, respecter son espace personnel, dire « non merci », ou pousser quelque chose.

- Lorsque les mains sont ouvertes avec les paumes face à la terre, cela peut indiquer que la personne souhaiter apaiser une situation, se déposer, le silence.

- Lorsque les mains sont ouvertes avec les paumes vers les côtés, cela peut indiquer que la personne souhaite faire de la place, mettre quelque chose à l'écart, respecter son espace personnel, prendre de l'expansion.

- Lorsque les mains sont ouvertes avec les paumes orientées vers le ciel, cela peut indiquer un état d'accueil et d'ouverture, une représentation du potentiel, la disposition à donner et recevoir, un état personnel de réceptivité à l'énergie de l'univers.

Les mains sur la tête

- Lorsqu'une main gratte le dessus de la tête, cela peut indiquer que la situation semble compliquée pour la personne.

- Lorsqu'une main est posée sur le côté arrière droit de la tête, cela peut indiquer que la personne a un sentiment d'impasse, qu'elle n'a pas encore trouvé ses voies de solutions et de liberté et ne sait pas comment y arriver.

• Lorsqu'une main est posée sur le côté arrière gauche de la tête, cela peut indiquer que la personne tente de trouver une solution en contournant le problème, en explorant d'autres avenues et voies possibles.

• Lorsque la main gauche glisse dans les cheveux, cela est un indice que la personne s'offre un peu de douceur, de chaleur humaine, de détente. Ce geste est accompagné de sourire plus fréquent s'il est fait avec la main gauche plutôt qu'avec la main droite.

• Lorsqu'une main déplace une mèche de cheveux vers l'avant, cela peut être un indice symbolique d'un désir de se rapprocher de la personne qui est en face d'elle.

• Lorsqu'une main croise le devant le visage pour toucher les cheveux de l'autre côté de la tête, cela peut être un indice d'un désir de se protéger.

Les mains sur le visage

• Lorsqu'une main touche le côté gauche du visage, cela est un signe que la personne perçoit la situation comme étant tendue.

• Lorsque les mains sont jointes devant le front, cela peut indiquer qu'il y a un questionnement, une réflexion, une recherche de solution ou d'information.

Les mains sur les sourcils
- Lorsqu'une main se déplace sur ou au-dessus d'un sourcil, de l'intérieur vers l'extérieur, cela peut exprimer un mouvement d'ouverture, être relié à une situation agréable à imaginer, un rêve à réaliser.

- Lorsqu'une main se déplace sur ou au-dessus d'un sourcil, de l'extérieur vers l'intérieur, cela peut exprimer le besoin de rassembler ses idées, son énergie, être relié à une situation à éviter.

- Lorsqu'une main gratte le sourcil droit, cela peut être un indice que la personne mets certaines informations, une situation sérieuse ou négative pour elle, ou des événements lointains, à l'extérieur d'elle pour prendre un recul, se détacher émotionnellement.

- Lorsqu'une main gratte le sourcil gauche, cela peut être un signe que la personne se sent touchée par des événements, ce qui arrive à des personnes qu'elle connaît personnellement.

- Lorsqu'une main tire sur les sourcils, cela peut indiquer que la personne tente d'élever son regard pour voir plus loin, pour imaginer les possibilités futures.

Les mains sur les yeux
- Lorsqu'une main gratte un oeil, cela peut être un indice que la personne préférerait ne pas voir quelque chose, se débarrasser d'une information compromettante.

Les mains sur le nez
- Lorsqu'un index est levé devant le nez, cela peut être

un signe que la personne ne sait pas comment dire ce qu'elle ressent, qu'elle a besoin d'une minute, qu'elle désire une quantité de quelque chose.

- Lorsque les mains sont croisées avec les deux index déposés à la racine du nez, cela peut être relié à une décision à prendre, au mouvement intérieur pour se centrer et faire une synthèse de ce qu'elle ressent.

- Lorsque les mains sont jointes de chaque côté du nez, cela peut être relié à un choix à faire, au besoin de se recentrer dans sa bulle.

- Lorsque les mains sont jointes de chaque côté du nez jusqu'à la racine du nez et que la personne est concentrée, cela peut indiquer qu'elle tente de considérer tous les éléments d'une situation pour faire un choix, prendre une décision, rassembler et synthétiser ses idées, trouver une façon de dire ce qu'elle a à dire.

- Lorsque les mains grattent des points précis sur le nez, cela peut être un indice que la personne se questionne pour savoir si ce qu'elle a entendu est un mensonge ou la vérité.

- Lorsqu'une main glisse sous le nez, cela peut être relié à un état grippal, une allergie, un sentiment de manque de foi et de confiance en l'avenir, en quelqu'un ou quelque chose.

- Lorsqu'une main gratte au-dessus du nez, cela peut être relié à un état de curiosité, un désir de mieux sentir les choses.

- Lorsqu'une main gratte en dessous du nez, cela peut être relié à quelque chose qui n'a pas été dit, à quelque chose qui est inconfortable de voir ou sentir.

- Lorsqu'une main gratte l'aile gauche du nez, cela peut être relié à l'image extérieure de soi.

- Lorsqu'une main gratte l'aile droite du nez, cela peut être relié à l'image extérieure d'une autre personne qui nous gêne, qui dérange ou incommode.

Les mains sur les oreilles

- Lorsque les mains touchent les oreilles, cela peut indiquer que la personne souhaite démontrer une bonne prestance, un état de confiance en elle-même.

- Lorsqu'un doigt est dans l'oreille, cela peut indiquer que la personne souhaite filtrer l'information qu'elle entend.

- Lorsqu'une main gratte les oreilles, cela peut indiquer que la personne apprécie ce qu'elle entend, que c'est agréable à entendre.

- Lorsque les mains massent les oreilles, cela peut indiquer que la personne a besoin de relaxer.

Les mains sur la bouche

- Lorsqu'une main est appuyée au-dessus de la bouche (en dessous du nez), cela est un signe que la personne a des questions qu'elle aimerait poser, qu'elle veut parler et être entendue.

- Lorsqu'une main gratte le coin gauche au-dessus de la bouche, cela peut être relié à une perception d'autorité légitime, du désir de prendre sa place.

- Lorsqu'une main gratte le coin droit au-dessus de la bouche, cela peut être relié à un désir de se relever en Être debout, du désir de prendre sa place.

- Lorsqu'une main est posée devant la bouche, cela peut être un indice que la personne a besoin d'un espace personnel pour s'exprimer avec confiance, qu'elle réagit à une émotion en étant momentanément sans paroles, qu'elle veut créer un espace de silence pour un retour en soi.

- Lorsque la paume de la main est retournée vers l'extérieur, devant la bouche, cela peut être un signe que la personne prend un recul par rapport à l'environnement, qu'elle a besoin de réfléchir.

- Lorsque la main glisse sur les lèvres, cela peut être relié à une expression de sensualité, ou un signe de se taire (geste du « zipper ») lorsque les doigts glissent d'un coin des lèvres à l'autre..

- Lorsque la main est déposée sur la mâchoire et le menton du côté gauche, cela peut indiquer que la personne a besoin de se rassurer par rapport à ses propres actions.

- Lorsque la main est déposée sur la mâchoire et le menton du côté droit, cela peut indiquer que la personne a besoin de se sentir rassurée par rapport aux actions des autres.

Les mains sur le cou

- La plupart des mouvements sur le cou sont reliés à ce que nous disons, ce qu'il faut dire ou ne pas dire.

- Lorsqu'une main est déposée sur le côté gauche du cou, cela peut être un signe que nous aimerions exprimer quelque chose, mais que nous ne le faisons pas.

- Lorsqu'une main est déposée sur le côté droit du cou, cela peut être un indice qu'il y a quelque chose qui semble être sérieux, qui nous dérange, ou que les paroles manquent de bienveillance.

- Lorsque nous nous grattons le cou, cela peut être un indice que nos émotions ont besoin d'être exprimées.

- Lorsqu'une main gratte le cou sur le côté gauche, cela peut indiquer un désir de partager une confidence, de maintenir un lien, ou de contourner la situation actuelle pour être capable d'avancer.

- Lorsqu'une main gratte le cou sur le côté droit, cela peut indiquer que nous ne souhaitons pas communiquer ce qui est demandé, que nous nous sentons inconfortables dans un contexte qui semble négatif, que nous ne voulons plus parler, que nous cherchons une stratégie pour fuir ou détourner notre attention vers autre chose.

Les mains sur les épaules

- Lorsqu'une main est déposée sur le dessus de l'épaule, cela peut indiquer que la personne se sent préoccupée par quelque chose.

- Lorsqu'une main gratte le devant de l'épaule, cela peut indiquer que la personne est prête à agir maintenant.

- Lorsqu'une main gratte l'arrière de l'épaule, cela peut indiquer qu'il y a quelque chose à contourner pour être en mesure d'agir.

- Lorsqu'une main gratte l'épaule gauche, cela peut indiquer que la personne ressent un désir d'aider, de collaborer, d'intervenir, mais qu'elle n'ose pas.

- Lorsqu'une main gratte l'épaule droite, cela peut indiquer que la personne ressent que les actions à venir représentent un poids pour elle.

- Lorsqu'une main gratte la clavicule gauche, cela peut être un indice que la personne est prête à contribuer plus que ce qui est demandé.

- Lorsqu'une main gratte la clavicule droite, cela peut être un indice que la générosité est jumelée à une intention.

Les mains sur la poitrine
- Lorsque les mains sont superposées sur la poitrine, cela indique un mouvement de l'extérieur vers l'intérieur de soi.

- Lorsque les mains sont parallèles sur la poitrine, cela est un signe que nous sommes fiers de nous, que notre attention à ce moment est dirigée vers nous-mêmes.

- Lorsque les mains sont déposées sur la poitrine, cela peut exprimer un sentiment d'estime de soi, d'état empathique et de modestie.

- Lorsque les mains sont déposées sur le bas de la poitrine, en haut du diaphragme, cela peut exprimer un besoin de prendre sa place.

Les mains sur les seins

- Lorsqu'une main gratte le sein gauche, cela peut être l'indice d'un conflit interne relié au fait que la personne voudrait donner davantage mais qu'elle ne passe pas à l'action, ou relié à l'énergie maternelle (lignée).

- Lorsqu'une main gratte le sein droit, cela peut être l'indice d'un conflit interne relié au fait que la personne sent qu'elle devrait donner davantage mais qu'elle ne le souhaite pas, ou relié à l'énergie paternelle (lignée).

Les mains sur le ventre

- Lorsque les mains font des mouvements sur le ventre, cela peut être relié à ce qui nous appartient et ce que nous sommes prêts à investir.

- Lorsque les mains flattent le ventre, cela peut exprimer une forme de discussion reliée à ce que nous avons et ce que nous avons envie d'avoir.

- Lorsque les mains sont posées sur le ventre, cela peut exprimer que nous sommes fiers et fières de ce que nous possédons, ou apporter une forme de chaleur et d'apaisement émotionnel.

- Lorsque les mains sont déposées de chaque côté de la taille ou des hanches, cela peut exprimer une position ou un sentiment d'autorité.

• Lorsqu'une main gratte le côté gauche ou le centre du ventre, cela peut indiquer que nous sommes fiers de ce que nous avons et que nous avons besoin de faire grandir notre estime de soi pour l'assumer et avoir le sentiment de le mériter.

• Lorsqu'une main gratte le côté droit du ventre, cela peut être un indice de jalousie, ou du désir d'être enrichi avec ce qui est bon pour soi.

Les mains dans le dos

• Lorsqu'une main va dans le dos, cela est un indice que la personne préfèrerait être ailleurs ou se sentir dans une position plus confortable pour composer avec la situation qui est devant elle.

• Lorsqu'une main gratte le trapèze gauche, cela est un indice qu'elle a le sentiment de porter des choses ou responsabilités trop lourdes pour elle même si son désir de contribuer et d'apporter un soutien est réel.

• Lorsqu'une main gratte le trapèze droit, cela est un indice qu'elle a le sentiment de porter des choses, responsabilités ou décisions trop lourdes pour elle et qu'elle préférerait prendre un recul, se dissocier de ce poids ou se sentir aidée.

• Lorsqu'une main gratte les omoplates, cela est un indice que la personne voudrait avancer plus rapidement, mais qu'il y a quelque chose qu'elle perçoit comme un frein dans son élan.

- Lorsqu'une main gratte l'omoplate gauche, cela peut indiquer que la personne souhaite agir rapidement et qu'elle se sent embêtée par les discussions trop longues pour elle.

- Lorsqu'une main gratte l'omoplate droite, cela peut indiquer que la personne anticipe le moment où sa contribution sera terminée parce qu'elle ne ressent pas d'élan intérieur pour agir.

- Lorsqu'une main gratte le côté droit du dos, cela peut indiquer que la personne souhaite partir, quitter une situation négative ou sans intérêt pour elle.

- Lorsqu'une main gratte le côté gauche du dos, cela peut indiquer que la personne a besoin de se sentir plus légère et libre émotionnellement.

- Lorsqu'une main gratte le bas du dos, cela peut indiquer que l'engagement représente un potentiel de stress qui la pousse à se sauver.

- Lorsqu'une main est déposée sur le bas du dos à gauche, cela peut indiquer que le corps de la personne perçoit l'état d'une situation avant qu'elle l'ait véritablement acceptée.

- Lorsqu'une main est déposée sur le bas du dos à droite, cela peut indiquer que la personne n'a pas exprimé un état d'inconfort.

Les mains sur les bras
- Les bras sont sollicités pour des actions physiques et des interventions concrètes, pour aider affectivement.

Le bras droit est souvent plus fort et plus puissant que le bras gauche.

- Lorsqu'une main touche, remue ou retourne le bras gauche, cela peut indiquer que la personne a une grande sensibilité.

- Lorsqu'une main gratte l'extérieur du bras gauche, cela peut indiquer que la personne aimerait convaincre les autres par des voies détournées.

- Lorsqu'une main gratte l'intérieur du bras gauche, cela peut indiquer un désir de rapprochement.

- Lorsqu'une main gratte l'extérieur du bras droit, cela peut indiquer que la personne a besoin de se sentir en sécurité, de se sentir protégée.

- Lorsqu'une main gratte l'intérieur du bras droit, cela peut indiquer une volonté de se rapprocher d'une personne, d'entrer en relation avec une personne.

- Lorsqu'une main gratte l'intérieur du coude gauche, cela indique que la personne désire faire un pas affectif pour se rapprocher de l'autre.

- Lorsqu'une main gratte l'extérieur coude gauche, cela peut indiquer que la personne a besoin de s'adapter, ou d'une autre stratégie pour communiquer.

- Lorsqu'une main gratte l'intérieur du coude droit, cela peut indiquer que la personne ressent un désir de rapprochement pour agir ensemble, pour lier deux ou plusieurs choses ensemble, lier un projet et sa réalisation.

- Lorsqu'une main gratte l'extérieur du coude droit, cela peut indiquer que la personne préférerait se sentir plus libre, au moment présent.

- Lorsqu'une main est déposée à l'intérieur de l'avant-bras gauche, cela peut indiquer que la personne s'ouvre et souhaite collaborer concrètement.

- Lorsqu'une main est déposée à l'extérieur de l'avant-bras gauche, cela peut indiquer que la personne aimerait collaborer concrètement et se demande quels sont les véritables besoins de l'autre personne et comment s'y prendre si elle peut aider.

- Lorsqu'une main est déposée à l'intérieur de l'avant-bras droit, cela peut indiquer que la personne aimerait agir de façon concrète et intègre.

- Lorsqu'une main est déposée à l'extérieur de l'avant-bras droit, cela peut indiquer que la personne ressent le besoin de se centrer et d'être observateur avant d'agir.

- Lorsqu'une main gratte l'intérieur du poignet gauche, cela peut indiquer que la personne a le sentiment que quelque chose est positif.

- Lorsqu'une main gratte l'extérieur poignet gauche, cela peut indiquer que la personne se demande qu'est-qui pourrait l'aider, quels sont les chemins, solutions, possibilités pour aller là où elle désire aller.

- Lorsqu'une main gratte l'intérieur du poignet droit, cela peut indiquer que la personne préférerait des options ou choix différents.

- Lorsqu'une main gratte l'extérieur du poignet droit, cela peut indiquer que la personne préférerait avancer dans une direction qui a du sens pour elle.

Les mains sur les mains

- Lorsque la main gauche gratte le pouce de la main droite, cela peut indiquer que la personne prend un recul avant de prendre quelque chose en main.

- Lorsque la main droite gratte le pouce de la main gauche, cela peut indiquer que la personne prend contact avec son ressenti avant d'être en contact avec l'extérieur.

- Lorsqu'une main gratte le bout des doigts de l'autre main, cela peut indiquer que la personne a hâte de faire quelque chose, de passer à l'action.

- Lorsqu'une main gratte la paume de l'autre main, cela peut indiquer que la personne concentre son énergie pour être plus présente, pour stimuler un regain d'énergie.

- Lorsqu'une main gratte un doigt, cela peut indiquer que c'est important pour la personne de se sentir dans un état d'intégrité et de cohérence pour agir dans la direction qui lui est proposée ou demandée de l'extérieur.

- Lorsqu'une main gratte l'index, cela peut indiquer que la personne ressent le besoin d'une direction claire, de savoir ce qui est attendu d'elle, de savoir si cela est cohérent avec ce qui est important pour elle.

- Lorsqu'une main gratte le majeur, cela peut indiquer que la personne désire s'affirmer et faire grandir sa solidité intérieure.

- Lorsqu'une main gratte l'annulaire, cela peut indiquer que la personne est concernée par son sentiment d'harmonie avec des personnes proches.

- Lorsqu'une main gratte l'auriculaire, cela peut indiquer que la personne se sent concernée par sa relation avec le monde extérieur.

- Lorsqu'une main cache des doigts de l'autre main, cela peut indique que la personne a besoin de préserver son intimité, de garder certains états d'être pour elle-même.

- Lorsqu'une main cache le pouce, cela peut indiquer que la personne a la volonté de prendre soin d'elle-même et de se réfugier en sécurité.

- Lorsqu'une main cache l'index, cela peut indiquer que la personne a besoin de se sentir en confiance pour se reconnaître et s'exprimer.

- Lorsqu'une main cache le majeur, cela peut indiquer que la personne a besoin d'estime de soi pour exprimer son pouvoir personnel avec intégrité.

- Lorsqu'une main cache l'annulaire, cela peut indiquer que la personne souhaite garder pour elle-même ce qui se passe dans sa vie intime.

Les mains croisées et jointes
- Lorsque les mains sont croisées avec les poignets

tournés vers le haut, cela peut indiquer que l'attention de la personne est tournée vers « la puissance de la Vie qui est plus grande que soi », qu'elle fait une prière, qu'elle recentre son attention et le côté droit et le côté gauche de son corps.

• Lorsque les mains sont croisées avec les poignets horizontaux, cela peut indiquer que l'attention de la personne se ramène vers son centre, au point zéro, dans un état d'observateur.

• Lorsque les mains sont croisées avec les poignets orientés vers le bas, cela peut indiquer que la personne prend du recul, qu'elle est à l'écoute de ce qui se passe en elle et en relation avec elle.

• Lorsque les mains sont croisées avec les doigts orientés vers l'intérieur, cela peut indiquer que l'attention de la personne est dirigée vers l'écoute de sa Sagesse intérieure, de son intuition, qu'elle se met en lien avec elle-même.

• Lorsque les mains sont jointes par le bout des doigts, avec les poignets orientés vers le haut, cela peut indiquer que la personne est en train de réfléchir, qu'elle organise sa pensée avant de prendre la parole.

• Lorsque les mains sont jointes par le bout des doigts, avec les poignets horizontaux, cela peut indiquer que la personne oriente son attention pour aller de l'avant, pour collaborer avec d'autres personnes, pour trouver des solutions, pour être dans un état présent et faire le pont entre un état passé et un état futur.

• Lorsque les mains sont jointes par le bout des doigts,

avec les poignets orientés vers le bas, cela peut indiquer que la personne se fait plus discrète, qu'elle réfléchit à quelque chose de très concret dans la matière.

Les mains sur les jambes

- Lorsqu'une main gratte la jambe gauche, cela peut indiquer que la personne tente de créer un contexte ou une opportunité favorable pour aller vers quelque chose.

- Lorsqu'une main gratte l'arrière de la jambe gauche, cela peut indiquer que la personne prend conscience que la réalité n'est pas tout à fait comme elle l'avait imaginée et qu'elle doit s'adapter.

- Lorsqu'une main gratte la jambe droite, cela peut indiquer que la personne se sent fébrile et être prête à entrer en action.

- Lorsqu'une main gratte l'arrière de la jambe droite, cela peut indiquer que la personne prend conscience que ce qui est devant elle n'est pas tout à fait ce qu'elle veut et qu'elle sent le besoin de trouver le chemin qui lui convient.

- Lorsqu'une main va vers le bas de la jambe, cela peut indiquer que la personne a besoin de reprendre contact avec le sol et de revenir les deux pieds sur Terre pour avancer.

- Lorsqu'une main est déposée ou flatte le tibia gauche, cela peut indiquer que la personne a besoin de prendre du recul par rapport à ses émotions pour aller de l'avant.

- Lorsqu'une main est déposée ou flatte le tibia droit, cela peut indiquer que la personne doit ramener sa conscience dans son corps pour aller de l'avant.

- Lorsqu'une main est déposée ou flatte l'intérieur de la cheville gauche, cela peut indiquer que la personne a besoin de se sentir en sécurité avec elle-même.

- Lorsqu'une main est déposée ou flatte l'arrière de la cheville gauche, cela peut indiquer qu'elle s'offre le support nécessaire pour faire le prochain pas.

- Lorsqu'une main est déposée ou flatte l'intérieur de la cheville droite, cela peut indiquer que la personne a besoin de se rassurer avec elle-même.

- Lorsqu'une main est déposée ou flatte l'arrière de la cheville droite, cela peut indiquer que la personne se prépare à faire un pas dans une direction précise.

Les prochaines pages proposent quelques exemples illustrés d'expressions, gestes, mouvements et postures de différentes parties du corps.

La plupart des observations de ce qui est exprimé par le corps ont un sens reconnu de façon quasi universelle, même si elles sont parfois perçues et interprétées différemment selon les origines, cultures, croyances, références et sources d'apprentissages des personnes.

Suite à ces observations se trouvent, précédées d'un petit coeur ♥, des suggestions pour harmoniser ce qui a été exprimé par la sagesse du corps lorsqu'il a fait ces gestes et mouvements.

Expressions du visage

Émerveillé

Exaspéré

Surpris

Charismatique

Fatigué

Ébloui

Fâché

Désabusé

Paisible

Méditatif

Perplexe

Sympathique

Maussade

Stimulé

Optimiste

Satisfait

Heureux

Joyeux

Expressif

Amusé

Expressions du visage

Attristé

Présent

Imaginatif

Nostalgique

Observateur

Réflexion

Consterné

Serein

Extraverti

Déconcerté

Déçu

Songeur

Aimable

Confiant

Méfiant

Préoccupé

Frustré

Souriant

Perturbé

Septique

Expressions du visage

Simple

Regard intérieur

Souffrant

Reconnaissant

Intimidé

Effrayé

Douceur

Comique

Colérique

Dégouté

Confortable

Absent

Blessé

Dynamique

Désapointé

Éveillé

Exaspéré

Réjoui

Visionnaire

Contemplatif

Expressions du visage

Amusant

Coquin

Déconcentré

Régalé

Inquiet

Anxieux

Enjoué

Minutieux

Timide

Malheureux

Grognon

Dramatique

Joueur

Bienveillant

Attentif

Empathique

Indécis

Téméraire

Sensible

Positif

Mouvements des doigts et mains dans la région du visage

Je me sens fatigué
J'ai sommeil

♥ Repos
Prend soin de ton corps.

Je ne veux pas voir. J'ai peur
Repos et énergie pour les yeux

♥ Amène ton attention dans ton coeur.
Respire. Regarde avec les yeux de l'amour

C'est intéressant
Je veux voir ça

♥ Point zéro.
Tout est en toi.

Hum...je suis curieux
Je réfléchis

♥ Point zéro.
Dépose-toi dans ton coeur

Pas certain que je veux voir
Repos visuel

♥ Accepte-toi.
La lumière guérit et tout s'efface.

Comment ...?
De quoi ça aurait l'air?

♥ Amène ton attention dans ton coeur.
Écoute ta sagesse intérieure.

Mouvements des doigts et mains dans la région du visage

J'observe
Je suis disponible aux idées nouvelles

♥ Crois en toi.
Qu'est-ce qui fait grandir l'amour en toi?

Je regarde et je me fais une idée

♥ Centre-toi dans ton coeur.
Écoute ta sagesse intérieure.

Conversation intérieure
Ça a de l'allure, ça me plaît

♥ Amène ton attention dans ton coeur.
Quel signe te donne-t-il?

C'est comme ça que je vois ça
(réflexion)

♥ Respire.
Dépose-toi. Écoute ton coeur.

OK je vais regarder
dans ma zone de confort

♥ Ton coeur créé les miracles.
Aie confiance en toi. Tu es capable.

En pamoison...
Appui de réflexion

♥ Amène ton attention dans ton coeur.
Crois en ta lumière, crois en toi.

Mouvements des doigts et mains dans la région du visage

Je regarde loin
Visionnaire, c'est grand

♥ Que ta vision soit au service
de « la puissance de la Vie qui
est plus grand que soi »

... Solution
C'est une bonne question

♥ Dans quelle direction ta
lumière intérieure veut-elle aller?

Je veux comprendre
Je le sens

♥ Ton doigt est élevé vers le ciel.
Quelle connaissance ou miracle désires-tu?

Comment faire?
Je cherche

♥ À quel «plus grand bien»
veux-tu contribuer?
Cherche à l'intérieur de toi

Ah le soleil !
Je me concentre

♥ Centre-toi dans ton coeur
et rayonne comme un soleil!

Je voudrais savoir la vérité
Qu'est-ce que ça sent?

♥ Cherche à l'intérieur de toi
Ta vérité...

Mouvements des doigts et mains dans la région du visage

Droit devant
Limite, peur de voir

♥ Avec la foi, tout est possible.

Est-ce que je vais dire...
Qu'est-ce que je veux?

♥ Amène ton attention dans ton coeur.
Écoute ta sagesse intérieure.

Je ne le sens pas pour moi
Besoin de soutien

♥ Cultive la gratitude pour ce qui est
et ce dont tu as besoin.

Contemplation-Extase
Quoi faire?

♥ Point zéro.
Écoute ta sagesse intérieure.
C'est ton meilleur guide.

Je ne sais pas vraiment
quoi penser...C'est intéressant

♥ Point zéro.
Centre toi sur le but de ta vie
et vois ce qui est vraiment important.

Je n'en ai pas envie
De l'air, espace

♥ Respire.
Centre-toi dans ton coeur.
Écoute ton coeur. Respire.

Mouvements des doigts et mains dans la région du visage

Je me demande...
Ca me fait penser à...

♥ Qu'est-ce qui peut enrichir
l'expérience de la vie? la rendre plus belle?

Émotion non exprimée

♥ Intégrité avec soi.

Questionnement

♥ Aie confiance en toi.
Tu es capable.

Oui ou non?
C'est quoi la vérité?

♥ Point zéro.

Prends conscience de tes mouvements intérieurs.

STOP - Distance
Je mets une limite

♥ Choisis d'être en paix
et choisis-toi avec amour.

Silence-Chut!
Pas d'accord

♥ Prends un temps de silence dans
ton coeur et écoute ce qu'ila à te dire.

Mouvements des doigts et mains dans la région du visage

Besoin d'être appuyé
Découragé

♥ Tu es aimé à l'infini.
Regarde-toi avec les yeux de l'amour.
Tu es un Être merveilleux.

Ah non, pas ça
Ne pas se permettre de dire...

♥ Croire en soi.

Je voudrais dire, parler
Une fois...

♥ J'ai des pensées, paroles, actions
positives et bienveillantes envers
moi-même, les autres et la Vie.

Ça demande réflexion
Je prends du recul

♥ Enraciner, centrer, centrer
dans le coeur, aligner.
Respirer.

Je me prépare pour...
C'est une bonne idée

♥ Ouverture.
Confiance en toi et en la Vie.
Rester centré dans le coeur.

Juste un petit peu
Une étape à la fois

♥ Intégrité.
Les rêves se réalisent
un pas à la fois.

Mouvements des doigts et mains dans la région du visage

Je ne peux pas dire ça

♥ Qu'est-ce que tu penses ?

Ça me fait peur

♥ Qu'est-ce que tu as à dire?

C'est à considérer

♥ Tu mérites d'être
en paix dans ton coeur

Pourquoi donc?

♥ Foi, intégrité et
confiance en ta lumiere

Je ne me sens pas prêt à parler

♥ Intégrité avec ta lumière

Non merci

♥ Respecte-toi

Mouvements des doigts et mains dans la région du visage

Je me sens inquiet
Qu'est-ce qui se passe?

♥ Intégrité. Respire.
Centre-toi dans le coeur.

C'est interdit-secret-retenu

♥ Respire.
Mets de la lumière dans...

Est-ce que j'ose?
C'est à toi

♥ Être debout, douceur

Je voudrais le prendre

♥ Qu'est-ce que tu veux vraiment?

Bizou-Baiser

♥ Y a-t-il qulelque chose
ou quelqu'un à pardonner?

Hum... ça a l'air bon!

♥ Quelle décision as-tu à prendre?

Mouvements des doigts et mains dans la région du visage

Je ne t'entends pas bien
J'écoute attentivement

Qu'est-ce que je viens d'entendre?
Je ne suis pas sûr d'aimer ce que j'entends

♥ Empathie, auto-empathie
Se centrer dans le coeur
Soin des oreilles et chakra des oreilles

♥ Intégrité
Guérison de ce qui a été entendu
Focus sur la joie du coeur

Parle plus fort, je n'entends pas
Je me concentre pour bien écouter

Je me sens énervé, je ne veux pas l'entendre
Ça me déplait-C'est bruyant

♥ Centrer l'attention dans le coeur
Exercices pour améliorer l'acuité auditive
Se relever debout

♥ Point zéro
Guérison émotionnelle
Gratitude et amour pour ses oreilles

Besoin d'un recul et de discernement
Je voudrais autre chose, être ailleurs

Qu'est-ce que je fais ici?
Pourquoi est-ce que j'entends ça?

♥Écouter la sagesse intérieure
Intégrité et douceur envers soi
Se faire confiance avec ses choix

♥ Être honnête avec soi.
Auto-empathie.
Conscience de soi et de sa vie
Se réaligner dans son chemin de vie

Mouvements des doigts et mains dans la région du visage

Je me protège-C'est désagréable
Je rêve d'autre chose

♥ Écouter la sagesse intérieure
Intégrité et choix
Action dans la voie du coeur

C'est vraiment intéressant
J'écoute attentivement-Je suis tout ouïe

♥ Présence. Joie. Comment ce
que j'entends peut contribuer
au plus grand bien avec intégrité?

Rrrrr...
Je me sens (émotion)

♥ Se regarder avec les yeux de l'amour
Pensées et paroles positives et intègres
envers soi. S'exprimer avec bienveillance
et douceur envers soi.

Je suis ici et je t'écoute
Je me repose-Je me concentre

♥ Présence. Respirer
Douceur envers soi
Se centrer dans le coeur.
Pensées lumineuses et joyeuses.

J'en ai assez-Ça suffit
Le tigre-Ancrage ciel-terre

♥ Point zéro. Auto-empathie.
S'exprimer avec bienveillance
Intégrité. Comment puis-je utiliser
ma force au service du plus grand bien?

Je me dépose et j'observe
Besoin de ramener mon attention à l'intérieur

♥ Respirer. Se centrer
dans le coeur, s'enraciner, s'aligner
Se relever en Être debout

Mouvements des doigts et mains dans la région du visage

Ce que j'entend est souffrant à entendre
Je me repose (tête sur le côté)

C'est agréable à entendre
Grande sensibilité

♥ Je me centre dans mon coeur.
Je relève la tête droite. Je respire.
Je prends un recul. J'écoute avec compassion.

♥ J'amène mon attention dans
mon coeur. Je respire calmement
Je reste présent à moi-même.

C'est trop bruyant-trop fort
Je ne veux pas entendre. Je m'isole

Je suis content-J'écoute avec intérêt
Faire confiance

♥ J'ouvre les yeux. Je relève la tête.
J'écoute avec empathie, compassion.
Si nécessaire, je prends un recul
pour prendre soin de ma santé.

♥ Je me concentre.
Je fais confiance à mon intuition
pour utiliser ce que j'entends
avec sagesse.

Mal à la tête, stress
Pourquoi je n'y avais pas pensé avant!

Mon cerveau respire-J'aime mon cerveau
Potentiel au service du coeur

♥ Je respire doucement et je me
dépose dans mon coeur, avec les
deux pieds sur Terre. Je pense
positivement. Je suis doux avec moi.

♥ Inspire... Expire...
Mon cerveau droit et gauche sont
des amis. J'ai confiance en leur
potentiel au service du coeur.

Mouvements des doigts et mains dans la région du visage

Chercher une solution
Apaiser le mental

♥ Je me détends et me libère
de la pression que je mets sur ma tête
Je me centre dans mon coeur.

Besoin de calme et de silence
Moment de découragement

♥ Inspire 1 2 3 4 - Retient 1 2 3 4
Expire 1 2 3 4 - Retient 1 2 3 4
Confiance. Je suis capable.

Où est-ce que je m'en vais?
Qu'est-ce que je vais faire maintenant?

♥ Je prends le temps de voir où
je suis rendu. Je m'aligne. Confiance,
un pas à la fois vers la réalisation
de ce qui est vraiment important.

J'aurais dû y penser avant!
Bien oui! C'est évident!

♥ Sourire! Humour! Paix
du coeur et douceur avec soi.
Nouvelles perceptions.
Confiance et action.

Trouver un sens à....
Comment vivre avec...?

♥ S'ouvrir et accueillir l'inspiration.
Foi. Avec la foi, tout est possible.
Je reprends une posture de confiance et
je suis les conseils de ma Sagesse intérieure.

J'ai eu peur-J'ai eu chaud
Je me sens soulagé, merci

♥ Respire, respire, respire!
Je suis reconnaissant(e).
Cohérence cardiaque.
Repos. Régénération.

Postures des bras

♥ Je respire   Je réagit au   Je me sens   Je me réconforte
Je rassemble   changement   prêt à bouger   Je me donne
mon énergie   positif ou négatif J'aime (intérieur) de la douceur
Je m'apaise   Accepte ou résiste Je n'aime pas (extérieur)

          ♥ Couler avec la vie   ♥ Intuition   ♥ Paix
                      Sagesse intérieure Paix du coeur

Bras croisés (*)   Prière   Mains croisées
Relation au monde   Concentration   Harmonisation
Ce qu'on peut prendre Équilibre des polarités Unité intérieure

♥ Ouvre les bras et le ♥ Chemin du coeur ♥ Centrer, aligner,
thorax. Respire. Souris.   unifier, libérer, guérir.

Je lâche prise.   Je relaxe. Je suis ici. Ouverture. Victoire.
Je lâche le stress.   Abondance
           ♥ J'écoute mon coeur
♥ Je suis détendu   et mon intuition   ♥ Émerveillement

(*) -

Je m'affirme   Je suis confiant   J'écoute   Je me protège
Mes limites   Je me donne   Présence   Pas d'accord
Assurance   de l'importance Ouverture   Fermeture

Postures du corps en position assise

Prêt à partir-Nerveux-Je me sens fébrile
Où/quand est-ce qu'on s'en va?

♥ Prends le temps de t'asseoir.
Centre ton attention dans ton coeur.
Quand tu es prêt: confiance et action !

Solidité-Stabilité
Je suis présent

♥ Respire calmement
Souris à la vie.
Je me dépose.

Je m'endors-Je pense au passé
Je m'ennuie, suis ailleurs-Je prends du recul

♥ Respire profondément. Reviens ici
et maintenant. Ajuste ta posture pour
être présent. Centre-toi dans ton coeur.

Je suis attentif-Je pense au futur
Déséquilibre -Anxiété

♥ Relève les yeux. Ajuste ta
posture. Relève les épaules.
Respire calmement.

Je me sens fatigué-Déprime
Ressentis-Dialogue intérieur

♥ Quand tu es prêt, relève la tête,
les épaules, le dos, ton sourire...
Tu es un Être merveilleux.

J'ai froid-J'ai peur
Je me rassemble-Besoin de sécurité

♥ Cocon, se materner, douceur,
réconfort. Joue, amuse-toi, crée
avec ton enfant intérieur. Rire!

Postures des jambes en position assise

Oui... mais...Raison ou émotions?
Je m'appuie sur mon vécu

♥ Je dépose mes deux pieds par terre.
Je me centre dans mon coeur
et mes perceptions s'équilibrent.

Je mets une limite
Besoin d'appui. Stress.

♥ Je respire profondément.
Je dépose mes deux pieds par terre.
Confiance.La vraie sécurité est en moi.

Je suis réservé
Je suis discret- prude.

♥ Confiance en la vie.
Détends-toi. Souris à la vie
et elle te sourira.

Je suis timide
Je suis bien élevé. Je n'ose pas être...

♥ Dépose tes pieds au sol.
Respire profondément. Tu es sur Terre
pour être qui tu Es. Sois toi-même.

Stress élevé
Je voudrais partir. Comment faire?

♥ Dépose tes deux pieds par terre.
Qu'est-ce que ton coeur veut?
Un pas à la fois.

Je suis prudent
Je suis prolifique. Je peux réussir

♥ Dépose tes pieds au sol.
Écarte-les doucement à la largeur
de tes épaules. Aller de l'avant.

Postures des jambes en position assise

Je suis stable.
Je prends ma place.

♥ Intégrité avec mon coeur

J'ai confiance, mais
je doute un peu de moi

♥ J'ai confiance en moi.

Je cherche mon équilibre
futur-passé. Prêt à du nouveau.

♥ Je me centre dans mon coeur.
J'écoute la guidance de ma Sagesse intérieure.

J'ai une réserve mais je suis relax.
Pas d'accord mais je suis OK.

♥ Je reste fidèle à moi-même.
et à mes valeurs.

C'est intéressant.
Je me prépare. Prochains pas .

♥ Cohérence intérieure.
cohérence des pensées-paroles-actions.

Je relaxe. J'ai l'esprit ailleurs.

♥ Revenir au présent,
les deux pieds sur Terre.

Postures du corps en position debout

J'avance ici et maintenant

♥ Un pas à la fois!
Garde le sourire!

J'avance mais... regret-passé

♥ Je me recentre
sur le chemin du coeur.

J'avance avec élan-impulsion

♥ Je me recentre.
Je respire profondément!

J'avance sans regarder-peur-émotions

♥ Je relève les yeux, la tête, le dos...
Je vois la vie autour de moi. J'ai des
pensées, paroles, acitons positives et
bienveillantes envers moi-même,les autres
et la vie. Confiance.Amour de soi.Lumière.

Je suis relax. La vie est belle.

♥ Je souris!
Je respire.
Comment puis-je aider?

Je suis affirmatif. Autorité-contrôle.

♥ Je relâche les mains. J'amène
mon attention dans mon coeur.
Je respire. Douceur.

Postures du corps en position debout

Je me rassure. J'en ai envie-désir

♥ Je relâche les mains. Je respire.
Je me centre dans mon coeur.
Je m'aligne avec « la puissance
de la Vie qui est plus grande qe soi ».

Je suis solide. Je suis debout

♥ Je respire. Je me centre dans
mon coeur. Je choisis d'être heureux
au service du plus grand bien et de
« la puisssance de la Vie qui est
plus grande que soi »

Je suis ouvert

♥ Je m'ouvre au monde.
Je souris, j'apprécie et dis merci.

Je suis gêné. J'ai une bonne résistance

♥ Je me centre dans mon coeur.
Je suis un Être sacré merveilleux.

Je suis original. Je suis spécial.
Où aller?

♥ Quelle est la guidance de ma
Sagesse intérieure? Joie.
Suivre le chemin du coeur.

Je suis gentil.
J'ai un pied solide. J'ai un doute.

♥ Je dépose mes deux pieds au sol.
Je me centre dans mon coeur.
Je suis vrai. Intégrité. Confiance en soi.

Position des mains

Deux Bon Un-no.1 Direction-Pointer Un peu Détente
Paix Parfait Question C'est à toi - Fusil Épaisseur Lâcher

Limite Support Protection Moi Ouverture Précision-Direction
Oeillère Lever Attraper Présent Cinq Avant-futur arrière-passé

Enrober Contact Niveau Bien tenir Ouvrir pour recevoir Rond-Zéro
Limite Tenir Crochet En haut Tenir-Supporter

Plus tard Agriffer-Retenir Poing-Rassembler l'énergie-Recentrer
Anticiper Rentrer à l'intérieur Frapper-Écraser-Battre...Oui-Go-Bravo

Bonjour Concentrer Accueillir-Recevoir Couvrir Toucher Appuyer
Enchanté Dimension Offrir-Donner Protéger Presser Déposer

Envelopper Accueillir-Recevoir-Contenir-Supporter Ouverture Fermer-Fin
Tenir de côté Offrir-Donner-Demander-Tenir Extraverti Introverti

OM-stabilité mentale Méditation Réflexion Lotus Confiance
système nerveux, corps Équilibre nerveux Coeur pur centrée

Prière Réceptivité-Centrer Ciel-Terre Rassembler Intuition
Gratitude Lâcher prise Aligner Ramener vers soi

LE LANGAGE NON VERBAL
CE QUI EST PLUS SUBTIL À OBSERVER

Certains gestes et mouvements du corps sont plus subtils à observer. Ce sont des comportements automatiques initiés par l'inconscient. Ces indices subtils apportent beaucoup d'information sur l'état personnel et comment une personne vit ce qu'elle vit profondément, intérieurement. Par exemple:

- **Respiration - profondeur**
  superficielle (thorax)
  moyenne (diaphragme)
  profonde (abdomen)

- **Respiration - rythme**
  rapide, courte
  régulière, détendue
  lente, prolongée

- **Voix - tempo**
  rapide, saccadé
  régulier, continu, rythmique
  lent, pauses

- **Voix - tonalité**
  aiguë, tendue
  normale, claire, résonante
  grave, profonde, soupirante

- **Tonus musculaire**
  tendu, crispé
  normal
  détendu, relaxé, mou

- **Couleur de la peau**
  pâle, blème, blanc, vert
  normal
  coloré, rose, rouge, bronzé

L'acuité à observer ces indices est très utile dans les contextes où seuls le haut du corps et le visage sont observables, ou dans les contextes où les mouvements du corps sont physiquement limités. Par exemple:

- Personnes assises autour d'une table
  (école, travail d'équipe, réunion, repas, entrevue, soin, restaurant, art plastique, artisanat...)

- Personnes assises en rangées
  (école, présentation, formation, réunion, conférence, salle de concert, salle de spectacle, orchestre...)

- Personnes assises dans un espace délimité
  (poste de travail, derrière un comptoir, pour différents soins d'hygiène et de santé...)

- Densité de personnes debout ou assises
  (groupe, rassemblement, événement public, foule...)

- Personnes alitées
  (berceau, lit à la maison, hôpital, civières, urgences et premiers soins...)

- Personnes qui ont une mobilité physique restreinte
  (maladie, fauteuil roulant, béquille, handicap...)

- Personnes qui peuvent difficilement communiquer verbalement pour exprimer comment elles se sentent
  (muet, état de choc, état de peur, handicap affectant la parole, mutisme, timidité, environnement silencieux...)

Cela permet aussi à des personnes qui parlent des langues différentes de pouvoir communiquer ce qu'elles vivent et leur état d'être, par le langage non verbal.

**Les indices subtils
et le système de représentation sensorielle**

Ce qui est exprimé par les indices subtils du langage non verbal est relié au système de représentation sensoriel que la personne utilise de façon prépondérante, à un moment précis.

Cela veut dire qu'il est possible, par l'observation subtile du langage non verbal d'une personne, d'identifier le système de représentation sensorielle (visuel, auditif, kinesthésique) auquel elle a accès, dans chaque instant présent.

Chaque système de représentation sensorielle exprime par ses propres signaux subtils, ce qui se passe dans nos processus intérieurs. En apprenant à les reconnaître, il est possible de mieux comprendre comment chaque personne vit ce qu'elle vit et de pouvoir décoder ce qui n'a pas été dit avec des mots.

	Visuel	**Auditif**	**Kinesthésique**
Respiration	Superficielle et courte Haut de la poitrine	Régulière Niveau du diaphragme	Profonde Niveau du ventre
Tempo de la voix	Rapide et saccadé	Régulier et rythmique	Lent et longues pauses
Tonalité de la voix	Aigüe et tendue	Claire et résonnante	Profonde et soupirante
Tonus musculaire	Plus de tension cou, épaules, abdomen	Tension modérée mouvements rythmiques	Relaxation muscles et mouvement
Couleur de la peau	Teint pâle	Teint intermédiaire	Teint coloré, rougeur

LA CALIBRATION

L'état dans lequel se trouve une personne traduit la façon dont elle vit ce qu'elle vit et son adaptation à l'environnement. Cet état est expérimenté intérieurement par des sons, des images, des sensations, des goûts, des odeurs, des émotions, des dialogues intérieurs, des intuitions, des émotions, des pensées... Ce qui est vécu intérieurement peut être exprimé de façon non verbale par les gestes, mouvements et autres indices faciles à observer ou plus subtils.

L'observation de ces gestes, mouvements et indices est appelée « calibration ». En observant respectueusement une personne, l'information perçue permet de:

- Avoir des références sur l'état « normal » de la personne (« normal » = référence de l'état habituel, neutre, au point zéro.)

- Observer ce qui se passe de façon différente lorsque la personne expérimente un état autre que « normal » (expérience émotionnelle intense ou nouvelle, apprentissage, défi à relever, changement ou nouvelle croyance, état de stress, état de choc ou trauma, état concentré, état de vacance, état de ressources, état de maladie, état de guérison, état de libération...)

- Reconnaître l'état intérieur vécu à ce moment précis et être éclairé sur le processus et la stratégie de la pensée. (pas le contenu, seulement le processus sensoriel)

- Avoir du feedback de façon non verbale.

- Être et rester présent à l'autre personne, sans intervenir. Accompagner la personne de façon respectueuse et cohérente avec ce qu'elle vit.

L'ACUITÉ SENSORIELLE
POUR COMPRENDRE CE QUE LE CORPS DIT

Chaque personne a sa façon unique de vivre ce qu'elle vit et de l'exprimer. Par exemple, plusieurs personnes peuvent être heureuses et l'exprimer de façons différentes.

La calibration est le processus personnalisé qui permet d'observer les variations entre ce qui est un état « normal » et un état différent pour une même personne.

L'acuité sensorielle est l'habileté humaine qui permet d'observer et de déceler ces variations. Elle se développe avec la pratique. Pour que cet apprentissage soit plus facile et que l'observation puisse être faite sans ingérence ou interprétation, il est important d'être bien centré dans notre coeur, au point zéro.

Par exemple, avec une personne qui se sent impatiente, il serait possible d'observer:

- Ses gestes
  imprévisibles, ampleur inattendue, tendus, nerveux...
- Sa posture
  marche continue, tapement des doigts, bougeotte...
- Son visage
  peau rouge, narines battantes, lèvres qui bougent...
- Son regard
  mouvements rapides des yeux, regard éparpillé...
- Sa respiration
  superficielle, grands soupirs...
- Sa voix
  rapide, ton plus aigü...

Dans le futur, lorsque nous observons ces gestes, mouvements et indices présents pour cette personne, nous savons qu'elle expérimente à nouveau un état d'impatience.

Pour trois personnes qui vivent l'expérience du bonheur, il serait possible d'observer:

- Les gestes
  A - donne, reçoit, ouverture, attitude décontractée...
  B - fait des câlins, agis avec douceur, bienveillance...
  C - accueil, spontanéité, mouvements confiants...

- La posture
  A - tête relevée, épaules détendues, debout...
  B - souple, adaptation pour être bien, pieds ouverts...
  C - corps droit, pieds bien ancrés, tête droite, solide...

- Le visage
  A - sourire, expressif, détendu, rieur...
  B - rire, présent à soi puis aux autres, compassion...
  C - dégagé, ouvert, sourire, détendu, doux...

- Le regard
  A - vif, amusé, enjoué, pétillant...
  B - doux, clair, transparent, présent...
  C - brillant, plis vers le haut au coin des yeux, léger...

- La respiration
  A - libre, calme, posée...
  B - douce, profonde, relaxée, détendue...
  C - rythmique, régulière, paisible...

- La voix
  A - apaisante, enjouée, libre...
  B - joyeuse, claire, calme, expressive...
  C - bien articulée, amusée, puissante, compassion...

Chaque personne a sa façon bien à elle de vivre l'expérience du bonheur et c'est merveilleux !

Voici maintenant un exercice pour expérimenter le
l'impact de la cohérence des mots et du langage du corps.

Exercice - Cohérence des mots et du langage du corps

Cet exercice permet d'apprivoiser l'importance de la
cohérence du langage verbal et du langage non verbal. Il
permet d'expérimenter le ressenti et l'impact de la cohérence
et de la transparence, pour laisser émerger la crédibilité et le
leadership véritable.

Dans les deux premières étapes, l'attention des participants
est orientée vers leurs observations et perceptions de ce qui se
passe pour une autre personne, lorsque les mots et le langage
du corps sont cohérents ou ne le sont pas.

Dans la troisième étape, l'attention des participants
est orientée vers le ressenti et l'impact que cela a pour eux
lorsqu'ils reçoivent des messages où le langage des mots et le
langage du corps sont cohérents ou ne le sont pas.

La quatrième étape permet de partager les apprentissages
de ces expériences.

Matériel requis
- Petits cartons sur lesquels est inscrit un état intérieur.
  Par exemple, inscrire des valeurs humaines comme:
  amour, paix, joie, émerveillement, rire, sourire,
  confiance en soi, sagesse, douceur, bienveillance,
  vérité, gratitude, curiosité, enthousiasme, créativité...

Debout, en cercle ou face aux autres participants
- Étape 1 - Une personne pige un carton, nomme à voix
  haute l'état intérieur qui y est inscrit, et mime l'état
  inverse. Par exemple : dire « j'ai confiance en moi » en
  mimant une personne qui se sent timide

Les autres personnes...
- Observent et nomment leurs perceptions de l'état intérieur qui est mimé.
- Partagent ce qu'elles ont observé dans l'expression du visage, les positions et mouvements du corps, et le ressenti du cœur.

- Étape 2 - La personne nomme à nouveau à voix haute l'état intérieur qu'elle a pigé et le mime.
  Les autres personnes...
  - Partagent ce qu'elles ont observé dans l'expression du visage, les positions et mouvements du corps, et le ressenti du cœur.
- Refaire avec d'autres participants.
- Prendre une pause pour faire un exercice pour harmoniser les deux hémisphères du cerveau, s'aligner avec la Mère Terre et le Père Ciel (¹), et se centrer dans un état de cohérence cardiaque.

- Étape 3 - Une personne pige un carton, nomme à voix haute l'état intérieur qui y est inscrit, et le mime. Ensuite elle mime l'état intérieur inverse.
  Répéter l'expérience avec d'autres personnes.
  Les autres personnes observent et partagent...
  - Ce qu'elles ressentent et ce qui se passe dans leur corps, leurs pensées et émotions, lorsque ce qu'elles entendent et observent est cohérent ou ne l'est pas.
  - Ce qu'elles ressentent dans leur cœur.
  - Comment elles se sentent quand leur corps et leurs paroles sont cohérents ou ne le sont pas.
  - Quelle différence elles observent dans leur état personnel de cohérence des mots et du langage du corps, lorsqu'ils sont centrés et alignés.
  - Quelle différence elles observent lorsque les autres personnes sont centrées et alignées.

- Étape 4 - Partager qu'il y a des spécialistes de la communication qui ont observé que :

  8% de l'impact vient des mots qui sont dits
  37% de l'impact vient de la façon dont les mots sont dits (intensité, débit, intonation...)
  55% de l'impact vient du langage non verbal

- Alors même si nous disons certaines choses, ce qui a le plus d'impact et que les gens retiennent davantage, est ce qui est dit de façon non verbale par la façon dont les mots sont dits et par le langage du corps.

  Par exemple :
- Quand une personne dit un mensonge ou invente des histoires pour compenser des peurs (peur d'avoir l'air fou, peur de se faire chicaner, peur de perdre quelque chose, etc.), cela est souvent ressenti par les gens parce que le langage verbal et non verbal sont incohérents. Le résultat est que les gens ne croient pas ou doutent de ce qui a été dit, et ont du mal à faire vraiment confiance à cette personne.

- Quand une personne dit la vérité et est transparente, le langage verbal et non verbal sont cohérents. Cela est souvent ressenti par les gens. Le résultat est qu'ils croient en la sincérité de la personne qui a parlé, et même s'ils ne sont pas d'accord avec le contenu qui a été dit, il y a quand même un respect qui peut être présent. La cohérence du langage verbal et non verbal permet à la crédibilité et au leadership d'émerger naturellement, parce que les gens ressentent que la personne est vraie et transparente, et que ses pensées, paroles et actions avancent dans la même direction.

- Quand une personne dit la vérité, mais qu'elle a quand même peur de quelque chose, cela se ressent aussi et c'est ce qui fait que les gens qui l'entendent peuvent ne pas la croire ou avoir des doutes, parce qu'ils ressentent l'énergie de la peur. Dans cette situation, il est suggéré à ces personnes de continuer à faire grandir leur estime et confiance en soi, parce que l'amour fait fondre la peur et permet de trouver nos voies de liberté.

Observer le langage non verbal

Chapitre 5

Communiquer avec les yeux

LE LANGAGE NON VERBAL
CE QUI EST EXPRIMÉ PAR LES YEUX

De tous les langages du corps, le langage des yeux est à la fois un des plus expressifs, subtils et profonds. À plusieurs niveaux de profondeur, ils reflètent notre état en relation avec la vie extérieure, notre état intérieur, nos processus sensoriels, le cheminement de nos stratégies de pensées, notre intériorisation... jusqu'au « miroir de l'âme ».

De nombreuses approches thérapeutiques font appel au mouvement des yeux pour éveiller notre potentiel intérieur, libérer les blocages inconscients, et faciliter les processus d'apprentissage, de choix et de création.

DÉCOUVRIR LES MOUVEMENTS DES YEUX

Nous avons tous déjà observé que nos yeux bougent pendant que nous parlons et pendant que nous sommes en silence ou en période de réflexion. Est-ce que ces mouvements sont aléatoires ou est-ce que chaque mouvement a une signification précise?

C'est en observant des milliers de personnes que des chercheurs ont trouvé que les mouvements des yeux se dirigent dans des directions particulières selon que nous pensons à des images, des sons ou des sensations, et que ce processus est automatique et systématique.

Ces mouvements établissent des contacts reliant les cellules nerveuses de nos yeux avec les différentes aires de notre cerveau pour avoir accès à l'information qui est déjà emmagasinée dans nos mémoires ou pour utiliser notre potentiel pour créer de nouvelles choses.

Mouvement des yeux d'une personne droitière
Vue de face (par convention)

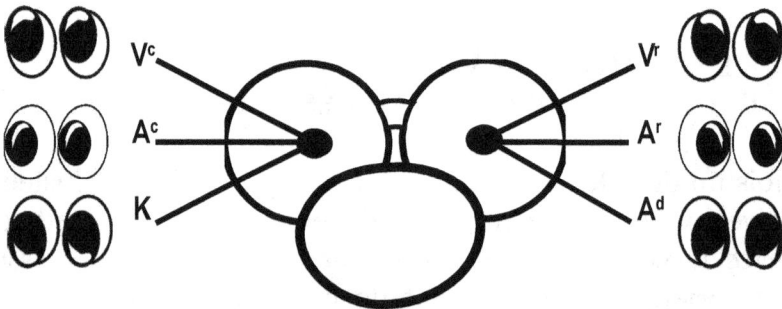

V^c : Images visuelles créées-construites (choses pas vues auparavant)
V^r : Images visuelles remémorées (choses vues auparavant)
A^c : Sons ou mots créés-construits (jamais entendus auparavant)
A^r : Sons ou mots remémorés (déjà entendus auparavant)
A^d : Sons et mots entendus (dialogue interne)
K : Sensations kinesthésiques, olfactives et gustatives

Bien que ce schéma soit presque universel, il arrive quelques fois que les personnes gauchères ou ambidextres présentent une inversion (gauche/droite). Dans ces cas, la calibration permet d'identifier correctement les accès visuels et les sens qui leur sont reliés. Pour tous, les yeux déconcentrés, immobiles, dans le vague, indiquent un accès visuel.

Quel que soit le schéma de mouvement des yeux, ces patterns sont systématiques pour chaque personne.

En observant la position des yeux d'une personne, nous pouvons voir à quel système de représentation sensorielle elle a accès à ce moment particulier. Cela est très utile pour adapter notre langage en utilisant un vocabulaire dans le même système de représentation sensorielle, car c'est ce qui sera compris le plus facilement par la personne à ce moment-là.

Parfois la position des yeux est orientée dans la direction du système de représentation sensorielle que les mots qui sont utilisés pour exprimer quelque chose. Par exemple, la personne pourrait regarder vers le haut à droite (visuel créé) en parlant de quelque chose qu'elle a imaginé, de ce qu'elle aimerait voir, ou de sa vision d'un monde meilleur.

Et parfois la position des yeux est orienté dans la direction d'un système de représentation sensorielle différent que les mots qui sont utilisés. Cela dépend de la façon dont la personne vit ce qu'elle vit, et de sa façon personnelle de traduire ce qu'elle perçoit dans les systèmes de représentation sensorielle avec lesquels elle se sent le plus confortable. Par exemple, la personne pourrait regarder vers le bas à droite (kinesthésique) en décrivant les images d'un beau paysage: ses mots décrivent les images et ses yeux indiquent qu'elle ressent ce que ce beau paysage éveille en elle.

SE RAPPELER DES INFORMATIONS UTILES ET CRÉER AVEC LE MOUVEMENT DES YEUX

Puisque la position des yeux est reliée à notre capacité d'accéder à ce que nous avons déjà vu, entendu, ressenti, senti et goûté, et à notre capacité de créer des images, sons, sensations-ressentis, odeurs et goûts, cela nous permet d'accéder consciemment à des informations utiles déjà emmagasinées dans notre corps et d'utiliser consciemment le mouvement de nos yeux pour faciliter les processus de création.

Cet outil simple pourrait être enseigné aux enfants à l'école. La capacité d'utiliser consciemment le mouvement des yeux pourrait les aider à se rappeler plus facilement ce qu'ils ont appris et faciliter les nouveaux apprentissages scolaires.

Pour la majorité des personnes, ce processus est automatique et normal. Cependant l'utilisation consciente du mouvement des yeux peut être utile lorsque nous expérimentons une forme de résistance ou de blocage momentané.

Par exemple, nous pouvons consciemment orienter notre regard dans les différentes directions pour nous aider à...

V^r en regardant vers le haut, à notre gauche
Images visuelles remémorées (choses vues auparavant)

- V^r : Nous souvenir de ce que nous avons lu
- V^r : Nous souvenir de ce que nous avons vu ou écrit
- V^r : Retrouver où nous avons laissé quelque chose que nous cherchons
- V^r : Nous rappeler du chemin parcouru pour aller quelque part
- V^r : Nous rappeler un beau paysage que nous avons vu, le visage ou l'écriture d'une personne

V^c en regardant vers le haut, à notre droite
Images visuelles construites (choses pas vues auparavant)

- V^c : Trouver une nouvelle idée, solution, projet
- V^c : Imaginer et créer une image, affiche, illustration, photographie, dessin, schéma, graphique, document, présentation, site web
- V^c : Visualiser un paysage imaginaire, un nouveau scénario, une mise en scène pour un spectacle
- V^c : Visualiser un nouvel aménagement, un décor, une architecture
- V^c: Visualiser une invention, une œuvre d'art, une nouvelle création, une nouvelle activité

A^r en regardant à la hauteur des yeux, à notre gauche
Sons ou mots remémorés (déjà entendus auparavant)

- A^r : Nous rappeler ce qu'une personne nous a expliqué
- A^r : Nous rappeler une consigne déjà entendue
- A^r : Nous rappeler un son, musique, chant, bruit... déjà entendu
- A^r : Nous rappeler du nom et de la voix des personnes
- A^r : Nous rappeler une conversation eue ou entendue

A^c en regardant à la hauteur des yeux, à notre droite
Sons ou mots construits (jamais entendus auparavant)

- A^c : Dire d'une façon nouvelle ce que nous voulons dire
- A^c : Créer une nouvelle musique, des sons, de nouvelles expériences ou trames sonores
- A^c : Exprimer des consignes et informations autrement
- A^c : Préparer un enseignement verbal et choisir les mots pour nous exprimer clairement
- A^c : Raconter une histoire nouvelle, préparer un discours, une conférence, présentation, formation

K en regardant vers le bas, à notre droite
Sensations kinesthésiques, olfactives et gustatives

- K : Nous rappeler et ressentir un état de confiance
- K : Nous centrer dans notre cœur, ressentir la paix, la joie, l'amour, la sécurité..., nous sentir aimants et bienveillants à propos de soi, des autres et la vie
- K : Exprimer avec un langage concret ce que nous vivons, communiquer de façon vivante
- K : Vivre et expérimenter pleinement la vie, ce qui éveille et embellit la vie en nous, nous passionne
- K : Apprendre, habiter et nous exprimer avec notre corps, jouer, créer une ambiance confortable

A^d en regardant vers le bas, à notre gauche
Sons et mots entendus (dialogue interne)

- A^d : Nous dire des choses positives, constructives et aimantes par rapport à soi ou une situation
- A^d : Réfléchir intérieurement, trouver une solution acceptable
- A^d : Prendre un recul par rapport à une expérience, avoir un discours intérieur constructif pour apprendre de cette expérience, pouvoir dire « stop » aux pensées négatives
- A^d : Inventer des scénarios et dialogues, commenter la vie, s'apprécier, se féliciter, s'encourager, se reconnaître, dire merci intérieurement, reconnaître intérieurement ce qui est sacré en chaque personne (Namaste)
- A^d : Apprivoiser le silence intérieur, apaiser le mental, expérimenter l'état de calme et de paix intérieure, être dans l'instant présent, écouter les réponses et la guidance de notre Sagesse intérieure.

Les connexions établies entre le mouvement des yeux et le cerveau sont très rapides. Parfois elles sont presque instantanées et un seul mouvement des yeux dans une direction particulière suffit pour activer l'accès à l'information ou au potentiel intérieur. Parfois nous pouvons garder nos yeux orientés dans une certaine direction pendant une période plus longue. Cela permet à certains processus internes d'avoir lieu.

Parfois aussi, il peut y avoir une période de délai entre le moment où une connexion est établie par le mouvement des yeux et le moment où nous avons consciemment accès à ces informations. Ce délai permet souvent de prendre du recul par rapport à la situation initiale, de s'en détacher émotionnellement et d'être disponible pour accueillir l'information déjà emmagasinée ou une nouvelle idée, solution, inspiration.

APPRENDRE PLUS FACILEMENT AVEC LE MOUVEMENT DES YEUX

Par l'utilisation consciente du mouvement des yeux, il peut être plus facile d'apprendre et de retenir de nouveaux mots de vocabulaire, leur orthographe, ainsi que leur sens et résonance dans le corps, ou toute autre forme d'apprentissage.

Processus d'apprentissage de nouveaux mots

La première étape consiste à s'installer dans un état personnel propice à l'apprentissage, puis d'apprendre les nouveaux mots de façon cognitive et de les intégrer ensuite de façon sensorielle (visuelle, auditive, kinesthésique).

S'installer dans un état personnel propice à l'apprentissage
- Prendre trois grandes respirations.
- Fermer les yeux, amener l'attention au niveau du cœur

et respirer calmement.
- Se rappeler quelque chose que nous avons déjà appris de façon agréable et facile pour nous (ou l'imaginer).
- Laisse émerger les sentiments de confiance et d'estime de soi qui sont présents dans cette expérience.
- Optimiser ces sentiments avec une posture de confiance. Relever la tête, le corps, détendre les épaules, déposer les deux pieds au sol, respirer, sourire...
- Lorsque ces sentiments de confiance et d'estime de soi sont très puissants, faire un petit geste simple comme toucher le pouce et l'index ensemble, déposer ses mains sur le cœur, ou croiser les deux mains ensemble pendant quelques instants. Ouvrir ensuite les yeux en conservant la posture de confiance.

Apprendre un nouveau mot de vocabulaire (3 suggestions)
- Lire un nouveau mot écrit au tableau, sur une feuille de papier ou dans un livre, et écouter la signification expliquée par une autre personne.
- Trouver un nouveau mot dans le dictionnaire et en lire la définition.
- Demander la signification d'un nouveau mot que nous avons entendu et comment il s'écrit.
- Répéter le mot à quelques reprises... « c'est le mot ... et il signifie ... ».

Optimiser l'apprentissage du nouveau mot – visuel
- Regarder le nouveau mot bien orthographié.
- Faire une photo imaginaire du mot bien orthographié.
- En gardant la tête droite, orienter le regard vers le haut, à notre gauche (accès à la zone visuelle remémorée du cerveau) et regarder le nouveau mot bien orthographié, comme s'il était écrit sur un écran.

Pour faciliter l'apprentissage des mots ou des lettres qui semblent plus difficiles, voici quelques trucs...

- Voir les mots écrits avec notre couleur préférée.
- Changer la grosseur des lettres.
- Changer la couleur des lettres (plus brillantes)
- Changer la grosseur et la couleur des mots.
- Couper les mots plus longs en groupes de trois lettres et assembler le mot trois lettres à la fois.
- Écrire le mot avec le doigt dans les airs et le voir écrit.
- Rapprocher ou éloigner notre écran intérieur pour voir clairement le mot entier ou les lettres.
- Quand le mot ou le texte te semble lourd, l'écrire dans une bulle de bande dessinée.
- Si le nouveau mot se trouve dans un texte qui nous semble ennuyant, ajouter des titres accrocheurs et positifs pour nous encourager et nous faire confiance.

Optimiser l'apprentissage du nouveau mot – auditif
- Écouter et ressentir ce mot résonner dans notre corps.
- En gardant la tête droite, orienter le regard au centre, à notre gauche (accès à la zone auditive remémorée du cerveau) et écouter le nouveau mot que nous venons d'entendre.

Pour faciliter l'apprentissage des mots ou des lettres qui semblent plus difficiles, voici quelques trucs...
- Écouter le mot dit ou épelé avec une voix agréable et rassurante ou la voix d'une personne qui nous aime.
- Écouter le mot dit ou épelé ou avec la voix d'un de nos personnages préférés.
- Écouter le mot avec une musique apaisante.

Optimiser l'apprentissage du nouveau mot –kinesthésique
- En gardant la tête droite, orienter le regard vers le bas, à notre droite (accès à la zone kinesthésique du cerveau) et ressentir la résonance du nouveau mot dans notre corps.

Pour faciliter l'apprentissage des mots ou des lettres qui semblent plus difficiles, voici quelques trucs...

- Ajouter de la fantaisie et rire pour dédramatiser le mot.
- Ajouter un sentiment de légèreté lorsque le mot nous semble lourd ou rébarbatif.
- Envelopper le ressenti du mot dans notre corps avec de la paix, de la douceur, de la lumière, de la sagesse, etc.
- Ressentir la joie et la gratitude d'apprendre un nouveau mot.

Intégration de l'apprentissage du nouveau mot

- Regarder le mot écrit sur notre écran intérieur.
- Vérifier s'il est identique à celui écrit au tableau, sur la feuille de papier, dans le livre ou dans le dictionnaire.
- Si nécessaire, faire les ajustements ou corrections.
- Épeler le mot écrit sur notre écran intérieur, l'écrire sur une feuille de papier, le nommer à voix haute et ressentir sa résonance dans notre corps. S'il y a une hésitation, regarder vers le haut, à notre gauche (accès à la zone visuelle du cerveau).
- Épeler et écrire le mot de gauche à droite, puis de droite à gauche !

Une petite dictée pour vérifier l'apprentissage !
Préparation à la dictée

- Prends trois grandes respirations.
- Ferme les yeux, amène ton attention au niveau du cœur et respire calmement.
- Tu peux refaire le petit geste simple qui te rappelle tes sentiments puissants de confiance et d'estime de toi...
- Tu te dis que ce sera agréable et facile... tu es calme et détendu... tu es CAPABLE de RÉUSSIR... tous ces mots sont inscrits sur ton écran intérieur et tu peux les retrouver facilement...
- Tu peux te faire confiance ! Tu es capable!

- Quand tu entendras un mot, tu pourras le VOIR en levant tes yeux vers le haut, à ta gauche...
- Ta main sera capable de les écrire...
- Ressent le sentiment de confiance...
- Prends ta posture de confiance et d'estime de toi... de « je suis capable »... et ouvre les yeux...

Dictée
- Prends maintenant ton crayon.
- Écoute le mot .... (auditif).
- Voit le mot sur ton écran intérieur (visuel).
- Écris le mot (kinesthésique).
- Vérifie si ce que tu as écrit est pareil à ce qui est écrit sur ton écran intérieur et fait les corrections si nécessaire.

COMPRENDRE LES STRATÉGIES ET PROCESSUS DE PENSÉE PAR LE MOUVEMENT DES YEUX

Puisque les mouvements des yeux sont reliés à ce que nous vivons de façon sensorielle et intérieure, l'observation de la séquence de ces mouvements permet d'élucider quelles sont les stratégies intérieures qui sont reliées à nos processus de pensée, à notre façon d'organiser ou d'avoir accès à l'information, à notre façon unique de vivre une expérience, d'apprendre, de choisir, de créer.

La connexion entre la position des yeux et le cerveau étant très rapide, l'observation attentive de la séquence du mouvement des yeux permet de percevoir la cohérence entre les paroles dites et les processus intérieurs de la personne.

Ces observations permettent ainsi de mieux comprendre comment chaque personne vit ce qu'elle vit.

Elles permettent également d'accompagner une personne lorsqu'elle reste coincée dans une image, un son ou un ressenti qui l'amène à tourner en rond, dans une stratégie intérieure insatisfaisante pour elle-même ou son expérience de vie avec les autres.

L'aisance à observer et décoder le mouvement des yeux vient avec la pratique. Au début, il est possible de dessiner le trajet du mouvement des yeux que nous observons dans une petite grille d'observation à neuf carrés, associés aux directions du mouvement des yeux.

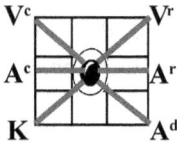

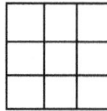

référence   grille d'observation   exemple

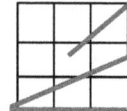

Par exemple, voici à quoi pourrait ressembler la stratégie de mouvements des yeux observés pour cinq personnes différentes, suite à une invitation pour réaliser un projet (exemple no.1) ou à apprendre quelque chose de nouveau (exemple no.2).

Observer le langage non verbal

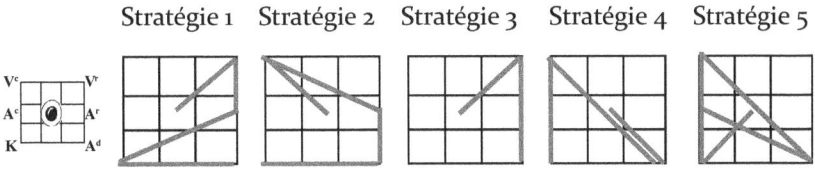

Stratégie 1   Stratégie 2   Stratégie 3   Stratégie 4   Stratégie 5

Cinq exemples de stratégies internes
suite à une invitation pour réaliser un projet

1	V^r	La personne se rappelle les projets qu'elle a déjà réalisés
	A^r	Elle se rappelle les informations déjà reçues et vérifie si c'est la même chose que ce qu'elle entend maintenant
	K	Elle choisit un sujet qui l'intéresse et ressent si elle est capable de réussir ce nouveau projet
	A^d	Elle se dit que « oui » et qu'elle est contente de participer à ce projet
2	V^c	La personne imagine le projet qu'elle voudrait réaliser
	A^r	Elle vérifie si c'est en accord avec ce qui lui a été demandé verbalement
	A^d	Elle se dit à elle-même qu'elle aimerait mieux ceci ou cela ou...
	K	Elle ressent la cohérence ou la différence entre ce qu'elle veut et ce qui lui est demandé
3	V^r	La personne se rappelle un livre dans lequel elle a vu l'information qui va lui être utile
	A^r	Elle se rappelle les consignes pour emprunter ce livre
	A^d	Elle se dit qu'avec ce livre, elle est capable de commencer son projet
4	A^d	La personne se demande à quoi sert ce qui lui est demandé
	V^c	Elle regarde où ça va la mener si elle le fait ou non
	K	Elle écoute son ressenti pour collaborer ou dire « non merci »
5	K	La personne est enthousiaste avec cette nouvelle expérience
	V^c	Elle s'imagine le rôle qu'elle va jouer
	A^d	Elle se parle et commence à se raconter ce qu'elle va dire ou faire
	A^c	Elle s'imagine en train de partager ce qu'elle a appris à d'autres personnes

125

| | Stratégie 1 | Stratégie 2 | Stratégie 3 | Stratégie 4 | Stratégie 5 |

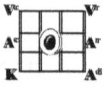

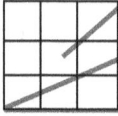

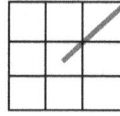

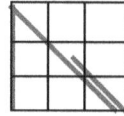

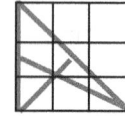

Cinq exemples de stratégies internes suite à une invitation pour apprendre quelque chose de nouveau

1	V^r	La personne se rappelle qu'elle a déjà fait quelque chose de semblable
	A^r	Elle se rappelle les explications qu'elle avait reçues
	K	Elle se rappelle comment elle s'est sentie quand elle avait demandé des explications supplémentaires
	A^d	Elle se dit que cela va être facile ou qu'elle est mieux de se taire
2	V^c	La personne cherche une nouvelle façon de faire ou de nouvelles solutions
	A^r	Elle se rappelle d'avoir entendu parler des inventeurs, artistes, génies...
	A^d	Elle se demande « comment est-ce que je pourrais...? »
	K	Elle expérimente et découvre ce que cela lui apprend
3	V^r	La personne se rappelle ce qu'elle a déjà vu à ce sujet
	A^r	Elle se rappelle ce qu'elle a déjà entendu à ce sujet
	A^d	Elle se dit qu'elle va réussir ou échouer, qu'elle est bonne ou nulle
4	A^d	La personne s'explique intérieurement ce qu'elle est en train d'apprendre
	V^c	Elle trouve une façon de se représenter ce qu'elle est en train d'apprendre
	K	Elle ressent si cela a du sens pour elle et si elle a bien compris ou démissionne selon son état
5	K	La personne ressent son enthousiasme pour apprivoiser ce sujet
	V^c	Elle imagine des façons amusantes de le découvrir ou des façons ingénieuses de s'esquiver
	A^d	Elle se dit qu'elle est géniale et fière d'elle ou qu'elle déteste ce sujet et que ça ne lui convient pas
	A^c	Elle entend le son de la voix, musique, présentation...à venir, ou comment elle peut dire que ça ne lui convient pas avec bienveillance

Alors qu'en principe nous avons accès à toutes les séquences et stratégies possibles, nous avons naturellement tendance à développer des patterns « pilote automatique » qui nous amènent à revivre des expériences semblables dans des contextes similaires.

En modifiant la direction du mouvement des yeux, nous pouvons transformer nos stratégies et processus de pensée, et ainsi développer davantage de souplesse pour composer avec les différentes expériences de notre vie.

Par exemple:

La personne qui tourne en rond...
Lorsqu'une personne semble tourner en rond dans une émotion désagréable, un état renfermé ou dépressif, nous observons souvent que son regard se promène interminablement vers le sol. Que ce soit vers la droite ou la gauche, elle est en train de se noyer dans cette émotion ou de se répéter les mêmes rengaines. Une façon simple de désamorcer ce cercle vicieux est d'attirer leur attention vers le ciel, le plafond ou quelque chose qui est en haut. Leur cerveau reçoit alors un nouveau signal qui fait appel à d'autres ressources intérieures et souvent plus de détachement et de recul par rapport à ce qui est vécu. Il est plus facile ensuite d'aborder le sujet et de trouver des solutions satisfaisantes, si la personne le demande.

La personne qui n'est pas en contact avec son ressenti...
À l'inverse, il y a des personnes qui ont beaucoup de difficultés à entrer en contact avec leurs émotions et leurs ressentis. Ces personnes regardent rarement dans la région du ressenti et quand elles le font, c'est généralement très bref. Le fait d'apprivoiser le regard dans cette position pendant quelques secondes génère souvent beaucoup d'inconfort,

mais si elles le choisissent, ce petit exercice simple leur permet de rétablir graduellement les connexions avec leurs ressentis.

La personne qui a des difficultés persistantes...

Dans les situations où une personne vit des difficultés ou résistances persistantes, ou après une expérience de choc ou un trauma, il y a parfois un ou deux accès sensoriels qui sont temporairement court-circuités. Cela est souvent relié à quelque chose qui est douloureux, souffrant, épeurant ou qu'elle ne veut pas voir, entendre, ressentir, sentir, goûter, ou dont elle ne veut pas ou ne peut pas parler à ce moment. Lorsque ces situations se présentent, le vocabulaire utilisé, le mouvement des yeux, le langage du corps et l'énergie de la personne nous offrent des indices très utiles par l'observation du langage sensoriel qui est temporairement « court-circuité ». Si elle le demande, c'est alors plus facile de l'accompagner en respectant son rythme, avec compassion et empathie.

La personne qui a vécu un choc ou un trauma important...

Dans certaines expériences de choc ou traumatismes significatifs, l'intensité des perceptions, peurs et émotions vécues peut court-circuiter temporairement tout ce qui a été perçu par les sens. Cela est parfois appelé un « black-out » ou un espace de vie occulté dans l'inconscient. La saturation sensorielle reliée à l'événement traumatisant interfère avec le processus normal d'intégration des informations reliées aux expériences que nous vivons. La persistance de cet état de saturation maintient l'expérience de la souffrance cachée dans l'inconscient, et crée souvent un état temporaire de coupure de l'état de vie, contextuel ou généralisé. Cette expérience peut évoluer et guérir lorsque la personne commence à avoir accès à des états personnels de ressource qui lui permettent d'avancer dans son processus naturel d'autoguérison. Si elle le demande, l'accompagner en respectant son rythme, avec compassion, empathie et conscience sage du chemin de guérison.

La personne qui revit les mêmes patterns...

Dans d'autres cas, il arrive aussi que la personne concentre intensément son énergie et attention sur les aspects sensoriels de son expérience qui sont coincés ou qui ne sont pas en harmonie, et qu'elle revive, raconte ou revoit constamment les mêmes scènes non résolues et non intégrées pour elle. C'est un mécanisme de survie du cerveau qui permet la personne à rester en contact avec ce qui est en déséquilibre pour le guérir plutôt que de l'occulter dans l'inconscient et créer des séquelles d'origine psychosomatique. Dans ces situations particulières, un accompagnement spécialisé peut graduellement permettre aux personnes qui vivent cela de ramener l'harmonie dans leurs perceptions de ces expériences, lorsqu'elles sont prêtes et le demandent.

La personne qui a oublié ce qu'elle sait déjà...

Dans un contexte de formation, perfectionnement ou d'éducation en milieu scolaire, la majorité des personnes ont appris ou reçu l'information en observant une démonstration, ce qui est écrit sur un tableau ou un écran (Visuel), et en écoutant une personne en parler (Auditif). Notre regard était alors dirigé devant nous la plupart du temps. Dans le contexte de rédaction de documents ou d'examens, nous avons souvent le regard tourné vers le bas et nous expérimentons parfois des trous de mémoire. Dans ces moments la frustration (Kinesthésique) et le dialogue intérieur (A^d) « s'énervent ». Nous pouvons relever les yeux et regarder au plafond vers la gauche (V^r Visuel remémoré) quelques instants ou à hauteur de nos yeux (A^r Auditif remémoré) pour nous rappeler ce que nous avons déjà vu et entendu. Nous le faisons tous intuitivement à l'occasion.

La personne qui avait le trac...

Lorsque nous avons une présentation à faire (V^c Visuel créé) ou quelque chose à dire (A^c Auditif créé) et que nous avons le trac (Kinesthésique), il peut être utile de baisser les yeux quelques instants, d'entrer en contact avec le ressenti d'une expérience dans notre vie où nous avons eu confiance en nous (état Kinesthésique de ressource), d'écouter les paroles d'encouragement ou de sagesse que nous nous sommes dites (A^d Dialogue intérieur de ressource) et ensuite de relever les yeux graduellement vers le haut, à notre droite (V^c Visuel créé) en respirant calmement. Si nous ne trouvons pas une expérience vécue qui est satisfaisante, nous pouvons l'inventer et la ressentir. Nous pouvons alors parler et regarder les personnes devant nous avec beaucoup plus de sérénité. Si nous nous sentons impressionnés par le nombre de personnes qui nous regardent, nous pouvons imaginer qu'il y a simplement plusieurs fois une personne devant nous. Nous pouvons aussi imaginer que les personnes sont habillées dans une tenue décontractée qui dissout le caractère officiel ou trop sérieux de la rencontre si c'est le cas. Cela permet de regarder les autres personnes avec confiance et de partager plus facilement ce que nous voulons exprimer.

L'accès à nos forces...
Le choix conscient de la position des yeux peut nous permettre d'accéder à nos forces intérieures sous forme d'images, sons, sensations, dialogue intérieur, odeurs, goûts, intuition, etc. qui sont des ressources positives et bienveillantes pour nous, et d'activer les réseaux neurologiques d'autoguérison.

Les expériences équilibrées intègrent la participation de tous les sens... les sens du corps (visuel, auditif, kinesthésique, olfactif, gustatif, dialogue intérieur, ainsi que la physionomie bien centrée et l'état de cohérence cardiaque) et les sens du coeur (intuition, état de cohérence intérieure, accès à notre Sagesse intérieure, unité avec Soi et « la puissance de la Vie qui est plus grande que soi ».)

**Exercice d'observation
des stratégies du mouvement des yeux**

Voici un exercice pour observer le mouvement des yeux et mieux comprendre comment une personne vit ce qu'elle vit.

Équipe

L'idéal est de le faire en équipe de trois à huit personnes, soient une personne qui expérimente, une personne qui va lire les petites phrases qui suivent, et les autres personnes qui observent le mouvement des yeux de la personne qui expérimente lorsqu'elle entend les petites phrases.

Préparation

S'installer confortablement en position assise. La personne qui va lire les petites phrases et les personnes qui observent s'assoient face à la personne qui expérimente, à une distance confortable pour elle et assez proche pour bien voir le mouvement de ses yeux.

S'installer dans un état personnel calme et bien centré dans le coeur, comme l'état de cohérence cardiaque.
- Centrer l'attention dans le coeur, au point zéro (état de neutralité)
- Respirer calmement, profondément, de façon rythmique et régulière
- Ressentir un sentiment positif et bienveillant comme la gratitude, l'appréciation, l'Amour, la Paix, la compassion, l'empathie, la douceur, la sérénité...

Ce qui est important est de s'installer dans un état calme et bien centré dans le coeur, avec les deux pieds sur Terre.

Un état de calme est nécessaire pour une bonne observation et pour que l'attention de la personne qui expérimente soit bien centrée sur l'écoute de la petite phrase qui va lui être lue.

Exercice - les rôles de chacun

La personne qui va lire lit une petite phrase à la fois. Elle laisse le temps à la personne qui expérimente pour compléter son processus intérieur, puis ensuite pour que les observateurs partagent ce qu'ils ont vu. Ensuite elle lit une autre petite phrase.

La personne qui expérimente est assise, en silence. Elle regarde vers l'avant (pas la personne qui lit) et écoute la petite phrase qui est lue. Intérieurement, elle répond à ce qui lui est proposé, sans parler ni répondre verbalement.

Les personnes qui observent sont assises, en silence. Elles observent le mouvement des yeux de la personne qui expérimente dès que la petite phrase commence à lui être lue. Elles peuvent noter le mouvement des yeux qu'elles ont observé dans les petits carrés ou s'en souvenir naturellement. Lorsque le processus de la personne qui expérimente est terminé, elles peuvent exprimer avec délicatesse quels mouvements des yeux elles ont observés, et leurs interprétations de ce qui s'est passé à l'intérieur de la personne.

Cette dernière pourra alors confirmer ou préciser ce qui s'est vraiment passé à l'intérieur d'elle.

Changement de rôles

Changer les rôles après quelques phrases. Cela permet de développer l'acuité d'observation avec différentes personnes. Si certaines personnes sont comme « un livre ouvert » et très facile à comprendre par le mouvement des yeux, d'autres sont un peu plus discrètes et nécessitent davantage de pratique.

Intention

L'important est de rester bien centré dans le coeur, au point zéro, et dans la conscience que le but de cet exercice et de cet outil est d'être « à l'écoute » de façon non verbale à ce que la personne vit et comment elle vit ce qu'elle vit.

Il est aussi important de se rappeler que l'observation du mouvement des yeux permet de comprendre les processus intérieurs qui sont reliés à nos processus de pensée, à notre façon d'organiser ou d'avoir accès à l'information, à notre façon unique de vivre une expérience, d'apprendre, de choisir, de créer... et ne s'adresse pas au contenu de ce qui est vécu par la personne.

Le contenu de ce qui se passe à l'intérieur de la personne lui est totalement personnel, sauf si elle choisit de le partager consciemment et volontairement.

Note
Parfois, il arrive que la personne qui expérimente l'exercice puisse avoir un petit moment d'hésitation au début, avant de poursuivre intérieurement le processus auquel elle est invitée par la petite phrase. Cela peut arriver lorsque le système de représentation sensorielle principal de la personne est différent de celui utilisé dans la petite phrase. Par exemple, si une personne est plus à l'aise avec le système de représentation sensorielle auditive et que la petite phrase lui propose quelque chose de visuel, elle peut prendre intérieurement le temps de traduire ce qu'elle a entendu dans le système de représentation sensorielle qui est le plus confortable pour elle. Ensuite elle pourra poursuivre son processus intérieur.

L'observation du mouvement des yeux permet d'observer cela et de pouvoir ajuster ensuite notre vocabulaire ou notre comportement non verbal pour faciliter la conversation et favoriser une plus grande fluidité. C'est plus facile de participer à une conversation ou un apprentissage qui est proposé avec notre système de représentation sensorielle principal.

Les petites phrases - des exemples
(utiliser 3-4 phrases de chacune des trois pages d'exemples)

Vois les détails de ta chambre (*ou salon, cuisine...*)

Imagine une voiture verte avec des dessins blancs
et rouges

Vois une girafe rose avec des points multicolores

Rappelle-toi un paysage qui t'a impressionné
par sa beauté

Rappelle-toi la couleur des yeux de (*une personne*)

Regarde l'allure que tu as quand tu es de bonne humeur

Imagine que tu vois ta photo dans le journal dans le
cahier des bonnes nouvelles

Imagine-toi déguisé en hippopotame
avec un tutu rose de ballerine

Regarde la Terre vue de l'espace, entourée de lumière
et d'enfants qui se tiennent par la main

Regarde le visage de plusieurs personnes que tu aimes

Imagine que tu fais un dessin sur le thème:
À quoi ressemble le monde dans lequel tu veux vivre

Observer le langage non verbal

☐ Écoute la voix de ton meilleur ami

☐ Dis-toi intérieurement quelque chose qui te fait du bien

☐ Écoute le son d'un cœur qui bat

☐ Qu'est-ce que tu pourrais te dire pour te rappeler de respirer lorsque tu es stressé ou nerveux?

☐ Ecoute le klaxon d'une voiture qui imite un éléphant qui barrit

☐ Entends les applaudissements d'une foule qui te félicite et t'encourage

☐ Écoute ta chanson préférée

☐ Écoute le son d'une voix qui passe d'un ton très grave à un ton très aigu

☐ Entends le rire sincère d'un enfant

☐ Dis merci pour ton corps, ta vie et tout ce qui est bon pour toi.

☐ Prends un micro et dis avec conviction: J'ai confiance en moi et en la vie!

☐ Prends un porte-voix et crie très fort: Oyez! Oyez! Je suis heureux(se)! Yeah! La vie est belle!

Sens tes mains qui touchent l'écorce d'un arbre et un tapis de mousse toute douce

Comment te sentirais-tu si tu étais un ange?

Rappelle-toi la sensation agréable de te sentir vraiment heureux et en paix

Ressens la sensation de marcher au bord de la mer et de sentir tes pieds s'enfoncer dans le sable

Sens une vague de détente te traverser le dos

Ressens l'émerveillement devant quelque chose de grandiose, simple, naturel

Sens l'odeur de quelque chose qui sent vraiment bon

Qu'est-ce qui est vivant en toi? Ressens-le dans ton corps

Qu'est-ce qui te ferait bondir de joie? Ressens la joie à l'intérieur de toi

Ressens que tu prends une bonne douche (bain) et le contact de l'eau chaude et douce sur ta peau

Déguste ton gâteau ou dessert favori

Amène ton attention dans ton cœur et dis-toi : « Je suis un Être merveilleux et je m'aime totalement, profondément, inconditionnellement ». Ressens-le.

Ces petites phrases sont des exemples. Il est possible d'en utiliser d'autres pour continuer à apprivoiser l'observation du mouvement des yeux. Ce qui est important est que chaque petite phrase invite à une représentation visuelle, auditive, kinesthésique, olfactive ou gustative.

Avec la pratique, il deviendra ensuite de plus en plus facile d'observer naturellement le mouvement des yeux des personnes et de comprendre comment elles vivent ce qu'elles vivent.

L'observation du mouvement des yeux est un outil simple et puissant qui fait appel à l'intégrité, au respect et à la délicatesse envers la personne observée et l'utilisation des observations. Se centrer dans notre coeur, définir une intention pure, favoriser l'état de cohérence cardiaque et de cohérence intérieure, sont des éléments de préparation qui aident à nous déposer dans un état au service du plus grand bien et de « la puissance de la Vie qui est plus grande que soi. »

**Des approches thérapeutiques
qui utilisent le mouvement des yeux**

À titre d'information, voici une brève description de certaines approches thérapeutiques qui utilisent positivement et très efficacement les informations fournies par l'observation du mouvement des yeux.

- **PNL (Programmation Neuro Linguistique)**
  La PNL utilise le mouvement des yeux pour décoder les stratégies sensorielles et les processus de pensée des personnes, pour faciliter les communications, les apprentissages, accéder aux ressources personnelles et faciliter les interventions thérapeutiques.

- **EMDR**
  (« Eye Movement Desentization and Reprocessing »)
  (Désensibilisation et reprogrammation du
  mouvement des yeux)
  La méthode EMDR utilise les mouvements rapides et répétitifs des yeux pour diminuer l'impact des séquelles et charges émotionnelles négatives reliées aux expériences de choc, traumatisme, violence, et pour aider à dissoudre des schémas de pensée limitatifs.

  Dans cette approche, le même segment de mouvement des yeux est répété dans une direction à la fois, jusqu'à ce que le contenu sensoriel enregistré dans cette séquence soit libéré et qu'il n'y ait plus de réaction de la personne. L'accompagnement passe ensuite à un autre segment, ainsi de suite jusqu'à ce que tout le contenu sensoriel accessible par ces mouvements des yeux soit libéré.

  En imitant les mouvements spontanés des yeux lors des rêves, la méthode EMDR permet au cerveau d'intégrer et de transformer les empreintes des événements passés.

- **IMO**
  (Intégration des Mouvements Oculaires)
  La méthode IMO permet de libérer les empreintes et les charges émotionnelles reliées aux expériences de chocs et traumatismes vécus, dans les neurones et l'inconscient.

  Elle utilise les mouvements des yeux dans une séquence de segments orientés dans différentes directions, pour couvrir l'ensemble du champ visuel. Dans cette approche, tous les segments de mouvements des yeux sont faits successivement au rythme de la personne, et la séquence complète est répétée jusqu'à ce que tout le contenu sensoriel soit libéré par le mouvement des yeux, intégré et qu'il n'y ait plus de réaction de souffrance ou d'inconfort pour la personne.

- **EFT**
  (« Emotional Freedom Technique »)
  (Technique de Libération Émotionnelle)
  La méthode EFT utilise le mouvement des yeux conjointement avec la respiration et la stimulation d'une séquence de points d'acupuncture pour libérer les charges émotionnelles reliées à des peurs, croyances limitatives et traumatismes anciens. Cette méthode peut être utilisée par chaque personne et faciliter les processus d'autoguérison émotionnelle. La méthode EFT est simple et accessible à tous.

LA COHÉRENCE DES MOTS
ET DU MOUVEMENT DES YEUX

Dans un état de cohérence intérieure, les mouvements des yeux et les mots utilisés simultanément par une personne sont reliés au même système de représentation sensorielle. Par exemple, en regardant vers le haut, à sa droite (visuel créé), la personne va parler en utilisant un vocabulaire en termes d'images, de vision, de dessins, de perspective, de représentations, etc. qu'elle imagine intérieurement pour créer un produit, un service, une oeuvre d'art, un projet, un rêve du coeur, sa vision d'un monde meilleur.

Lorsque les mouvements des yeux et les mots utilisent

simultanément des systèmes de représentation sensorielle différents, les mots indiquent quel est le système de représentation sensorielle principal de la personne (celui avec lequel elle est naturellement plus confortable), et la séquence de mouvements des yeux indique par quel système de représentation sensorielle elle arrive à se représenter intérieurement ce qu'elle dit avec les mots.

Par exemple, une personne dit qu'elle se sent bien et heureuse (vocabulaire kinesthésique) et elle regarde vers le haut, à sa gauche (visuel remémoré): elle se fait une image intérieure d'elle-même lorsqu'elle s'est sentie bien et heureuse dans une expérience déjà vécue. Cette étape est nécessaire dans sa stratégie intérieure personnelle pour arriver à ressentir d'être bien et heureuse.

Si elle avait regardé vers le haut, à sa droite (visuel créé), elle aurait été en train de se créer une image d'elle-même telle qu'elle imagine qu'elle pourrait être si elle se sentait bien et heureuse.

L'accès visuel remémoré lui permet d'avoir accès à ses ressources intérieures déjà existantes pour s'en inspirer ou les faire grandir.

L'accès visuel créé lui permet de se créer intérieurement une nouvelle expérience de vie où elle se sent bien et heureuse.

Visualisation et pensée positive

Dans les approches de visualisation et de pensée positive, l'attention centrée dans le coeur, au point zéro, et la représentation sensorielle dans tous les modes (visuel, auditif, kinesthésique-ressenti, olfactif, gustatif) favorise une manifestation saine et équilibrée lorsqu'elles sont formulées dans le respect des lois de l'Univers.

LA COHÉRENCE DES MOTS, DES MOUVEMENTS DU CORPS ET DU MOUVEMENT DES YEUX, ET L'IMPACT SUR LA CRÉDIBILITÉ

Lorsque les mots utilisés, les mouvements du corps et les mouvements des yeux sont cohérents et centrés dans le coeur, l'énergie dégagée naturellement par la personne est cohérente. C'est une qualité observée chez les leaders charismatiques et les personnes qui ont une réputation naturelle d'être crédibles.

Mettre cette crédibilité naturelle au service de la Vie

Quels que soient leurs rôles, les personnes crédibles sont souvent des leaders naturels. Par leurs exemples, ils peuvent avoir un impact positif et bienveillant au service de la Vie et encourager naturellement d'autres personnes à se faire confiance, à s'aligner dans un état de cohérence intérieure, et à agir pour mettre leurs dons, forces et talents au service d'une vie heureuse, d'un monde meilleur et au service de la Vie.

L'état de cohérence et de crédibilité permet souvent d'avoir des perceptions plus détachées (point zéro, observateur neutre) et une vision plus globale des personnes, situations et événements.

Certains exercices physiques aident à développer la vision périphérique et la capacité des yeux à voir avec un champ de vision élargie. Ces exercices simples aident à développer simultanément la capacité de l'esprit à avoir une vision globale des choses, pouvoir aborder les situations et expériences sous différents angles, pouvoir s'orienter plus facilement et avoir un impact positif et bienveillant dans le monde.

Voici quelques exemples d'exercices pour développer la vision périphérique et la vision globale.

Calibration de l'état actuel de la vision périphérique
La conscience de l'état actuel pour apprécier les progrès.
- Mettre une main environ 25 cm (10 po) devant les yeux.
- Regarder cette main et en maintenant le regard centré sur cette main, déplacer l'autre bras tendu, du centre vers le côté.
- Observer jusqu'où les deux mains sont visibles en même temps. C'est la vision périphérique actuelle.

Exercice 1 - La rotation vers les horizons
L'ouverture de chaque côté pour élargir le champ de vision.
- Position de départ: calme, debout, les bras ouverts horizontalement.
- Tourner doucement le corps vers la droite, jusqu'au maximum, sans forcer.
- Identifier un repère à l'endroit où pointe la main droite.
- Revenir à la position de départ et tourner doucement le corps vers la gauche jusqu'au maximum, sans forcer.
- Répéter une fois de chaque côté.
- Fermer les yeux et refaire l'exercice seulement en imagination, sans bouger physiquement.
- Ouvrir les yeux et refaire l'exercice physiquement, en tournant vers la droite, puis vers la gauche.
- Partager les observations et le ressenti.

Exercice 2 - Les doigts qui ouvrent les fenêtres
L'ouverture graduelle de la vision globale pour conserver l'attention au point zéro.
- Position de départ: calme, debout, les deux index levés vers le haut, environ 15 cm (6 po) devant le nez.
- Regarder un doigt (vision centrale) en restant conscient de l'autre doigt (vision périphérique).

- Déplacer le regard d'un doigt à l'autre en conservant le contact avec les deux doigts.
- Répéter en écartant les doigts l'un de l'autre de quelques cm, puis en les éloignant progressivement.
- Répéter l'exercice en ajoutant simultanément la vision de la pièce entière, des couleurs, etc.

Exercice 3 - Prendre conscience de ce qui nous entoure
La conscience graduelle de ce qui est présent autour de nous et la vue d'ensemble.

- Position de départ: calme, debout, un bras tendu devant soi avec un doigt levé vers le haut, à la hauteur du nez.
- Maintenir le regard sur ce doigt en observant ce qui est présent dans cet environnement.
- Continuer à élargir la vision périphérique en regardant du coin des yeux tout en regardant droit devant et observer tout ce qui nous entoure.

Exercice 4 - Le symbole infini ∞
L'équilibre des perceptions venant de toutes les directions.
Le centrage de l'équilibre au niveau du coeur.
L'équilibre des hémisphères du cerveau au service du coeur.
Symbole ∞ au niveau du nez

- Position de départ: calme, assis, les pieds au sol
- Avec une main, tenir fermement la peau en arrière du cou et respirer. Tracer le symbole infini ∞ avec le bout du nez. Respirer.

Symbole ∞ au niveau des yeux

- Position de départ: calme, assis, les pieds au sol
- Avec un doigt, tracer le symbole infini ∞ devant soi, au niveau des yeux. Refaire avec un doigt de l'autre main, puis avec les deux doigts ensemble, et ensuite avec les mains jointes. Respirer.

Symbole ∞ au niveau du cœur
- Position de départ: calme, assis, les pieds au sol
- Amener les mains face à face devant le cœur. Fermer les yeux et ressentir l'énergie entre les mains.
- Rapprocher et éloigner les mains pour ressentir la circulation de l'énergie.
- Avec une main, tracer le symbole infini ∞ devant soi, au niveau du cœur.
- Refaire avec chaque main, puis avec les deux mains face à face, et ensuite avec les mains jointes. Respirer.

Symbole ∞ pour l'harmonie cœur-cerveau
- Position de départ: calme, assis, les pieds au sol
- Par l'imagination, amener le cerveau dans le cœur, et ramener les mains face à face devant le cœur+cerveau.
- Avec une main, tracer le symbole infini ∞ devant le cœur+cerveau.
- Refaire avec l'autre main, puis avec les deux mains face à face, et ensuite avec les mains jointes.
- Par l'imagination, ramener le cerveau à sa place, dans la tête.
- Déposer les mains sur le cœur et respirer calmement 1-2 minutes, les yeux fermés.
- Dire à voix haute : « Je m'aime totalement. Mon cœur et mon cerveau sont maintenant des amis. J'ai confiance dans leur potentiel et leur sagesse pour apprendre et pour guider mes pensées, paroles et actions au service du plus grand bien. »
- Déposer les mains sur les genoux et respirer calmement.
- Ouvrir les yeux avec un sourire aux lèvres et dans chaque cellule du corps. Respirer.

Observer le langage non verbal

Chapitre 6

Se synchroniser et favoriser l'harmonie relationnelle

UN RAPPORT HARMONIEUX
AVEC D'AUTRES PERSONNES

Créer un rapport harmonieux avec une autre personne, c'est savoir être présent à soi, présent à l'autre et avoir la souplesse nécessaire pour maintenir cet état pendant la période de communication et collaboration, et que ce soit agréable, bienveillant et nourrissant de parler et d'agir ensemble.

Wow ! Le monde de communication idéal !

Quelques réflexions et idées pour faciliter le processus...

- La façon dont nous allons vivre une rencontre (en personne, virtuelle, écrite, etc.) et nos perceptions à propos de cette expérience viennent de nous.

- Se relever en Être debout et communiquer à partir de cet état centré dans le coeur.

- Rester intègre et fidèle à soi-même.

- Choisir la transparence et la vérité.

- Regarder le maître présent en nous et en l'autre personne. Namasté.

- Prendre le temps de parler et d'écouter.
  Quel est son véritable message? Quel est le nôtre?
  Quels sont nos besoins et demandes ?

- Garder l'attention dans le moment présent.

- Reconnaître la valeur de chaque personne et faire grandir les forces. Quels sont les dons, forces et talents de cette personne? Quels sont les nôtres ?

- Utiliser les points communs pour les rapprochements et les forces différentes pour la complémentarité ou la croissance. Comment pouvons-nous nous offrir ensemble des opportunités d'épanouissement ?

- Dédramatiser.

- Laisser les personnes trouver elles-mêmes les réponses à leurs questions et faire ce qu'elles sont capables de faire.

SE SYNCHRONISER AVEC UNE AUTRE PERSONNE

La synchronisation est le processus par lequel le rapport harmonieux peut être établi au niveau conscient et inconscient. Le but est de créer un climat de confiance dans lequel l'autre personne se sent écoutée, reconnue et acceptée dans sa façon d'être et dans son comportement.

Une bonne synchronisation permet d'établir un rapport harmonieux, que ce soit dans une relation personnelle, familiale, professionnelle, commerciale, en équipe ou groupe, ou pour faciliter le déroulement des expériences de négociation. Quel que soit le point de vue de chacun, elle permet de garder le contact afin de pouvoir continuer d'avancer ensemble vers ce qui peut contribuer au plus grand bien pour tous, dans le respect de « la puissance de la Vie qui est plus grande que soi. »

Il y a de nombreuses façons de se synchroniser et de façon générale, il est possible de créer un rapport harmonieux et de le maintenir en synchronisant deux à quatre paramètres avec une ou les autres personnes. En voici des exemples.

La synchronisation verbale

Il est possible de synchroniser notre langage avec celui d'autres personnes pour établir une connexion « sur la même longueur d'onde » du vocabulaire.

Par exemple:

- **Mots et représentation sensorielle**
  Utiliser des mots choisis dans le système de représentation principal de l'autre personne (visuel, auditif, kinesthésique, olfactif, gustatif, intuition).

- **Tournures de phrases**
  Observer la structure des phrases de l'autre personne et utiliser une structure semblable.

- **Expressions caractéristiques**
  Ajouter une expression caractéristique de l'autre personne dans notre langage personnel, lorsque cela approprié et respectueux.

- **Idées clés et reformulation**
  Nommer les idées importantes émises par l'autre personne.

Les bons communicateurs ont développé une grande souplesse de vocabulaire et d'adaptation aux langages des personnes à qui ils s'adressent. Ils utilisent tous les modes sensoriels de façon relativement équilibrée et de cette façon, ils peuvent rejoindre plusieurs personnes et optimiser l'attention qu'ils suscitent.

La synchronisation non verbale directe
Il est possible d'observer et de reproduire symétriquement ou en reflet certaines postures ou attitudes de l'autre personne, dans un état de respect et en laissant quelques instants de délai avant de faire ces gestes.

Par exemple:

- **Corps entier**
  Prendre une posture semblable à celle de l'autre personne.

  Avec une personne qui est debout, assise, accroupie, surélevée, etc. ou plus petite comme les enfants

Ajuster la position du corps pour favoriser une conversation à une hauteur-niveau semblable. Cela contribue souvent à créer un climat de confiance plutôt qu'une relation de « plus grand-plus petit ».

- **Moitié du corps**
  Adapter la posture de la partie supérieure ou inférieure du corps à celle de l'autre personne.

  Avec une personne qui a tendance à s'appuyer de façon prolongée ou répétitive sur le côté gauche ou droit d'une chaise avec des bras
  Synchroniser délicatement la posture puis recentrer le corps pour qu'il soit droit tout en restant souple et détendu, au centre de la chaise. Répéter une ou deux fois si nécessaire, le temps de bien établir le rapport non verbal. Il arrive souvent que l'autre personne suive le mouvement et se recentre aussi sur la chaise. Cela peut contribuer à changer l'état de la personne et favoriser une expression plus centrée de ce qu'elle est en train de dire.

- **Gestes**
  Reproduire avec discrétion et respect certains gestes de l'autre personne.

  Avec une personne qui parle seulement avec la main droite ou la main gauche
  Écouter la personne dans une position d'observateur en étant conscient qu'il est possible qu'elle exprime de façon prédominante le point de vue du cerveau droit émotif (hémisphère droit du cerveau qui s'exprime par le côté gauche du corps) ou du cerveau gauche rationnel (hémisphère gauche du cerveau qui s'exprime par le côté droit du corps). En commençant

par la synchronisation d'un ou deux gestes de la main, amener rapidement les deux mains à contribuer de façon équilibrée à la communication, et même à se rencontrer (joindre les mains, croiser les mains). Cette forme d'intégration de ce qui est exprimé par les deux hémisphères du cerveau change généralement le discours de la personne de façon surprenante.

- **Caractéristiques vocales**
  Reproduire la tonalité, le rythme, le volume, le registre, le timbre de voix de l'autre personne.

  Avec une personne qui parle comme un « moulin à paroles »
  Avec délicatesse, synchroniser une des caractéristiques vocales de la personne. L'apaiser graduellement en recentrant la respiration pour qu'elle soit de plus en plus profonde et amener l'attention dans le coeur dans un état de cohérence cardiaque.

- **Angle tête-épaule**
  Reproduire la position de la tête et des épaules de l'autre personne.

  Avec une personne qui marche en regardant par terre dans un état inconfortable ou déconnecté
  Baisser légèrement la tête en parlant ou en étant simplement présent à la personne. Si un rapport est établi, relever la tête et avec le doigt ou la main pointé vers le haut, inviter la personne à regarder quelque chose au plafond, la cime d'un arbre, le ciel... pour que son regard passe de la zone kinesthésique ou dialogue intérieur (attention focalisée à l'intérieur) à une zone visuelle plus détachée (attention focalisée à l'extérieur, vers quelque chose de beau, grand, ouvert, dynamique,

blanc, spacieux). Cela peut aider à interrompre le mouvement intérieur de tourner en rond dans un état ou une pensée négative ou inconfortable, afin de prendre un recul pour se recentrer dans le coeur.

Avec une personne qui a souvent la tête penchée sur un côté lorsqu'elle arrive difficilement à prendre une décision ou faire un choix
Pencher délicatement et légèrement la tête vers l'épaule, en miroir face à l'autre personne lorsqu'elle exprime son indécision ou reste coincée dans un espace de non-réponse à ce qui est bon pour elle-même. Ensuite, en maintenant la qualité de présence à soi, puis à la personne, relever la tête doucement pour qu'elle soit bien centrée tout en demeurant souple.

- **Mouvements répétitifs**
  Reproduire un comportement répétitif discret.

  Avec une personne qui cligne souvent les paupières
  Cligner les paupières à quelques reprises, puis cesser. Répéter une ou deux fois si nécessaire, puis cesser et apaiser le regard dans un état de compassion.

  Avec une personne qui bouge souvent ses mains ou balance une jambe
  Bouger les mains ou balancer une jambe délicatement et pendant quelques instants seulement, puis cesser. Répéter une ou deux fois si nécessaire, puis cesser le mouvement (kinesthésique) et amener momentanément l'attention vers quelque chose de visible (visuel) ou un son (auditif) qui est paisible ou neutre pour la personne. Il est possible que cela puisse apaiser ou dissoudre le mouvement répétitif.

- **Respiration**
  Ajuster la respiration de façon à se synchroniser à celle de l'autre.

  Avec une personne qui a une respiration superficielle « stressée »
  Dans un état intérieur de douceur, synchroniser momentanément la respiration avec celle de l'autre personne, puis respirer de plus en plus calmement et profondément en restant centré dans le coeur. Cela peut aider l'autre personne à apaiser doucement sa respiration et se déposer plus calmement.

- **Expression du visage**
  Imiter l'expression faciale.

La synchronisation non verbale croisée
La synchronisation non verbale croisée permet d'utiliser un élément de notre comportement pour se synchroniser avec une autre personne qui utilise des postures ou des gestes excentriques, désagréables ou involontaires (exemple : tic nerveux). Cela est plus discret, plus élégant et respectueux que de reproduire intégralement son comportement.

Par exemple:

- **État de nervosité**
  Une façon de synchroniser l'état de nervosité est d'accélérer momentanément le rythme de la voix puis de l'apaiser graduellement vers un débit, tonalité et intensité plus équilibrés et propices à un état de plus grande confiance.

- **État de stress**

  Une façon de synchroniser les états de stress est d'accélérer momentanément la fréquence de la respiration ou de respirer momentanément de façon plus superficielle, puis de l'ajuster graduellement vers un état de respiration plus profonde, calme et détendue. Il est facile d'observer que c'est beaucoup plus facile de faire l'expérience du stress en respirant de façon superficielle avec l'attention centrée dans les pensées et/ou émotions, et que cela s'apaise naturellement en respirant plus profondément et en amenant l'attention centrée dans le coeur.

- **Clignement des yeux fréquents et répétitifs**

  Une façon de synchroniser des clignements des yeux fréquents et répétitifs est de faire un petit mouvement fréquent et répétitif avec un doigt, puis de l'apaiser graduellement, ou de faire un léger hochement de tête répétitif qui se recentre graduellement et s'apaise.

- **« Les deux pieds sur le bureau »**

  Une façon de synchroniser l'attitude « les deux pieds sur le bureau » est d'adopter une attitude décontractée dans le sens de détendue, confiance en soi et la vie, ou de reconnaissance des forces et de la valeur de l'autre personne. Selon que le besoin de l'autre personne est d'exprimer un besoin de détente « plus important » que ce que représente le bureau, ou un besoin de reconnaissance personnelle, la synchronisation écologique et respectueuse de ces besoins peut favoriser le retour à un état de communication plus centré et équilibré.

- **Tics nerveux**

  Une façon de synchroniser des tics nerveux est d'utiliser

un mouvement discret comme se gratter le bord du nez, pianoter avec les doigts ou bailler à quelques reprises, puis diminuer graduellement le rythme jusqu'à amener un état d'apaisement des mouvements nerveux et de meilleure oxygénation par la respiration.

- **Comportement excentrique**
  Une façon de synchroniser des comportements excentriques ou irrespectueux est d'utiliser une interjection (ah! zut! ouuuu! ...) ou une onomatopée (brrrr, bloup, scrountch...) et ramener graduellement la conversation à un langage verbal et non verbal plus équilibré.

- **Paroles agressives, intimidation**
  Une façon de désamorcer des paroles agressives peut être de les synchroniser par des tapes discrètes de la main sur un cahier, qui diminuent progressivement jusqu'à être inaudibles et cesser complètement. Si l'autre personne est vraiment présente à cette conversation, elle peut diminuer le flot et le ton relié à ces paroles agressives jusqu'à changer d'état. Respirer calmement et garder l'attention centrée dans le coeur.

- **Attitude bruyante**
  Une façon de synchroniser une attitude bruyante peut être d'utiliser le rythme ou l'intensité de la voix et les diminuer progressivement, ou de taper sur un bureau avec un stylo pour ajuster le rythme à celui de la personne, puis diminuer progressivement la vitesse ou l'intensité du mouvement jusqu'à déposer le stylo sur le bureau.

- **Attitude d'éparpillement, hyperactivité**
  Une façon d'apaiser graduellement les attitudes

d'éparpillement ou d'hyperactivité est de synchroniser momentanément par des mouvements extravertis calmes (état d'être intérieur conscient) et de recentrer graduellement les mouvements du corps par des gestes et mouvements de centrage, de rassemblement de l'énergie, d'enracinement, et à ce moment, indiquer à la personne que nous sommes prêts à écouter ce qu'elle a à dire.

Ce qui est intéressant dans ces approches non verbales, c'est qu'elles ne passent pas par les voies de l'affrontement, de l'interdit ou des punitions. Ce sont des façons douces et délicates de dire aux personnes qu'elles sont accueillies et écoutées même lorsqu'elles ont des comportements ou attitudes qui nous semblent discordants, et que nous leur proposons simplement de retrouver un état de plus grand calme afin qu'elles puissent exprimer d'une autre façon ce qui est vraiment important pour elles.

Avoir du feedback par la synchronisation

Une façon simple de savoir si le rapport est établi de façon harmonieuse avec une autre personne consiste à changer quelque chose dans notre attitude, la position de notre corps, notre rythme respiratoire ou notre ton de voix, etc. et d'observer la réaction de l'autre personne.

Si elle fait la même chose ou qu'elle y répond en s'ajustant de façon verbale ou non verbale, cela indique que nous sommes synchronisés et que nous avons établi un bon rapport de communication.

La résistance ou la non-réponse de l'autre personne sont des indices que le rapport n'est pas optimal ou qu'il a été momentanément désynchronisé.

Quand un rapport harmonieux et bien synchronisé est établi, il est possible de proposer d'autres expériences ou états d'être à l'autre personne, en la guidant par l'exemple ou en utilisant d'autres représentations sensorielles pour lui proposer une expérience plus complète.

Avec une personne qui expérimente un système de représentation sensorielle (visuel, auditif, kinesthésique, olfactif, gustatif, intuition) de façon nettement prédominante, la synchronisation peut permettre de la rejoindre dans son expérience de la réalité, puis d'expérimenter d'autres facettes de la réalité, pour élargir sa vision, avoir accès à plus d'informations et de ressources, ou mieux comprendre l'impact et la réaction d'autres personnes qui ont un système de représentation principal différent du sien.

Par exemple:

- *Une personne timide peut regarder vers le sol, avoir les pieds tournés vers l'intérieur, respirer fébrilement ou parler d'une voix quasi inaudible.*
  Nous pouvons respectueusement synchroniser un ou deux paramètres: ajuster momentanément un élément de notre posture et ajuster notre timbre de voix au sien, puis l'amplifier graduellement en relevant la tête et les épaules dans une position de confiance et en respirant plus profondément.
  Si le rapport est vraiment bien établi avec la personne, elle ajustera spontanément certains de ces éléments vers une expérience plus confiante.
  Si la personne ne réagit pas à cette invitation discrète, il est préférable de continuer à nourrir une connexion respectueuse avec la personne afin qu'elle arrive à

se sentir suffisamment en confiance pour accepter l'expérience que nous lui proposons, si elle le désire.

Il est aussi possible qu'un virus de la pensée inconscient amène un interdit ou une résistance à sa volonté, son droit, sa capacité ou ses perceptions de mériter de se faire confiance. Dans ces situations, d'autres formes de cheminement peuvent être plus appropriées pour éveiller ses états personnels de reconnaissance, estime, confiance et respect de soi. [1]

Nous pouvons également faciliter un bon rapport en intégrant dans notre vocabulaire quelques mots, tournures de phrases, expressions caractéristiques ou idées clés que les personnes nomment clairement. Le but est simplement d'utiliser un langage verbal et non verbal qu'elles peuvent reconnaître et qui leur confirme qu'elles sont accueillies et écoutées dans leur expérience.

- - - - - - - - - - - -

(1) Plusieurs exercices pour dissoudre les virus de la pensée, inversions psychologiques et sabotages sont proposés dans le livre « Communication bienveillante et non violente » - Lucie Marcotte, Éditions Paix pour tous, 2013

Chapitre 7

Le langage du silence et de la Sagesse intérieure

LE SILENCE

Le silence est aussi une façon de communiquer. Au-delà des apparences, il est souvent porteur d'un message.

Bien plus qu'un vide, le silence est une porte vers le plein, vers la plénitude. C'est par le silence que le bruit extérieur s'apaise et se calme doucement. C'est par cet espace de silence que nous pouvons rencontrer notre lumière intérieure, notre Sagesse intérieure.

Le silence est un temps de pause, de détente de l'être, de relaxation profonde entre l'effervescence du monde extérieur et la luminescence du monde intérieur.

Le silence est un moment privilégié que l'on s'offre à soi, un passage vers la rencontre de Soi et de « la puissance de la Vie qui est plus grande que soi. »

Le silence est une réponse à l'appel de l'Être qui veut communiquer avec nous et avec d'autres Êtres. S'il n'y avait pas de silence, tout le monde parlerait en même temps et il n'y aurait rien d'intelligible.

Le silence permet l'écoute de soi et l'écoute de l'autre, des autres, de la nature, de la vie. Il permet l'écoute de la musique jouée avec des instruments et le son de la voix. Il permet l'écoute de la musique de l'âme, du chant de notre âme, de la résonance à notre Source.

Le silence permet les pauses entre les différentes formes de communication pour que puisse se déposer et s'intégrer ce qui a été partagé, pour que le lâcher prise puisse accomplir son oeuvre, pour que la plénitude puisse nous remplir de son abondance.

Le silence et l'attention centrée dans le coeur, c'est aussi la voie qui mène à la Sagesse intérieure.

CE QUI EST EXPRIMÉ PAR LE SILENCE

Le silence est comme une grande vague porteuse d'enseignements, d'inspirations et de révélations accessibles à toutes les personnes qui choisissent de se déposer le temps nécessaire pour être témoin et résonner à cette grande vague.

Le silence est aussi un espace où de nombreux états d'être, émotions, non dits, pensées, etc. s'expriment sans paroles.

Par exemple, le silence peut exprimer:

- une émotion vécue intérieurement
- une émotion non exprimée par la parole
- une émotion retenue
- une émotion exprimée sans paroles
- une émotion « sans mots »

- une croyance par rapport à l'expression de soi
- une croyance par rapport à la confiance en soi
- une croyance par rapport à l'estime de soi
- une croyance par rapport à la reconnaissance de soi
- une croyance par rapport à notre identité
- une croyance par rapport à notre contribution à ce qui est plus grand que nous
- une croyance par rapport à nos compétences
- une croyance par rapport à certaines expériences
- une croyance par rapport à ce qui est présent dans notre environnement, un contexte ponctuel
- une croyance par rapport aux apprentissages avec nous-mêmes et d'autres personnes

- une croyance par rapport à notre capacité, volonté, droit... de dire ce que nous avons à dire
- une croyance par rapport à notre capacité, volonté, droit... de parler en public et de dire à voix haute, en Être debout, ce qui habite notre coeur et contribue au plus grand bien
- une croyance par rapport à notre capacité, volonté, droit... d'être heureux et de l'exprimer librement
- une croyance par rapport à notre capacité, volonté, droit... d'assumer notre leadership
- une croyance par rapport à notre capacité, volonté, droit... d'exprimer ce que nous sommes

Le silence peut aussi exprimer:

- un état de méditation
- un état de présence silencieuse
- un état d'observation
- un état de contemplation
- un état d'écoute
- un état de repos
- un état d'attente
- un état de concentration
- un état d'intégration

LA SAGESSE INTÉRIEURE

La Sagesse intérieure, c'est l'inspiration de notre lumière intérieure qui nous guide vers ce qui est bon pour nous, qui éclaire notre destinée, qui nous aide à trouver les réponses et solutions aux questions que nous nous posons, qui nous encourage à utiliser nos dons, forces et talents pour contribuer au plus grand bien, au service d'un monde meilleur et de « la puissance de la Vie qui est plus grande que soi. »

C'est l'amour et la lumière qui rayonne de notre coeur, d'une chaleur puissante et douce. C'est la source intérieure de notre puissance de vie, de notre rayonnement.

ÊTRE À L'ÉCOUTE DE SA SAGESSE INTÉRIEURE

Notre Sagesse intérieure nous parle de différentes façons. Puisque c'est notre sagesse « intérieure », c'est en étant centré dans notre coeur et en amenant notre attention vers l'intérieur que nous pouvons entendre sa guidance et être conscient de sa présence.

Elle a de nombreuses voies pour communiquer avec nous.

Par exemple:

- un ressenti qui se manifeste dans notre corps
- un ressenti qui se manifeste dans notre énergie
- une voix qui nous parle dans le coeur
- un rayonnement du coeur
- une lumière dans notre coeur
- un état d'être paisible, serein, calme
- un état d'être joyeux
- un état d'être de certitude de sa présence

Exercice 1 - Reconnaître la présence de sa sagesse intérieure
- Amener l'attention dans le coeur
- Respirer calmement, profondément
- Demander à notre Sagesse intérieure de nous guider pour la rencontrer, de nous aider à reconnaître sa présence.
- Elle peut s'exprimer dans notre coeur par une bouffée d'amour, de paix, de lumière, une chaleur douce et puissante.

Exercice 2 - Reconnaître la voix de sa sagesse intérieure
Notre sagesse intérieure peut nous parler dans notre coeur. Si notre attention y est centrée, il est possible de l'entendre et d'avoir une conversation avec elle.
- Amener l'attention dans le coeur
- Respirer calmement, profondément
- Se déposer dans le silence
- Écouter notre Sagesse intérieure.

LAISSER LA SAGESSE INTÉRIEURE INSPIRER NOTRE COMMUNICATION

Lorsque nous sommes centrés dans notre coeur et bien déposés à l'intérieur de nous-mêmes, nous pouvons demander à notre sagesse intérieure d'inspirer notre communication, nos paroles, nos écrits, nos silences.

Dans cet état, les communications sont positives, simples et intègres. Nos pensées sont douces et lumineuses, nos paroles sont posées et bienveillantes, et nos actions sont joyeuses et paisibles.

Notre sagesse intérieure, c'est un « meilleur ami ».

Le langage du silence et de la Sagesse intérieure

Chapitre 8

Le leadership du coeur

LE LEADERSHIP DU CŒUR

Le leadership du coeur est un leadership naturel qui émerge de l'état de cohérence intérieure, centré dans le coeur, au point zéro et bien aligné au service du plus grand bien et de « la puissance de la Vie qui est plus grande que soi. »

Les personnes qui rayonnent ce type de leadership n'ont pas à courir après les gens. Elles avancent en bâtissant une nouvelle réalité. Ce sont des personnes qui choisissent d'être heureuses et d'aligner leur vie avec leur mission personnelle.

Ce sont des exemples vivants de l'expérience d'être « maître de sa vie » et elles écoutent la voix de leur Sagesse intérieure qui les guide toujours vers ce qui est bon pour elles, en restant bien aligné au service du plus grand bien et de « la puissance de la Vie qui est plus grande que soi. »

Lorsque nous lâchons prise sur le besoin de contrôler notre vie, celle des autres ou la vie elle-même, c'est la voie du cœur qui s'exprime et le leadership s'exprime par l'exemple.

Dans une situation insatisfaisante, le leader du coeur observe, accueille, accepte que c'est une expérience. Il se rappelle que la vraie liberté, c'est tout simplement d'être soi-même et de le rester en tout temps.

UN SENS À LA VIE, UN SENS À NOTRE VIE

Plusieurs personnes rêvent de manifester ce leadership et sont en période de recherche et de reconnaissance de ce qu'elles sont. Ce qui est intéressant c'est que peu importe où nous sommes dans le monde, debout au sommet d'une montagne ou caché au fond d'un garde-robe, nous sommes toujours là avec nous-mêmes. Alors nous pouvons cesser de nous chercher, nous sommes là où nous sommes! C'est déjà plus simple! Ce qui reste maintenant est de nous reconnaître et de l'exprimer librement.

Nous pouvons commencer par nous rappeler que nous sommes un Être divin merveilleux qui vit une expérience sur la Terre. Nous sommes quelques milliards en ce moment sur la Terre à pouvoir nous décrire ainsi. Bravo!... nous ne sommes donc pas seuls! Cela désamorce certaines perceptions de solitude et d'isolement.

- Qu'est-ce qui est vivant en nous?
- Qu'est-ce qui éveille la joie en nous?

- Qu'est-ce qui éveille un sentiment de réalisation de soi, de certitude que nous faisons ce pour quoi nous sommes venus sur la Terre?
- Quels sont nos dons, forces et talents?
- Lesquels nous stimulent à contribuer et embellir la vie?
- Si un miracle était possible et que nous avions accès à une abondance infinie, qu'est-ce que nous ferions?
- Qu'est-ce qui est tellement important dans la réponse à la question précédente, que si nous avions accès à une abondance infinie et que tout était possible, c'est ça que nous ferions? Qu'est-ce que cela permettrait? Et qu'est-ce que cela permettrait? (continuer jusqu'à avoir trouvé la valeur fondamentale qui est notre véritable motivation pour avancer et oser être soi)
- Si la Terre était remplie de personnes qui partagent cette même passion, qu'est-ce que cela permettrait? (cela permet d'être éclairé sur la direction vers laquelle nous allons, sur notre contribution à « la puissance de la Vie qui est plus grande que soi. »

Le leadership du cœur est une expression cohérente et intègre de bienveillance, d'amour et de compassion.

Si notre expérience de la vie n'est pas alignée avec notre mission personnelle, nous pouvons nous demander...

- Comment je m'y prends pour passer à côté de moi-même?
- Quel est l'avantage ou le bénéfice à être dans cette situation?
- Qu'est-ce qui permettrait qu'au bout de ma vie sur la Terre, je pourrais dire « Wow! Je suis Être merveilleux! Je suis fier(e)/heureux(se)/satisfait(e) de ma vie! Je me suis réalisé(e) et j'ai accompli ce pour quoi je suis venu

sur la Terre. J'ai utilisé mes dons, forces et talents pour me créer une vie heureuse et contribuer à un monde meilleur, à « la puissance de la Vie qui est plus grande que soi ». J'ai confiance en moi et en la Vie! Je m'aime totalement, profondément, inconditionnellement! Merci! »

- Quel est le premier pas que je pourrais faire pour avancer dans cette direction? Quel serait le pas suivant? etc.

UN PAS À LA FOIS! UN MERCI À LA FOIS!

Nous pourrions regarder le leadership du cœur et certains scénarios de cheminement qui amènent vers l'expérience de la cohérence, comme un jeu de « dance », de la dépendance à la co-dépendance, puis à l'indépendance et l'interdépendance.

C'est par exemple le cheminement de la petite enfance vers l'enfance, l'adolescence et l'adulte mature. C'est un scénario qui est présent dans d'autres expériences et étapes de la vie.

La dépendance
- « Vit par les autres »
- Cela décrit l'état des personnes qui apprennent quelque chose de nouveau, qui ne sont pas aptes à subvenir à tous leurs besoins temporairement, qui cherchent à l'extérieur ce qu'elles possèdent déjà à l'intérieur, qui croient ou qui ont besoin de l'énergie des autres pour survivre, etc.
- Dans cette expérience, la vision et la perspective sont centrées sur les autres et des éléments extérieurs à soi.
- Les personnes qui sont reconnues ou perçues comme les « plus ...*quelque chose...* que soi », sont la source des directions, perceptions de l'identité, croyances, choix, comportements et actions.

La co-dépendance

- « Vit pour les autres »
- Cela décrit l'état des personnes qui commencent à développer leur autonomie dans un certain contexte ou domaine, qui ressentent le besoin d'être guidées et accompagnées par une autre personne (ou plus) pour savoir où aller et comment elles peuvent contribuer, et par les personnes qui vivent les jeux de pouvoir et compétition, etc.
- Dans cette expérience, la vision et la perspective sont centrées sur les besoins des autres et sur les façons de les satisfaire.
- Les personnes qui sont reconnues ou qui sont dans des rôles perçus en position d'autorité, sont la source des directions, perceptions de l'identité, croyances, choix, comportements et actions.

L'indépendance

- « Vit à côté des autres »
- Cela décrit l'état des personnes qui apprennent l'autonomie, qui ont développé une expertise leur permettant d'être autonome ou de créer de nouvelles voies pour utiliser leur expertise au service d'un monde meilleur, qui osent sortir des sentiers battus pour créer, inventer et servir la vie, qui se relèvent en Être debout, qui choisissent de réaliser leurs rêves du coeur et d'être heureuses, qui acceptent d'être guidés par leur Sagesse intérieure, qui vivent en se centrant dans leur propre énergie, etc.
- Dans cette expérience, la vision et la perspective sont centrées sur leurs besoins individuels et inspirations.
- Les directions, perceptions de l'identité, croyances, choix, comportements et actions sont inspirées de leurs ressentis, apprentissages, expériences, Sagesse intérieure, etc.

L'interdépendance
- « Vit avec les autres »
- Cela décrit aussi l'état des personnes qui rayonnent ce qu'elles sont et qui mettent leurs dons, forces et talents au service d'un monde meilleur et de « la puissance de la Vie qui est plus grande que soi. »
- Dans cette expérience, la vision et la perspective sont globales et orientées vers l'expression de la maîtrise de soi et d'un leadership au service du plus grand bien.
- Les directions, perceptions de l'identité, croyances, choix, comportements et actions sont inspirés de leurs ressentis, apprentissages, expériences, Sagesse intérieure, etc. et elles collaborent avec d'autres personnes au service d'un monde meilleur et de « la puissance de la Vie qui est plus grande que soi. »

Les personnes qui manifestent le leadership du cœur reconnaissent ce cheminement d'évolution, de compassion et d'amour inconditionnel envers chaque Être et expérience.

Le leadership du cœur inspire à avancer un pas à la fois vers la maîtrise de soi. Sauter des étapes pourrait contribuer à une expérience d'échec et beaucoup de résistance à poursuivre le cheminement. Par exemple, si une personne fait beaucoup de choses pour les autres dans le but de se sentir valorisée (co-dépendance), il lui sera plus facile de rayonner librement ce qu'elle en collaborant avec les autres (interdépendance) lorsqu'elle aura d'abord pris conscience de ce qu'Elle Est et de ce pour quoi elle est incarnée ici, les deux pieds sur Terre (indépendance).

L'IMPACT DU LEADERSHIP DU CŒUR

Quelque soient les contextes, le leadership du cœur contribue à la création d'un monde meilleur, au service de « la puissance de la Vie qui est plus grande que soi.»

Par leur habileté à communiquer respectueusement avec les gens, les personnes qui rayonnent le leadership du coeur enseignent par l'exemple. Elles inspirent et guident les autres pour agir ensemble, faire grandir les forces de chacun, et créer des projets créatifs concrets et bienveillants.

Par leur habileté à rallier les gens vers la création d'un monde meilleur et l'expérience concrète des valeurs humaines, elles encouragent la reconnaissance et le développement des dons, forces et talents de chacun. Leurs visions globales favorisent l'évolution des cultures, de l'appartenance, des systèmes et des structures, pour qu'ils soient véritablement au service du plus grand bien et de la vie.

Ces leaders naturels offrent de nouvelles façons de regarder les choses et les illustrent souvent avec des métaphores qui ont du sens pour les gens. Même si plusieurs métaphores de la vie actuelle sont construites autour de l'image de la guerre (guerre contre les drogues, combat contre la maladie, lutte contre le cancer, etc.), les personnes qui rayonnent le leadership du coeur utilisent plutôt des métaphores de vie, de semence, de croissance, de récolte, de partage, d'un monde qui fleurit, etc. Elles transforment la peur et ses dérivés par des pensées, paroles, actions et énergies cohérentes, positives et bienveillantes.

Elles encouragent la reconnaissance, la confiance et l'estime de soi, l'expression consciente et concrète de la spiritualité, la spiritualisation de la matière, la gratitude et le respect du sacré en toute personne et toute chose.

Elles savent dans leur cœur que chacun est un maître qui s'éveille à ce qu'Il Est et que cela va au-delà du temps et des missions d'humanité.

Les personnes qui rayonnent le leadership du coeur rayonnent aussi une abondance d'énergie dynamique et enthousiaste au service de la vie. Ce sont des visionnaires au service de l'Amour, des leaders rassembleurs au service de « la puissance de la Vie qui est plus grande que soi.»

> « Un vrai chef commande à ses troupes
> mais il reçoit toujours ses ordres de Dieu. »
> *(Film Sept ans au Tibet)*

LES STYLES DE LEADERSHIP DU COEUR

Chaque personne a sa façon personnelle d'exprimer son leadership du cœur afin d'avoir un impact positif et bienveillant dans sa vie, dans le monde et l'univers.

L'écoute de la voix et la voie du cœur, de la Sagesse intérieure, de la Connaissance innée, du sacré qui anime la Vie en nous, est la base de la cohérence intérieure et du leadership du coeur. Pour en faciliter l'expression à l'extérieur, centrer l'attention dans le coeur au point zéro, respirer, développer l'état de cohérence cardiaque, s'enraciner, s'aligner avec sa véritable identité spirituelle et « la puissance de la Vie qui est plus grande que soi », accepter d'être incarné sur la Terre et de s'aimer totalement, profondément, inconditionnellement.

Le style visionnaire

Les personnes qui rayonnent un leadership du coeur avec un style visionnaire inspirent une direction, une vision et une conscience globale de la vie. Elles expriment ce qu'elles sont et utilisent leurs dons, forces et talents au service de l'Amour. Elles créent des ponts concrets entre les idées et les actions, entre les visions et l'expérience des personnes. Par l'exemple, elles encouragent chaque personne à laisser émerger sa véritable identité spirituelle, à reconnaître qu'elle est un Être divin sacré merveilleux, et à avancer dans la direction de sa réalisation personnelle au service du plus grand bien et de « la puissance de la Vie qui est plus grande que soi. » Leur langage verbal et non-verbal est cohérent. Leur discipline est de rester centré sur la voie et la voix du cœur et de l'exprimer en toute liberté.

Pour faire une analogie, imaginons une maison que l'on peut observer de l'extérieur. Le leader du coeur visionnaire sait regarder par plusieurs fenêtres et prendre un recul pour reconnaître que tous les décors qu'il observe par les fenêtres du salon, de la cuisine, de la salle de bain, d'une chambre ou d'une salle de jeu, etc. sont des aspects complémentaires d'une même maison. C'est la personne qui a une vision globale, qui sait reconnaître la contribution de chacun, au service du Tout.

Le style charismatique

Les personnes qui rayonnent un leadership du coeur avec un style charismatique ont un impact qui aident les gens à se sentir bien à propos d'eux-mêmes, et les inspirent à reconnaître ce qu'ils sont et s'aligner avec leur véritable identité spirituelle et leur mission personnelle. Elles stimulent la réalisation de soi et rayonnent une abondance d'énergie qui créé une dynamique enthousiaste.

Le style motivateur

Les personnes qui rayonnent un leadership du coeur avec un style motivateur sont celles qui osent s'exprimer librement et qui encouragent et félicitent les gens d'être ce qu'ils sont. Elles agissent en touchant les gens dans leur cœur et en inspirant des perceptions, des valeurs et des expériences nouvelles. Elles offrent de nouvelles façons de regarder les choses, situations et événements de la vie. Souvent, elles jouent des rôles de motivateurs, coachs, mentors, guides, accompagnants, etc. en donnant une attention personnalisée pour favoriser l'émergence du leadership du cœur de chacun.

Le style bienveillant

Les personnes qui rayonnent un leadership du coeur avec un style bienveillant ont un impact par leur état d'esprit positif et dynamique pour encourager les gens à faire de leur mieux et à se faire confiance pour développer leur potentiel. Elles s'expriment de façon positive, simple, claire et précise, et reconnaissent avec gratitude les pas et les chemins parcourus individuellement et collectivement. Elles savent que si un chemin va de A à B à C à D et à E, celui qui a fait le pas de A à

B ou de C à D a fait autant de chemin que celui qui a fait le pas de D à E. Elles encouragent les gens à développer leur propre reconnaissance, confiance et estime de soi, et à transférer les apprentissages qu'ils ont fait d'un contexte à un autre.

Le style liberté de choix

Les personnes qui rayonnent un leadership du coeur avec un style liberté de choix stimulent les actions concrètes et conscientes de leurs véritables motivations, demandes et conséquences. Elles encouragent les gens à être à l'écoute de leur coeur, de ce qui leur permet de manifester concrètement leurs dons, forces et talents, de ce qui les rends vraiment heureux et qui contribue au plus grand bien.

Le style artiste du changement

Les personnes qui rayonnent un leadership du coeur avec un style artiste du changement créent des contextes et des opportunités propices aux changements qui sont au service du plus grand bien. Elles sont transparentes et savent être à l'écoute des personnes, des situations et contextes. Elles ont la capacité d'organiser concrètement les processus de changement.

Leadership du cœur	Impact	Caractéristiques
Visionnaire	Vision Direction	1. Inspirent une direction, une vision et une conscience globale de la vie 2. Expriment ce qu'elles sont et ont un langage verbal et non verbal cohérents 3. Utilisent leurs dons, forces et talents au service du plus grand bien et de « la puissance de la Vie qui est plus grande que soi » 3. Créent les ponts entre les idées et les actions, entre les visions et l'expérience des personnes 4. Encouragent chaque personne à se reconnaître, à reconnaître sa véritable identité spirituelle et avancer dans la direction de sa réalisation personnelle au service du plus grand bien et de « la puissance de la Vie qui est plus grande que soi » 5. Reconnaît la contribution de chacun au service du Tout 6. Restent centrés sur la voie et la voix du cœur et l'exprimer en toute liberté
Charismatique	Mission Identité	1. Aident les gens à se sentir bien à propos d'eux-mêmes 2. Inspirent les gens à se reconnaître, s'aligner avec sa véritable identité spirituelle et sa mission personnelle 3. Stimulent la réalisation de soi 4. Rayonnent une abondance d'énergie et créent une dynamique enthousiaste
Motivateur	Croyances Valeurs	1. Motivateurs, coachs, mentors, guides, accompagnants, etc. 2. Osent s'exprimer librement 3. Encouragent et félicitent les gens d'être ce qu'ils sont 4. Inspirent des perceptions, des valeurs et des expériences nouvelles 5. Offrent de nouvelles façons de regarder les choses, situations et événements de la vie 6. Touchent les gens dans leur cœur 7. Offrent une attention personnalisée pour l'émergence du leadership du cœur de chacun

Leadership du coeur	Impact	Caractéristiques
Bienveillant	Compétences Capacités	1. Ont une état d'esprit positif et dynamique 2. Encouragent les gens à faire de leur mieux 3. Encouragent les gens à se faire confiance pour développer leur potentiel 4. S'expriment de façon positive, simple, claire et précise 5. Reconnaissent avec gratitude les pas et chemins parcourus individuellement et collectivement 6. Encouragent les gens à développer leur propre reconnaissance, confiance et estime de soi 7. Facilitent le transfert des apprentissages d'un contexte à un autre
Liberté de choix	Comportement Action	1. Stimulent les actions concrètes et conscientes 2. Stimulent la conscience des véritables motivations, demandes et conséquences 3. Encouragent les gens à être à l'écoute de leur cœur 4. Encouragent les gens à manifester concrètement leurs dons, forces et talents 5. Inspirent à contribuer au plus grand bien 6. Inspirent les gens à être conscients de ce qui les rends vraiment heureux 7. Stimulent les actions et les projets créatifs dans une atmosphère d'équipe, de coopération volontaire et de clarté des objectifs et rôles de chacun
Artiste du changement	Environnement	1. Créent des contextes et des opportunités propices aux changements qui sont au service du plus grand bien 2. Sont transparents 3. Savent être à l'écoute des personnes, situations et contextes 4. Ont la capacité d'organiser concrètement les processus de changement 5. Savent prendre un recul et lâcher-prise sur certaines situations

Chapitre 9

Petits trucs

L'UTILISATION DE L'ESPACE

Dans les cultures occidentales, nous lisons de gauche à droite et de haut en bas. Notre cerveau occidental est habitué à utiliser ces références de « début » et de « fin », c'est-à-dire une forme de direction logique pour intégrer et structurer l'information.

De plus, le mouvement des yeux est programmé pour aller connecter ses références du connu « déjà vu », « déjà entendu » à gauche et ses références de création et d'innovation à droite.

L'utilisation consciente de ces références conditionnées

aux niveaux de l'espace physique et de l'emplacement du matériel disponible peut faciliter l'intégration des informations communiquées lors des présentations, formations et documents écrits.

PRÉSENTATIONS ET FORMATIONS

- Au début d'une formation, écrire les demandes des personnes sur un tableau ou une tablette de papier située du côté gauche de la salle (tel que vu par les participants), ce qui correspond au début d'une ligne pour eux, ou au début de cette activité.

- Inscrire les informations ou données d'une situation actuelle à gauche (connu), l'objectif , la direction ou l'état désiré à droite (à créer) et utiliser toute la partie centrale d'un tableau ou document pour le processus de ce qui permet de passer d'un à l'autre.

- En parlant aux personnes, faire un à quelques pas vers la gauche (tel que vu par les participants) pour parler d'une situation de départ, de ce qui a déjà été fait dans le passé, des solutions déjà expérimentées et leurs résultats, etc. Faire un à quelques pas vers la droite (tel que vu par les participants) pour parler de la vision, la portée, l'objectif d'un projet, de la rencontre, des ouvertures d'innovation, etc. Revenir au centre pour aborder le sujet et avancer dans le processus de résolution de problèmes, de mise à jour ou de création.

- Lorsque les personnes sont assises autour d'une table, il est possible d'utiliser le mouvement des mains pour ancrer les positions de passé, présent et futur, respectivement à gauche, au centre et à droite (tel que vu par les participants).

DOCUMENTS ÉCRITS

- Dans un document, un site web ou une publicité écrite, indiquer les nouveautés au centre ou sur le côté droit, le côté gauche faisant référence au déjà connu et aux menus.

Conclusion

Le langage non verbal de la lumière intérieure est une voie qui permet de comprendre à la fois les mouvements, gestes, expressions et silences extérieurs et ce que nous vivons à l'intérieur.

La guérison consciente par l'observation de soi et des autres personnes que nous accompagnons à leur demande, permet que ce qui est exprimé et transmis par notre état personnel, le corps, les yeux et le silence puisse prendre un sens au service de notre évolution, de notre bien-être, de communications plus transparentes.

Dans des temps rapprochés, plusieurs Êtres verront à communiquer ensemble par la voie du coeur. L'écoute des messages de la lumière intérieure permettra une meilleure compréhension de soi, des autres et de la vie, orientée vers l'intention positive de chaque geste, mouvement, expression et silence.

À la fois éducative et thérapeutique, cette façon d'accueillir les messages du langage non verbal nous permet de comprendre notre état d'être actuel et nous offre les clés de compréhension provenant de notre lumière intérieure, au service de notre évolution et de l'expression de ce que nous sommes vraiment.

Prendre la parole pour un monde meilleur, c'est...

- laisser notre lumière et sagesse intérieure inspirer notre parole pour pour qu'elle soit cohérente, intègre, lumineuse et douce, au service de notre paix intérieure, de la Paix sur Terre et de « la puissance de la Vie qui est plus grande que soi ».

- accueillir la guérison douce et consciente de ce qui est exprimé et transmis par la puissance de la parole dans notre expérience humaine, par les sons et les mots (langage verbal) et par les gestes, les mouvements, les expressions, l'état personnel, les silences, etc. (langage non verbal).

- l'intégrité de notre lumière intérieure qui s'exprime par la vérité, l'honnêteté, l'ordre divin, l'harmonie et le respect des lois divines qui gouvernent l'univers, la foi et la confiance en Soi pour être et agir au service du plus grand bien.

Conclusion

Prendre la parole pour un monde meilleur,
... pour que la parole soit au service de la Vie !

Qu'il y ait paix, paix et paix. Qu'il y ait Paix, Paix et Paix.

Références

Programmation NeuroLinguistique (PNL)

- ABC DE LA PNL. Développez les capacités de votre cerveau pour réussir votre vie. Mireille Durand, Éditions Grancher, 2007
- LE MANUEL DE LA PNL, programmation neuro-linguistique spirituelle – Walter Lubeck, Éditions Médicis, 2007
- LA PNL AU QUOTIDIEN. Découvrir ses comportements psychologiques - Bernard Raquin, Éditions Jouvence, 2004
- LA PNL. Communiquer autrement. – Catherine Cudicio, Éditions Eyrolles, 2003
- PNL ET RECONSTRUCTION FAMILIALE. Résoudre et dénouer les conflits – Katharine Stresius, Joachim Castella et Kaus Grochowiak, Éditions Granger, 2001
- LE GRAND LIVRE DE LA PNL - Catherine Cudicio, Éditions D'organisation, 2000
- MAITRISER L'ART DE LA PNL. La programmation

neurolinguistique – Catherine Cudicio, Éditions D'organisation, 2000
* PNL ET COMMUNICATION. La dimension créative – Catherine Cudicio, Éditions D'organisation, 2000
* PNL - Formation de formateur - Robert Dilts et Judith DeLozier, NLPU, Californie, 1996
* VISIONARY LEADERSHIP SKILLS - Robert Dilts, Meta Publications, 1996
* SOLUTION STATES – Sid Jacobson, Ed. AngloAmerican Book Company, 1996
* MOZART ET DISNEY – Robert Dilts, Éditions La Méridienne/Desclée de Brouwer, 1996
* ARISTOTE et EINSTEIN – Robert Dilts, Éditions La Méridienne/ Desclée de Brouwer, 1996
* PNL - Formation de base, praticien, maître-praticien, post-maître praticien/animateur - Joanne Riou, Centre québécois de PNL, 1989/1995
* DES OUTILS POUR L'AVENIR – Robert Dilts, Gino Bonissone, Éd.La Méridienne/Desclée de Brouwer, 1995
* MENTAL MODEL MAPS: SELF & ORGANIZATIONAL LEARNING PROCESSES - Brian Leclerc, Postes Canada, 1995
* POUR UNE VIE SANS PAREILLE - Atelier avec David Gordon, 1995
* UN CERVEAU POUR CHANGER - Richard Bandler, Interéditions, 1995
* DICO PNL - Bernard Hevin, Jane Turner, Les Éditions d'Organisation, 1995
* VISIONARY LEADERSHIP, Robert Dilts & Todd Epstein, Formation sur cassettes, 1994
* LA PROGRAMMATION NEURO-LINGUISTIQUE À L'ÉCOLE - Reine Lepineux, Nicole Soleilhac, Andrée Zerah, Ed.Nathan, 1994
* SYSTEMIC NLP: UNIFIED FIELD THEORY - Robert Dilts, Todd Epstein, 1993
* AGIR EN LEADER AVEC LA PROGRAMMATION NEURO-LINGUISTIQUE - Pierre Longin, Ed.Dunod, 1993
* CHOISIR SA VIE - Josiane de St Paul, Interéditions, 1993
* D'UN MONDE À UN AUTRE - Nelly Bidot, Bernard Morat, Interéditions, 1993
* DERRIÈRE LA MAGIE - Alain Cayrol, Josiane de Saint Paul, Interéditions, 1992
* LA PNL - Catherine Cudicio, Editions d'organisation, 1991
* CHANGING BELIEFS SYSTEMS WITH NLP - Robert Dilts, Metapublications, 1990

Langage non verbal
- LE LANGAGE UNIVERSEL DU CORPS - Philippe Turchet, Éditions de l'Homme, 2009
- LA SYNERGOLOGIE - Philippe Turchet, Éditions de l'Homme, 2000

Communication non violente
- COMMUNICATION BIENVEILLANTE ET NON VIOLENTE - Lucie Marcotte, Éditions Paix pour tous, 2013
- PARLER DE PAIX DANS UN MONDE DE CONFLITS – Marshall B. Rosenberg, Éditions Jouvence 2009
- SPIRITUALITÉ PRATIQUE, LES BASES SPIRITUELLES DE LA COMMUNICATION NON VIOLENTE - Marshall B. Rosenberg, Éditions Jouvence, 2007
- ÉLEVER NOS ENFANTS AVEC BIENVEILLANCE, l'approche de la communication non violente - Marshall B. Rosenberg, Éditions Jouvence, 2007
- DÉNOUER LES CONFLITS PAR LA COMMUNICATION NON VIOLENTE - Marshall B. Rosenberg, Éditions Jouvence, 2006
- ENSEIGNER AVEC BIENVEILLANCE, instaurer une entente mutuelle entre élèves et enseignants - Marshall B. Rosenberg, Éditions Jouvence, 2006
- NOUS ARRIVERONS À NOUS ENTENDRE ! suivi de Qu'est-ce qui vous met en colère ? – Marshall Rosenberg, Shari kein et Neill Gigson, Éditions Jouvence, 2005
- LA COMMUNICATION NON VIOLENTE AU QUOTIDIEN. - Marshall B. Rosenberg, Éditions Jouvence , 2003
- GUÉRIR – Dr. David Servan-Schreiber, Éditions Robert Laffont, 2003
- CESSER D'ÊTRE GENTIL ET SOYEZ VRAI ! – Thomas D'Ansembourg, Éditions de l'Homme, 2001
- LES MOTS SONT DES FENÊTRES OU DES MURS. Initiation à la communication non violente - Marshall B. Rosenberg, Éditions Jouvence, 1999

Mouvement des yeux
- AMO (ACTUALISATION PAR LES MOUVEMENTS OCULAIRES) - Isabelle David, PNL, 2010.
- INTÉGRATION DU MOUVEMENT OCULAIRE (IMO) – Danie Beaulieu, Éditions Le Souffle d'Or, 2005
- INTÉGRATION DU MOUVEMENT OCULAIRE – Danie Beaulieu, www.academieimpact.com
- GUÉRIR LE STRESS, L'ANXIÉTÉ ET LA DÉPRESSION SANS MÉDICAMENTS NI PSYCHANALYSE - David Servan-Schreiber,

Éditions Robert Laffont, France, 2003.
- EMDR AS AN INTEGRATIVE PSYCHOTHERAPY APPROACH: Experts of Diverse Orientations Explore the Paradigm Prism - Francine Shapiro, American Psychological Association Books, USA, 2002.
- EYE MOVEMENT DESENSITIZATION AND REPROCESSING (EMDR) - Basic Principles, Protocols, and Procedures - Francine Shapiro, The Guilford Press, USA et Grande-Bretagne, 2001
- EMDR: THE BREAKTHROUGH THERAPY FOR OVERCOMING ANXIETY, STRESS, AND TRAUMA – Francine Shapiro, Margot Forrest, BasicBooks, USA, 1997.
- EFT ™ (Emotional Freedom Techniques) – Gary Craig, www.emofree.com
- APPLICATION OF EMOTIONAL FREEDOM TECHNIQUES - Dawson Church, PhD. et Audrey J.Brooks, Ph.D., Integrative Medicine, vol 9, no. 4, Aug/Sep 2010.
- EFT VIDEOS on YOU-TUBE - Brad Yates
- VISION: THE MIND SIDE, Strategies for correcting your eyesight - Leo Angart, NLP Asia

SENTIMENTS, FORMES-PENSÉE ET LIEN COEUR-CERVEAU
- FORMES-PENSÉES II - Anne Givaudan, Éditions S.O.I.S., 2004
- FORMES-PENSÉES - Anne Givaudan et participation de Dr.Antoine Achram, Éditions S.O.I.S., 2003
- INSTITUTE HEART MATH – www.heartmath.org
- THE APPRECIATIVE HEART: the psychophysiology of positive emotions and optimal functioning – Rollin McCraty (IHM) et Doc Childre (Quantum Intech), 2003
- THE ENERGETIC HEART: bioelectromagnetic interactions with and between people – Rollin McCraty, IMH, 2003
- HEART-BRAIN NEURODYNAMICS: the making of emotions – Rollin McCraty, IMH, 2003
- THE INSIDE STORY: UNDERSTANDING THE POWER OF FEELINGS – IHM, 2002
- BRAIN RESPIRATION – Ilchi Lee, Éditions Healing Society Inc, 2002
- MOLECULES OF EMOTIONS - Candice B. Pert, Éditions Scribner, 1997
- THE GARDEN OF THE HEART: the new biotechnology for treating children with ADD/ADHD and arhythmia – Shari St-Martin Ph.D, ATR, Biofeedback clinic, Guadalajara, Jalisco, New Mexico, 1996
- JE SUIS AIMABLE, JE SUIS CAPABLE - Jean Montbourquette, Myrna Ladouceur, Jacqueline Desjardins-Proulx, Ed Novalis, 1996

Références

- LES SEPT LOIS SPIRITUELLES DU SUCCÈS – Deepak Chopra, Édition J'ai lu, 1994
- SENTICS: THE TOUCH OF EMOTIONS – Manfred Clynes, New York Doubleday, 1989
- CALIFORNIA TASK FORCE ON SELF-ESTEEM AND PERSONAL AND SOCIAL RESPONSIBILITY – Jack Canfield, The Canfield Group, 1986
- SELF-ESTEEM IN THE CLASSROOM - Jack Canfield, Self-Esteem Seminars, The Canfield Group, 1986

Éditions Paix pour tous
Autres publications

- **S'ENRACINER LES DEUX PIEDS SUR TERRE**
  165 outils concrets de Marie-Douce et Noah pour se créer de belles journées à tous les jours
  Lucie Marcotte, 2013
  ISBN 978-2-924391-02-0 (imprimé)

- **DÉCOUVRE TON TOTEM**
  Alex découvre son totem Il découvre aussi la symbolique de plus de 600 animaux, arbres, couleurs, symboles, archétypes et de ses propres messages de sagesse du coeur
  Lucie Marcotte, 2013
  ISBN 978-2-924391-01-3 (imprimé)

- **ALEX ET LA FÉE LUMIÈRE VOYAGENT AU ROYAUME DU PÈRE NOËL**
  Lucie Marcotte, 2013
  ISBN 978-2-924391-04-4 (imprimé)

- **COMMUNICATION BIENVEILLANTE ET NON VIOLENTE ET LE LANGAGE DU COEUR**
  Devenez un leader et utilisez ce que vous êtes pour créer un monde meilleur
  Lucie Marcotte, 2013
  ISBN 978-2-924391-00-6 (imprimé)

- **PRENDRE LA PAROLE POUR UN MONDE MEILLEUR - LANGAGE NON VERBAL ET LE LEADERSHIP DU COEUR**
  Découvrir le langage non verbal de la lumière intérieure et la guérison consciente de ce qui est exprimé et transmis par l'état personnel, le corps, les yeux et le silence ... pour que la parole soit au service de la Vie !
  Lucie Marcotte, 2014

ISBN 978-2-924391-08-2 (imprimé)
ISBN 978-2-924391-09-9 (ebook)

www.ingramcontent.com/pod-product-compliance
Lightning Source LLC
Chambersburg PA
CBHW072226270326
41930CB00010B/2006

LES MALADIES

DE

LA MÉMOIRE

LES MALADIES

DE

LA MÉMOIRE

PAR

TH. RIBOT

Membre de l'Institut
Professeur honoraire au Collège de France

DIX-HUITIÈME ÉDITION

PARIS

FÉLIX ALCAN, ÉDITEUR

ANCIENNE LIBRAIRIE GERMER BAILLIÈRE ET Cⁱᵉ

108, BOULEVARD SAINT-GERMAIN, 108

1906

FÉLIX ALCAN, ÉDITEUR

BIBLIOTHÈQUE DE PHILOSOPHIE CONTEMPORAINE

AUTRES OUVRAGES DE M. TH. RIBOT

La logique des sentiments. 1 volume in-8. 3 fr. 75

Essai sur l'imagination créatrice. 2ᵉ édit. 1 vol. in-8. 5 fr.

La psychologie des sentiments. 4ᵉ édition, revue et augmentée. 1 vol. in-8. 7 fr. 50

L'évolution des idées générales. 2ᵉ édit. 1 vol. in-8. 5 fr.

Les maladies de la volonté. 20ᵉ édition. 1 vol. in-18. 2 fr. 50

Les maladies de la personnalité. 11ᵉ éd. 1 vol. in-18. 2 fr. 50

La psychologie de l'attention. 8ᵉ édition. 1 vol. in-18. 2 fr. 50

La psychologie anglaise contemporaine (*École expérimentale*). 3ᵉ édition (nouveau tirage). 1 vol. in-8. 7 fr. 50

La psychologie allemande contemporaine (*École expérimentale*). 4ᵉ édition, revue et augmentée. 1 vol. in-8. 7 fr. 50

L'hérédité psychologique. 8ᵉ édition, revue. 1 vol. in-8. 7 fr. 50

La philosophie de Schopenhauer. 10ᵉ édition. 1 volume
in-18. 2 fr. 50

Principes de psychologie de Herbert Spencer, traduits en
collaboration avec M. A. Espinas. 2 vol. in-8. 20 fr.

**Revue philosophique de la France et de
l'étranger**, 31ᵉ année, 1906; dirigée par Th. RIBOT,
membre de l'Institut, professeur honoraire au Collège de
France; paraissant tous les mois, depuis le 1ᵉʳ janvier 1876.
Chaque année forme 2 vol. grand in-8, 30 fr.

Abonnement, un an (*du 1ᵉʳ janvier*) : Paris, 30 fr.; départements
et étranger, 33 fr. — La livraison, 3 fr.

942-05. — Coulommiers. Imp. PAUL BRODARD. — 8-05.

Je me suis proposé dans ce travail de donner une monographie psychologique des maladies de la mémoire, et, autant que le permet l'état de nos connaissances, d'en tirer quelques conclusions. L'étude de la mémoire a été souvent faite, mais on ne s'est guère occupé de sa pathologie. Il m'a semblé qu'il y aurait quelque profit à reprendre le sujet sous cette forme. J'ai essayé de m'y restreindre, et je n'ai dit de la mémoire normale que ce qu'il fallait pour s'entendre.

J'ai cité beaucoup de faits : ce procédé n'est pas littéraire, mais je le crois seul instructif. Décrire en termes généraux les désordres de la mémoire, sans donner des exemples de chaque espèce, me paraît un travail vain, parce qu'il importe que les interprétations de l'auteur puissent être à chaque instant contrôlées.

Je prie le lecteur de remarquer qu'on lui offre ici un essai de psychologie descriptive, c'est-à-dire un chapitre d'histoire naturelle, rien de plus; et que, à défaut d'autre mérite, ce petit volume lui fera connaître un grand nombre d'observations et de cas curieux, dispersés dans des recueils de toute sorte et qui n'avaient pas encore été réunis.

Janvier 1881.

LES MALADIES

DE

LA MÉMOIRE

CHAPITRE PREMIER

LA MÉMOIRE COMME FAIT BIOLOGIQUE

L'étude descriptive du souvenir a été très bien faite par divers auteurs, surtout par les Ecossais ; aussi le but de ce travail n'est pas d'y revenir. Je me propose de rechercher ce que la nouvelle méthode en psychologie peut nous apprendre sur la nature de la mémoire ; de montrer que les enseignements de la physiologie unis à ceux de la conscience nous conduisent à poser ce problème sous une forme beaucoup plus large ; que la mémoire, telle que le sens commun l'entend et que la psychologie ordinaire la décrit, loin d'être la mémoire tout entière, n'en est qu'un cas particulier, le plus élevé et le plus complexe, et que, pris en lui-même et étudié à part, il se laisse mal comprendre ; qu'elle est le dernier terme d'une longue évolution et comme une efflorescence dont les racines plongent bien avant dans la vie organique ; en un mot, que la mémoire est, par essence, un fait biologique ; par accident, un fait psychologique.

RIBOT. — Mémoire.   1

Ainsi entendue, notre étude comprend une physiologie et une psychologie générales de la mémoire et en même temps une pathologie. Les désordres et les maladies de cette faculté, classés et soumis à une interprétation, cessent d'être un recueil de faits curieux et d'anecdotes amusantes qu'on ne mentionne qu'en passant. Ils nous apparaissent comme soumis à certaines lois qui constituent le fond même de la mémoire et en mettent à nu le mécanisme.

I

Dans l'acception courante du mot, la mémoire, de l'avis de tout le monde, comprend trois choses : la conservation de certains états, leur reproduction, leur localisation dans le passé. Ce n'est là cependant qu'une certaine sorte de mémoire, celle qu'on peut appeler parfaite. Ces trois éléments sont de valeur inégale : les deux premiers sont nécessaires, indispensables ; le troisième, celui que dans le langage de l'école on appelle la « reconnaissance », achève la mémoire, mais ne la constitue pas. Supprimez les deux premiers, la mémoire est anéantie ; supprimez le troisième, la mémoire cesse d'exister pour elle-même, mais sans cesser d'exister en elle-même. Ce troisième élément, qui est exclusivement psychologique, se montre donc à nous comme surajouté aux deux autres : ils sont stables ; il est instable, il paraît et disparaît ; ce qu'il représente, c'est l'apport de la conscience dans le fait de la mémoire ; rien de plus.

Si l'on étudie la mémoire, ainsi qu'on l'a fait jusqu'à nos jours, comme « une faculté de l'âme », à l'aide du

sens intime seul, il est inévitable de voir, dans cette
forme parfaite et consciente, la mémoire tout entière;
mais c'est, par l'effet d'une mauvaise méthode, prendre
la partie pour le tout ou plutôt l'espèce pour le genre.
Des auteurs contemporains (Huxley, Clifford, Maudsley,
etc.), en soutenant que la conscience n'est que l'accompagnement de certains processus nerveux et qu'elle
est « aussi incapable de réagir sur eux que l'ombre sur
les pas du voyageur qu'elle accompagne », ont ouvert la voie à la nouvelle théorie que nous essayons
ici. Ecartons pour le moment l'élément psychique,.
sauf à l'étudier plus loin ; réduisons le problème à ses
données les plus simples, et voyons comment, en dehors
de toute conscience, un état nouveau s'implante dans
l'organisme, se conserve et se reproduit : en d'autres
termes, comment, en dehors de toute conscience, se
forme une mémoire.

Avant d'en venir à la véritable mémoire organique,
nous devons mentionner quelques faits qui en ont été
parfois rapprochés. On a cherché des analogues de la
mémoire dans l'ordre des phénomènes inorganiques, en
particulier « dans la propriété qu'ont les vibrations lumineuses de pouvoir être emmagasinées sur une feuille
de papier et de persister, à l'état de vibrations silen-
cieuses, pendant un temps plus ou moins long, prêtes à
paraître à l'appel d'une substance révélatrice. Des gravures exposées aux rayons solaires et conservées dans
l'obscurité peuvent, plusieurs mois après, à l'aide de
réactifs spéciaux, révéler les traces persistantes de l'action photographique du soleil sur leur surface [1]. » Posez
une clef sur une feuille de papier blanc, exposez-les en

1. Luys, *Le cerveau et ses fonctions*, p. 106.

plein soleil, conservez ce papier dans un tiroir obscur,
et, même au bout de quelque années, l'image spectrale
de la clef y sera encore visible [1]. A notre avis, ces
faits et autres semblables ont une analogie trop loin-
taine avec la mémoire pour qu'on doive insister. On y
trouve la première condition de tout rappel : la conservation, mais c'est la seule, car ici la reproduction
est tellement passive, tellement dépendante de l'intervention d'un agent étranger, qu'elle ne ressemble pas
à la reproduction naturelle de la mémoire. Aussi bien,
dans notre sujet, il ne faut jamais perdre de vue que
que nous avons affaire à des lois vitales, non à des lois
physiques, et que les bases de la mémoire doivent être
cherchées dans les propriétés de la matière organisée,
non ailleurs. Nous verrons plus tard que ceux qui
l'oublient font fausse route.

Je n'insisterai pas non plus sur les habitudes du
monde végétal qu'on a comparées à la mémoire ; j'ai
hâte d'en venir à des faits plus décisifs.

Dans le règne animal, le tissu musculaire nous offre
une première ébauche de l'acquisition de propriétés
nouvelles, de leur conservation et de leur reproduc
tion automatique. « L'expérience journalière, di
Hering, nous apprend qu'un muscle devient d'autan
plus fort qu'il travaille plus souvent. La fibre musculaire, qui d'abord répond faiblement à l'excitation
transmise par le nerf moteur, le fait d'autant plus éner-
giquement qu'il est plus fréquemment excité, en admettant naturellement des pauses et des repos. Après
chaque action, il est plus apte à l'action, plus disposé
à la répétition d'un même travail, plus apte à la re-

1. G.-H. Lewes, *Problems of life and mind*, third series, p. 57.

production du processus organique. Il gagne plus à
l'activité qu'à un long repos. Nous avons ici, sous sa
forme la plus simple, la plus rapprochée des conditions
physiques, cette faculté de reproduction qui se rencontre sous une forme si complexe dans la substance
nerveuse. Et ce qui est bien connu de la substance
musculaire se laisse voir plus ou moins dans la substance des autres organes. Partout se montre avec un
accroissement d'activité, coupée de repos suffisants,
un accroissement de puissance dans la fonction des
organes [1]. »

Le tissu le plus élevé de l'organisme, le tissu nerveux, présente au plus haut degré cette double propriété de conservation et de reproduction. Nous ne
chercherons pas cependant dans la forme la plus simple
de son activité, dans le réflexe, le type de la mémoire
organique. Le réflexe, en effet, qu'il consiste en une
excitation suivie d'une contraction ou de plusieurs
contractions, est le résultat d'une disposition anatomique. On pourrait bien soutenir à la vérité, et non sans
vraisemblance, que cette disposition anatomique, innée aujourd'hui chez l'animal, est le produit de l'hérédité, c'est-à-dire d'une mémoire spécifique ; qu'elle a
été autrefois acquise, puis fixée et rendue organique
par des répétitions sans nombre. Nous renonçons à
faire valoir cet argument en faveur de notre thèse, qui
en a d'autres bien moins discutables.

Le vrai type de la mémoire organique — et ici nous
entrons dans le cœur même de notre sujet — doit être
cherché dans ce groupe de faits que Hartley avait si

1. Hering, *Ueber das Gedächtniss als allgemeine Function der
organisirten Materie. Vortrag.*, etc., 2ᵉ Auflage, Wien, Gerold's
Sohn, 1876, p. 13.

heureusement nommés actions automatiques secondaires (*secondarily automatic*), par opposition aux actes
automatiques primitifs ou innés. Ces actions automatiques secondaires, ou mouvements acquis, sont le fond
même de notre vie journalière. Ainsi, la locomotion,
qui chez beaucoup d'espèces inférieures est un pouvoir
inné, doit être acquise chez l'homme, en particulier ce
pouvoir de coordination qui maintient l'équilibre du
corps à chaque pas, par la combinaison des impressions tactiles et visuelles. D'une manière générale, on
peut dire que les membres de l'adulte et ses organes
sensoriels ne fonctionnent si facilement que grâce à
cette somme de mouvements acquis et coordonnés qui
constituent pour chaque partie du corps sa mémoire
spéciale, le capital accumulé sur lequel il vit et par
lequel il agit, tout comme l'esprit vit et agit au moyen
de ses expériences passées. Au même ordre appartiennent ces groupes de mouvements d'un caractère
plus artificiel, qui constituent l'apprentissage d'un métier manuel, les jeux d'adresse, les divers exercice du
corps, etc., etc.

Si l'on examine comment ces mouvements automatiques primitifs sont acquis, fixés et reproduits, on voit
que le premier travail consiste à former des associations. La matière première est fournie par les réflexes
primitifs : il s'agit de les grouper d'une certaine manière, d'en combiner quelques-uns à l'exclusion des
autres. Cette période de formation n'est parfois qu'un
long tâtonnement. Les actes qui nous paraissent aujourd'hui le plus naturels ont été à l'origine péniblement acquis. Quand le nouveau-né a pour la première
fois les yeux frappés par la lumière, on observe une
fluctuation incohérente des mouvements; quelques

semaines plus tard, la coordination des mouvements
est opérée, les yeux peuvent s'ajuster, fixer un point
lumineux et en suivre tous les mouvements. Lorsqu'un
enfant apprend à écrire, remarque Lewes, il lui
est impossible de remuer sa main toute seule; il fait
mouvoir aussi sa langue, les muscles de sa face et
même son pied [1]. Il en vient avec le temps à supprimer
des mouvements inutiles. Tous, quand nous essayons
pour la première fois un acte musculaire, nous dépen-
sons une grande quantité d'énergie superflue, que
nous apprenons graduellement à restreindre au nécessaire. Par l'exercice, les mouvements appropriés se
fixent à l'exclusion des autres. Il se forme dans les
éléments nerveux correspondant aux organes moteurs
des associations dynamiques, secondaires, plus ou
moins stables (c'est-à-dire une mémoire), qui s'ajoutent aux associations anatomiques, primitives et permanentes.

Si le lecteur veut bien observer un peu ces actions
automatiques secondaires, si nombreuses, si connues
de tout le monde, il verra que cette mémoire organique ressemble en tout à la memoire psychologique,
sauf un point : l'absence de la conscience. Résumons-
en les caractères; la ressemblance parfaite des deux
mémoires apparaîtra d'elle-même :

Acquisition tantôt immédiate, tantôt lente. Répétition de l'acte, nécessaire dans certains cas, inutile dans
d'autres. Inégalité des mémoires organiques suivant les
personnes : elle est rapide chez les uns, lente ou totalement réfractaire chez d'autres (la maladresse est le
résultat d'une mauvaise mémoire organique). Chez les

1. *Ouv. cité*, p. 51.

uns, permanence des associations une fois formées;
chez les autres, facilité à les perdre, à les oublier. Disposition de ces actes en séries simultanées ou succes-
sives, comme pour les souvenirs conscients. Ici même,
un fait bien digne d'être remarqué, c'est que chaque
membre de la serie *suggère* le suivant : c'est ce qui
arrive quand nous marchons sans y penser. Tout en
dormant, des soldats à pied et même des cavaliers en
selle ont pu continuer leur route, quoique ces derniers
aient à se tenir constamment en équilibre. Cette suggestion organique est encore plus frappante dans le
cas cité par Carpenter [1] d'un pianiste accompli qui
exécuta un morceau de musique en dormant, fait qu'il
faut attribuer moins au sens de l'ouïe qu'au sens musculaire qui suggérait la succession des mouvements.
Sans chercher des cas extraordinaires, nous trouvons
dans nos actes journaliers des séries organiques complexes et bien déterminées, c'est-à dire dont le commencement et la fin sont fixes et dont les termes, *différents
les uns des autres*, se succèdent dans un ordre constant :
par exemple, monter ou descendre un escalier dont
nous avons un long usage. Notre mémoire psychologique ignore le nombre des marches; notre mémoire
organique le connaît à sa manière, ainsi que la divi-
sion en étages, la distribution des paliers et d'autres
détails : elle ne se trompe pas. Ne doit-on pas dire
que, pour la mémoire organique, ces séries bien défi-
nies sont rigoureusement les analogues d'une phrase,
d'un couplet de vers, d'un air musical pour la mémoire
psychologique ?
    Dans son mode d'acquisition, de conservation et de

1. *Mental Physiology*, p. 75, § 71.

reproduction, nous trouvons donc la mémoire orga-
niqué identique à celle de l'esprit. Seule la conscience
manque. A l'origine, elle accompagnait l'activité motrice ; puis elle s'est effacée graduellement. Parfois —
et ces cas sont plus instructifs — sa disparition est
brusque. Un homme sujet à des suspensions temporaires de la conscience continuait pendant sa crise le
mouvement commencé : un jour, en marchant toujours devant lui, il tomba dans l'eau. Souvent (il était
cordonnier) il se blessait les doigts avec son alène et
continuait ses mouvements pour piquer le cuir [1]. Dans
le vertige épileptique, appelé « pètit mal », des faits
analogues sont d'observation vulgaire. Un musicien,
faisant sa partie de violon dans un orchestre, était
fréquemment pris de vertige épileptique (perte de conscience momentanée) pendant l'exécution d'un morceau.
« Cependant il continuait de jouer, et quoique restant
absolument étranger à ce qui l'entourait, quoiqu'il ne
vît et n'entendît plus ceux qu'il accompagnait, il sui-
vait la mesure [2]. »

Il semble ici que la conscience se charge elle-même
de nous montrer son rôle, de le réduire à sa valeur et,
par ses brusques absences, de bien faire voir qu'elle est
dans le mécanisme de la mémoire un élément surajouté.

Nous sommes maintenant conduits par la logique à
pousser plus avant et à nous demander quelles modifications de l'organisme sont nécessaires pour l'établisse-

1. Carpenter, *Mental Physiology*, p. 75.
2. Trousseau, *Leçons cliniques*, t. II, XLI, § 2. On trouvera au
même endroit plusieurs autres faits de ce genre. Nous y reviendrons en parlant de la pathologie de la mémoire.

ment de la mémoire, quels changements a subis le système nerveux, quand un groupe de mouvements est
définitivement organisé ? Nous arrivons ici à la dernière
question qu'on puisse, sans sortir des faits, se poser
à propos des bases organiques de la mémoire ; et si
la mémoire organique est une propriété de la vie animale, dont la mémoire psychologique n'est qu'un cas
particulier, tout ce que nous pourrons découvrir ou
conjecturer sur ses conditions ultimes sera applicable
à la mémoire tout entière.

Il nous est impossible, dans cette recherche, de ne
pas faire une part à l'hypothèse. Mais, en évitant toute
conception *à priori*, en nous tenant près des faits, en
nous appuyant sur ce qu'on sait de l'action nerveuse,
nous évitons toute grosse chance d'erreur. Notre hypothèse est d'ailleurs apte à d'incessantes modifications.
Enfin, à la place d'une phrase vague sur la conservation
et la reproduction de la mémoire, elle substituera dans
notre esprit une certaine représentation du processus
extrêmement complexe qui la produit et la soutient.

Le premier point à établir est relatif au siège de la
mémoire. Cette question ne peut donner lieu actuellement à aucune controverse sérieuse. « On doit regarder
comme presque démontré, dit Bain, que l'impression
renouvelée occupe exactement les mêmes parties que
l'impression primitive et de la même manière. » Pour
en donner un exemple frappant, l'expérience montre
que l'idée persistante d'une couleur brillante fatigue le
nerf optique. On sait que la perception d'un objet coloré est souvent suivi d'une sensation consécutive qui
nous montre l'objet avec les mêmes contours, mais avec
la couleur complémentaire de la couleur réelle. Il peut
en être de même pour l'image (le souvenir). Elle laisse,

quoique avec une intensité moindre, une image consécutive. Si, les yeux fermés, nous tenons une image
d'une couleur très vive longtemps fixée devant l'imagination, et qu'après cela, ouvrant brusquement les
yeux, nous les portions sur une surface blanche, nous
y verrons durant un instant très court l'image contem-
plée en imagination, mais avec la couleur complémentaire. Ce fait, remarque Wundt à qui nous l'emprun-
tons, prouve que l'opération nerveuse est la même dans
les deux cas, dans la perception et dans le souvenir [1].

Le nombre des faits et des inductions en faveur de
cette thèse est si grand qu'elle équivaut presque à une
certitude et qu'il faudrait des raisons bien puissantes
pour l'ébranler. En fait, il n'y a pas une mémoire,
mais des mémoires ; il n'y a pas un siège de la mémoire, mais des sièges particuliers pour chaque mémoire particulière. Le souvenir n'est pas, suivant l'expression vague de la langue courante, « dans l'âme » :
il est fixé à son lieu de naissance, dans une partie du
système nerveux.

Ceci posé, nous commençons à voir plus clair dans
le problème des conditions physiologiques de la mémoire. Pour nous, ces conditions sont les suivantes :

1° Une modification particulière imprimée aux éléments nerveux ;

2° Une association, une connexion particulière établie
entre un certain nombre de ces éléments.

On n'a pas donné à cette seconde condition l'importance qu'elle mérite, comme nous essayerons de le
montrer.

---

1. Pour plus de détails sur ce point, voir Bain, *Les sens et
l'intelligence*, trad. Cazelles, p. 304 et appendice D.

Pour nous en tenir, en ce moment, à la mémoire
organique, prenons l'un de ces mouvements automatiques secondaires qui nous ont servi de type, et considérons ce qui se passe pendant la période d'organisation : soit, par exemple, les mouvements des membres
inférieurs pendant la locomotion.

Chaque mouvement exige la mise en jeu d'un certain nombre de muscles superficiels ou profonds, de
tendons, d'articulations, de ligaments, etc. Ces modifications — au moins la plupart — sont transmises au
sensorium. Quelque opinion que l'on professe sur les
conditions anatomiques de la sensibilité musculaire, il
est certain qu'elle existe, qu'elle nous fait connaître la
partie de notre corps intéressée dans un mouvement
et qu'elle nous permet de le régler.

Que suppose ce fait? Il implique des modifications
reçues et conservées par un groupe déterminé d'éléments nerveux. « Il est évident, dit Maudsley (qui a si
bien étudié le rôle des mouvements chez l'homme), qu'il
y a dans les centres nerveux des résidus provenant
des réactions motrices. Les mouvements déterminés
ou effectués par un centre nerveux particulier, laissent, comme les idées, leurs résidus respectifs, qui, répétés plusieurs fois, s'organisent ou s'incarnent si bien
dans sa structure que les mouvements correspondants
peuvent avoir lieu automatiquement..... Quand nous
disons : une trace, un vestige ou un résidu, tout ce que
nous voulons dire c'est qu'il reste dans l'élément organisme un certain effet, un quelque chose qu'il retient
et qui le prédispose à fonctionner de nouveau de la
même manière [1]. » C'est cette organisation des « ré-

_____

1. Maudsley, *Physiologie de l'esprit*, trad. Herzen, p. 233 et 252.

sidus » qui, après la période de tâtonnement dont nous
avons parlé, nous rend aptes à accomplir nos mouvements avec une facilité et une précision croissantes,
jusqu'à ce qu'enfin ils deviennent automatiques.

En soumettant à l'analyse ce cas très vulgaire de
mémoire organique, nous voyons qu'il implique les
deux conditions mentionnées ci-dessus.

La première est une modification particulière imprimée aux éléments nerveux. Comme elle a été souvent signalée, nous nous y arrêterons peu. D'abord le
filet nerveux, vierge par hypothèse, recevant une impression toute nouvelle, garde-t-il une modification
permanente? Ce point est discuté. Les uns voient dans
les nerfs un simple conducteur dont la matière consti-
tuante, un moment troublée, revient à son état d'équilibre primitif. Que l'on explique la transmission par
des vibrations propagées le long du cylindre-axe ou
par une décomposition chimique de son protoplasma,
il est cependant difficile d'admettre qu'il n'en reste
rien. Sans insister, nous trouvons au moins dans la
cellule nerveuse l'élément qui, d'un commun accord,
reçoit, emmagasine et réagit. Or l'impression, une
fois reçue, la marque d'une empreinte. Par là, « il se
produit une aptitude et avec elle une *différenciation* de
l'élément, quoique nous n'ayons aucune raison de
croire qu'à l'origine cet élément différât des cellules
nerveuses homologues. » (Maudsley, *loc. cit.*, p. 252.)
« Toute impression laisse une certaine trace ineffaça-
ble, c'est-à-dire que les molécules, une fois arrangées
autrement et forcées de vibrer d'une autre façon, ne se
remettront plus exactement dans l'état primitif. Si j'ef-
fleure la surface d'une eau tranquille avec une plume,
le liquide ne reprendra plus la forme qu'il avait aupa-

ravant; il pourra de nouveau présenter une surface tranquille, mais des molécules auront changé de place, et un œil suffisamment pénétrant y découvrirait certainement l'événement du passage de la plume. Des molécules animales dérangées ont donc acquis par là un degré plus ou moins faible d'aptitude à subir ce dérangement. Sans doute, si cette même activité extérieure ne vient plus agir de nouveau sur ces mêmes molécules, elles tendront à reprendre leur mouvement naturel ; mais les choses se passeront tout autrement si elles subissent à plusieurs reprises cette même action Dans ce cas, elles perdront peu à peu la faculté de revenir à leur mouvement naturel et s'identifieront de plus en plus avec celui qui leur est imprimé, au point qu'il leur deviendra naturel à son tour et que plus tard elles obéiront à la moindre cause qui les mettra en branle [1]. »

Il est impossible de dire en quoi consiste cette modification. Ni le microscope ni les réactifs, ni l'histologie ni l'histochimie ne peuvent nous l'apprendre ; mais les faits et le raisonnement nous démontrent qu'elle a lieu.

La deuxième condition, qui consiste dans l'établissement d'associations stables entre divers groupes d'éléments nerveux, n'a pas jusqu'ici attiré l'attention. Je ne vois pas que les auteurs même contemporains en aient signalé l'importance. C'est cependant une conséquence nécessaire de leur thèse sur le siège de la mémoire.

Quelques-uns semblent admettre, au moins implicitement, qu'un souvenir, organique ou conscient, est

---

1. Delbœuf, *Théorie générale de la sensibilité*, p. **60**.

imprimé dans une cellule unique, qui, avec ses filets
nerveux, aurait en quelque sorte le monopole de sa
conservation et de sa reproduction. Je crois que ce qui
a contribué à cette illusion, c'est l'artifice de langage
qui nous fait considérer un mouvement, une perception, une idée, une image, un sentiment, comme *une*
chose, comme une *unité*. La réflexion montre pourtant
bien vite que chacune de ces prétendues unités est
composée d'éléments nombreux et hétérogènes ; qu'elle
est une association, un groupe, une fusion, un complexus, une *multiplicité*. Revenons à l'exemple déjà
pris : un mouvement de locomotion. Il peut être considéré comme un réflexe d'un ordre très compliqué,
dont le contact du pied avec le sol est, à chaque moment, l'impression initiale.

Prenons d'abord ce mouvement sous sa forme complète. Le point de départ est-il un acte volontaire ?
Alors l'impulsion née, d'après Ferrier, dans une région
particulière de la couche corticale, traverse la substance blanche, atteint les corps striés, parcourt les
pédoncules, la protubérance, la structure compliquée
du bulbe, où elle passe de l'autre côté du corps, redes-
cend le long des cordons antéro-latéraux de la moelle
jusqu'à la région lombaire, de là le long des nerfs moteurs jusqu'aux muscles. Cette transmission est accompagnée ou suivie d'un retour vers les centres à
travers les cordons postérieurs de la moelle et la substance grise, le bulbe, l'isthme de l'encéphale, la couche optique et la substance blanche, jusqu'à l'écorce
cérébrale. Prenons ce mouvement sous sa forme
abrégée, — la plus ordinaire, — celle qui a un caractère automatique. Dans ce cas, d'après l'hypothèse
généralement admise, le trajet va seulement de la pé-

riphérie aux ganglions cérébraux, pour revenir à la
périphérie, la partie supérieure du cerveau restant
désintéressée.

Ce trajet dont nous avons indiqué grossièrement les
principales étapes et dont les plus savants anatomistes
sont loin de connaître tous les détails, suppose la mise
en activité d'éléments nerveux, très nombreux en ce
qui concerne la quantité, très différents en ce qui concerne la qualité. Ainsi les nerfs moteurs et sensitifs
diffèrent par leur constitution histologique des nerfs de
la moelle et du cerveau. Les cellules diffèrent entre
elles par le volume, par la forme (fusiformes, géantes,
pyramidales, etc.), par l'orientation, par le nombre de
leurs prolongements, par leur position dans les diverses parties de l'axe cérébro-spinal, puisqu'elles sont
répandues depuis l'extrémité inférieure de la moelle
jusqu'aux couches corticales. Tous ces éléments jouent
leur partie dans ce concert. Si le lecteur veut bien
jeter les yeux sur quelques planches anatomiques et
sur quelques préparations histologiques, il se fera
une idée approximative de la somme inouïe d'éléments nerveux nécessaires pour produire un mouvement et par conséquent pour le conserver et le reproduire.

Nous croyons donc de la plus haute importance d'attirer l'attention sur ce point : que la mémoire organique ne suppose pas seulement une modification des
éléments nerveux, *mais la formation entre eux d'associations déterminées pour chaque événement particulier*,
l'établissement de certaines *associations dynamiques*
qui, par la répétition, deviennent aussi stables que les
connexions anatomiques primitives. A nos yeux, ce qui
importe, comme base de la mémoire, ce n'est pas seu-

lement la modification imprimée à chaque élément,
mais la manière dont plusieurs éléments se groupent
pour former un complexus.

Ce point étant pour nous d'une importance capitale,
nous ne craindrons pas d'y insister. D'abord, on peut
remarquer que notre hypothèse — conséquence nécessaire de ce qui est admis sur le siège de la mémoire —
simplifie certaines difficultés en paraissant les compli-
quer. On s'est demandé si chaque cellule nerveuse peut
conserver plusieurs modifications différentes, ou si,
une fois modifiée, elle est pour jamais polarisée. Naturellement, on en est réduit à des conjectures. On peut
penser toutefois sans témérité que, si elle est capable
de plusieurs modifications, le nombre doit en être
limité. On peut même admettre qu'elle n'en garde
qu'une. Le nombre des cellules cérébrales étant de
600 000 000, d'après les calculs de Meynert (et sir Lio-
nel Beale donne un chiffre beaucoup plus élevé),
l'hypothèse d'une impression unique n'a rien d'inac-
ceptable. Mais cette question est pour nous d'un
intérêt secondaire ; car, même en admettant la dernière hypothèse, — la plus défavorable pour expliquer
le nombre et la complexité des souvenirs organisés, —
nous ferons remarquer que cette modification unique,
pouvant entrer dans des combinaisons différentes, peut
produire des résultats différents. Il ne faut pas tenir
compte seulement de chaque facteur pris individuellement, mais de leurs rapports entre eux et des combinaisons qui en résultent. On peut comparer la cellule
modifiée à une lettre de l'alphabet ; cette lettre, tout
en restant la même, a concouru à former des millions
de mots dans les langues vivantes ou mortes. Par des
groupements, les combinaisons les plus nombreuses et

les plus complexes peuvent naître d'un petit nombre
d'éléments.

Pour en revenir à notre exemple de la locomotion,
la mémoire organique qui lui sert de base consiste en
une modification particulière d'un grand nombre d'éléments nerveux. Mais plusieurs de ces éléments ainsi
modifiés peuvent servir à une autre fin, entrer dans
d'autres combinaisons, faire partie d'une autre mémoire. Les mouvements secondaires automatiques qui
constituent la natation ou la danse supposent certaines
modifications des muscles, des articulations déjà usi-
tées dans la locomotion, déjà enregistrées dans certains éléments nerveux : ils trouvent, en un mot, une
mémoire déjà organisée, dont ils détournent plusieurs
éléments à leur profit, pour les faire entrer dans une
nouvelle combinaison et concourir à former une autre
mémoire.

Remarquons encore que la nécessité d'un grand
nombre de cellules et de filets nerveux pour la conservation et la reproduction d'un mouvement, même relativement simple, implique une possibilité plus grande
de permanence et de réviviscence; par suite du nombre des éléments et de la solidarité qui s'établit entre
eux, les chances de résurrection augmentent, chacun
pouvant contribuer à raviver tous les autres.

Enfin notre hypothèse s'accorde avec deux faits
d'observation courante :

1° Un mouvement acquis, bien fixé dans l'organisme, bien *retenu*, est très difficilement remplacé par
un autre, ayant à peu près le même siège, mais supposant un mécanisme différent. Il s'agit, en effet, de
défaire une association pour en faire une autre ; de
briser des rapports établis pour en nouer des nouveaux.

2° Il arrive quelquefois que, au lieu d'un mouvement accoutumé, nous produisons involontairement
un autre mouvement accoutumé : ce qui s'explique
parce que, les mêmes éléments entrant dans des combinaisons différentes, pouvant susciter des décharges
en divers sens, il suffit de circonstances infiniment
petites pour mettre en activité un groupe au lieu d'un
autre et produire en conséquence des effets différents.
C'est ainsi du moins que nous expliquons le fait suivant, rapporté par Lewes (ouvrage cité, p. 128) : « Je
racontais un jour une visite à l'Hôpital des épileptiques et désirant nommer l'ami qui m'accompagnait et
qui était le Dr Bastian, je dis le Dr Brinton; je me re-
pris immédiatement en disant le Dr Bridges; je me re-
pris encore pour prononcer enfin le Dr Bastian. Je ne
faisais aucune confusion quant aux personnes; mais,
ayant imparfaitement ajusté les groupes de muscles
nécessaires pour l'articulation d'un nom, le seul élément commun à ce groupe et aux autres, savoir le B,
a servi à les rappeler tous trois. » Cette explication
nous paraît parfaitement exacte, et nous pouvons encore avec l'auteur noter un fait bien connu qui vient à
l'appui de notre thèse : « Qui ne sait que lorsque nous
cherchons à nous rappeler un nom et que nous avons
le sentiment qu'il commence par une certaine lettre,
en conservant constamment cette lettre dans l'esprit,
le groupe entier finit par surgir, sans qu'il soit d'ailleurs nécessaire que cette lettre soit toujours présente
à la conscience. » Une remarque analogue peut être
faite pour les mouvements acquis qui constituent l'écriture. C'est une méprise que j'ai observée souvent sur
moi-même surtout lorsque j'écris vite et que j'ai la
tête embarrassée; elle est si courte, si vite réparée et

si vite oubliée, que j'ai dû en noter plusieurs immédiatement. En voici des exemples : Voulant écrire « doit
de bonnes », j'écris « donne ». Voulant écrire « ne *pas*
faire une part », j'écris « ne *part* faire », etc., etc. Évidemment, dans le premier cas la lettre D et dans le
second, la lettre P (j'entends par lettre l'état psychophysiologique qui sert de base à leur conception et à
leur reproduction graphique) ont suscité un groupe au
lieu d'un autre groupe; et cette confusion était d'autant plus facile que le reste des groupes *onne*, *art* était
déjà éveillé dans la conscience. Je ne doute pas que
ceux qui prendront la peine de s'observer à ce point
de vue ne constatent que c'est un fait fréquent.

Ce qui précède est une hypothèse, ne l'oublions
pas; mais elle paraît conforme aux données scientifiques, elle rend compte des faits. Elle nous permet de
nous représenter sous une forme assez nette les bases
de la mémoire organique, de ces mouvements acquis
qui constituent la mémoire de nos divers organes, de
nos yeux, de nos mains, de nos membres supérieurs et
inférieurs. Ces bases ne consistent pas pour nous en
un enregistrement tout mécanique, ni, suivant la comparaison accoutumée, en une empreinte qui serait
conservée on ne sait où, semblable à l'image de la clef
dont il était question plus haut. Ce sont des métaphores de l'ordre physique, qui ne sont pas à leur
place ici. La mémoire est un fait biologique. Une mémoire riche et bien fournie n'est pas une collection
d'empreintes, mais un ensemble d'associations **dynamiques très stables et très promptes à s'éveiller.**

II

Nous allons étudier maintenant une forme plus complexe de la mémoire, celle qui est accompagnée de faits de conscience, que la langue usuelle et même celle des psychologues considère comme la mémoire tout entière. Il s'agit de voir en quelle mesure ce qui a été dit de la mémoire organique lui est applicable et ce que la conscience y ajoute.

En passant du simple au complexe, de l'inférieur au supérieur, d'une forme stable à une forme instable de la mémoire, nous ne pouvons échapper à une question préalable, celle des rapports de l'inconscient et de la conscience. Ce problème est tellement entouré d'obscurité naturelle et de mysticisme artificiel qu'il paraît difficile d'en dire quelque chose de clair et de positif. Nous l'essayerons.

Il est bien évident d'abord que nous n'avons pas à nous occuper de la métaphysique de l'inconscient, telle que Hartmann ou tout autre l'ont comprise. Nous commencerons même par déclarer que nous ne voyons aucune manière d'expliquer le passage de l'inconscient à la conscience. On peut faire là-dessus des hypothèses ingénieuses, plausibles; rien de plus. D'ailleurs, la psychologie comme science de faits n'a pas à s'en inquiéter. Elle prend les états de conscience à titre de données, sans s'occuper de leur genèse. Tout ce qu'elle peut faire, c'est de déterminer quelques-unes de leurs conditions d'existence.

La première de ces conditions, c'est le mode d'activité du système nerveux que les physiologistes dési-

gnent sous le nom de décharge nerveuse. Mais la
plupart des états nerveux ne font pas naître la conscience ou n'y contribuent que très rarement et d'une
manière indirecte : par exemple, les excitations et
les décharges dont le grand sympathique est le siège ;
l'action normale des nerfs vaso-moteurs ; un grand
nombre de réflexes, etc. D'autres sont accompagnés
par la conscience d'une manière intermittente ; ou
bien, après avoir été conscients pendant la première
période de la vie, cessent de l'être à l'état adulte
(exemple, les actions automatiques secondaires dont
nous avons parlé). L'activité nerveuse est beaucoup
plus étendue que l'activité psychique : toute action
psychique suppose une action nerveuse, mais la réci-
proque n'est pas vraie. Entre l'activité nerveuse qui
n'est jamais (ou presque jamais) accompagnée de conscience et l'activité nerveuse qui l'est toujours (ou
presque toujours), il y a celle qui l'est quelquefois.
C'est dans ce groupe de faits qu'il faut étudier l'inconscient.

Avant d'en venir à des conclusions plus nettes et
plus solides sur ce sujet, notons encore deux conditions
d'existence de la conscience : l'intensité et la durée.

1° L'intensité est une condition d'un caractère très
variable. Nos états de conscience luttent sans cesse
pour se supplanter ; mais la victoire peut également
résulter de la force du vainqueur ou de la faiblesse des
autres lutteurs. Nous savons — et c'est un point que
l'école de Herbart a très bien élucidé — que l'état le
plus vif peut continuellement décroître jusqu'au moment où il tombe « au-dessous du seuil de la conscience », c'est-à-dire où l'une de ses conditions d'existence fait défaut. On est bien fondé à dire que la

conscience a tous les degrés possibles si petits qu'on voudra, à admettre en elle des modalités infimes — ces états que Maudsley appelle subconscients ; — mais rien n'autorise à dire que cette décroissance n'a pas de limite, bien qu'elle nous échappe.

2° On ne s'est guère occupé de la *durée*, comme condition nécessaire de la conscience. Elle est pourtant capitale. Ici, nous pouvons raisonner sur des données précises. Les travaux poursuivis depuis une trentaine d'années ont déterminé le temps nécessaire pour les diverses perceptions (son $= 0''{,}16$ à $0''{,}14$; tact $= 0''{,}21$ à $0''{,}18$; lumière $= 0''{,}20$ à $0'{,}22$) pour l'acte de discernement le plus simple, le plus voisin du réflexe ($= 0''{,}02$ à $0''{,}04$). Bien que les résultats varient suivant les expérimentateurs, suivant les personnes, suivant les circonstances et la nature des actes psychiques étudiés, il est du moins établi que chaque acte psychique requiert une durée appréciable et que la prétendue vitesse infinie de la pensée n'est qu'une métaphore. Ceci posé, il est clair que toute action nerveuse dont la durée est inférieure à celle que requiert l'action psychique, ne peut éveiller la conscience. A cet égard, il est instructif de rapprocher l'acte nerveux accompagné de conscience du pur réflexe. D'après Exner [1], le temps physiologique nécessaire pour un réflexe serait de $0''{,}0662$ à $0''{,}0578$, nombre très inférieur à ceux que nous avons donnés ci-dessus pour les divers ordres de perceptions. Si, comme le dit Herbert Spencer, l'aile d'un moucheron donne dix ou quinze mille coups

1. *Pflüger's Archiv*, VIII (1874), p. 526. La durée des réflexes varie suivant la force de l'excitation, suivant le sens longitudinal ou transversal de la transmission dans la moelle. Cette question est d'ailleurs loin d'être élucidée.

par seconde [1] et que chaque coup implique une action nerveuse séparée, nous y trouvons l'exemple d'un état nerveux dont la rapidité confond et en comparaison duquel l'état nerveux qui est accompagné de conscience occupe un temps énorme. Il résulte de ce qui précède que tout état de conscience occupant nécessairement une certaine durée, une condition essentielle de la conscience manque, dès que la durée du processus nerveux tombe au-dessous de ce minimum [2]

Bornons-nous à ces remarques et concluons. La question de l'inconscient n'est si vague, si embarrassée d'opinions contradictoires que parce qu'elle est mal posée. Si l'on considère la conscience comme une essence, comme une propriété fondamentale de l'âme, tout devient obscur; si on la considère comme un phénomène qui a ses conditions d'existence propres, tout devient clair et l'inconscient ne présente plus rien de mystérieux. Il ne faut jamais oublier que l'état de conscience est un événement complexe qui suppose un état particulier du système nerveux; que cette action nerveuse *n'est pas un accessoire, mais une partie intégrante de l'événement;* qu'il en est la base, la condition

---

1. *Principes de psychologie*, I, 220. D'après les travaux de Marey, l'aile d'une mouche bat seulement 330 fois par seconde. Ces divergences ne changent rien à la validité de notre raisonnement.

2. Les travaux sur la durée des actes psychiques peuvent jeter un jour nouveau sur quelques faits de notre vie mentale. Ainsi, selon moi, ils contribuent à expliquer le passage du conscient à l'inconscient, dans l'habitude. Un acte est exécuté d'abord lentement et avec conscience ; par la répétition, il devient plus facile et plus rapide ; c'est-à-dire que le processus nerveux qui lui sert de base, trouvant les voies toutes tracées, se fait vite et peu à peu tombe au-dessous du minimum de durée nécessaire à la conscience.

fondamentale; que, dès qu'il se produit, l'événement existe en lui-même; que dès que la conscience s'y ajoute, l'événement existe pour lui même; que la conscience le complète, l'achève, mais ne le constitue pas. Si l'une des conditions du phénomène-conscience manque, soit l'intensité, soit la durée, soit d'autres que nous igno-rons; une partie de ce tout complexe — la conscience — disparaît; une autre partie — le processus nerveux — subsiste. Il ne reste de l'événement que sa phase pu-rement organique. Rien d'étonnant donc si plus tard les résultats de ce travail cérébral se retrouvent : il a eu lieu en fait, quoique rien ne l'ait constaté.

Ceci compris, tout ce qui tient à l'activité incon-sciente perd son caractère mystérieux et s'explique avec la plus grande facilité; par exemple : les irruptions soudaines de souvenirs qui ne paraissent suscités par aucune association et qui nous surviennent à chaque instant dans la journée; les leçons d'écoliers lues la veille et apprises le lendemain; les problèmes long-temps ruminés dont la solution jaillit brusquement dans la conscience; les inventions poétiques, scienti-fiques, mécaniques; les sympathies et antipathies se-crètes, etc., etc. La cérébration inconsciente fait son œuvre sans bruit, met de l'ordre dans les idées ob-scures. Dans un cas curieux cité par Carpenter, un homme avait une vague conscience du travail qui se passait dans son cerveau, sans atteindre le degré d'une conscience distincte : « Un homme d'affaires de Boston m'a dit que, étant occupé d'une affaire très importante, il l'avait abandonnée pendant une semaine, comme au-dessus de ses forces. Mais il avait conscience d'une action qui se passait dans son cerveau et qui était si pénible, si extraordinaire, qu'il craignit d'être menacé

RIBOT. — Mémoire.   2

de paralysie ou de quelque accident semblable ; après quelques heures passées dans cet état incommode, ses perplexités disparurent, la solution qu'il cherchait se présenta d'elle-même, naturellement : durant cet intervalle troublé et obscur, elle s'était élaborée [1]. »

En résumé, nous pouvons nous représenter le système nerveux comme traversé par de perpétuelles décharges. Parmi ces actions nerveuses, les unes répondent au rhythme incessant des actions vitales ; d'autres, en bien petit nombre, à la succession des états de conscience ; d'autres en bien plus grand nombre constituent la cérébration inconsciente. Les 600 millions (ou 1 200 millions) de cellules et les 4 ou 5 milliards de fibres, même en déduisant celles qui sont au repos ou qui restent inoccupées toute la vie, offrent un assez beau contingent d'éléments actifs. L'encéphale est comme un laboratoire plein de mouvement où mille travaux se font à la fois. La cérébration inconsciente, n'étant pas soumise à la condition du temps, ne se faisant pour ainsi dire que dans l'espace, peut agir dans plusieurs endroits à la fois. La conscience est l'étroit

---

1. Carpenter, *Mental Physiology*, p. 533. Le chapitre XIII tout entier contient des faits intéressants sur la cérébration inconsciente. Un mathématicien ami de l'auteur s'était occupé d'un problème géométrique dont il avait entrevu la solution. Il y revint plusieurs fois sans succès. Plusieurs années après, la solution se présenta à lui si brusquement « qu'il fut saisi de tremblement, comme si un autre lui avait communiqué son propre secret » (p. 536). Si l'on veut se donner le spectacle d'un esprit puissant et pénétrant embarrassé par une mauvaise méthode, il faut lire la très remarquable étude sur la *Latency* de sir William Hamilton (*Lectures on metaphysics*, t. I, lect. XVIII). Avec sa théorie des facultés de l'âme et son oubli voulu de toute physiologie, il ne parvient à sortir d'aucune difficulté.

guichet par où une toute petite partie de ce travail nous
apparaît.

Nous venons de voir en quoi consiste le rapport de
la conscience à l'inconscient; nous sommes fixés par
là même sur le rapport de la mémoire psychique à la
mémoire organique : ce n'est qu'un cas particulier.
D'une manière générale, ce qui a été dit de la mémoire
physiologique s'applique à la mémoire consciente; il
n'y a qu'un facteur en plus. Il est utile cependant de
reprendre la question à nouveau et en détail.
    Nous avons encore ici à examiner deux choses : les
résidus et leurs groupements.
    I. Les anciennes théories sur la mémoire, ne l'ayant
guère considérée que sous son aspect psychologique,
lui ont donné pour unique base des « vestiges », des
« traces », des « résidus » et ont eu le tort d'employer
souvent ces termes dans un sens équivoque. Tantôt il
s'agit d'empreintes matérielles dans le cerveau, tantôt
de modifications latentes conservées dans « l'âme ».
Ceux qui ont adopté cette dernière opinion restaient
dans la logique. Mais cette thèse, quoiqu'elle compte
beaucoup de partisans parmi ceux qui s'abstiennent
de physiologie, est insoutenable. Un état de conscience
qui n'est plus conscient, une représentation qui n'est
plus représentée est un pur *flatus vocis*. Retrancher
d'une chose ce qui en constitue la réalité, c'est la
réduire à un possible; c'est dire que, lorsque ses conditions d'existence reparaîtront, elle reparaîtra : ce
qui nous ramène à la thèse exposée plus haut sur l'inconscient.
    Pour nous, la question des « résidus psychologiques »

est résolue d'avance : si tout état de conscience implique
à titre de partie intégrante une action nerveuse, et, si
cette action modifie les centres nerveux d'une manière
permanente, l'état de conscience s'y trouve inscrit par là
même. On peut objecter, à la vérité, que l'état de conscience implique une action nerveuse et quelque chose
en plus. Peu nous importe. Si l'état nerveux primitif —
celui qui répond à la perception — a suffi à susciter
ce quelque chose en plus ; l'état nerveux secondaire —
celui qui répond au souvenir — y suffit également. Les
conditions sont les mêmes dans les deux cas, et la solution de cette difficulté, si elle est possible, incombe à
une théorie de la perception, non à une théorie de la
mémoire.

Ce résidu psychophysiologique, nous pouvons l'appeler avec Wundt une *disposition* et faire remarquer avec
lui en quoi il diffère d'une empreinte. « Des analogies
tirées du domine physiologique font ressentir cette différence. Dans l'œil qui a été exposé à une lumière intense,
l'impression reçue persiste sous la forme d'une image
consécutive. L'œil qui chaque jour compare et mesure
des distances et des relations dans l'espace gagne de
plus en plus en précision. L'image consécutive est une
empreinte ; l'accommodation de l'œil, sa faculté des
mesures est une disposition fonctionnelle. Il se peut
que, dans l'œil non exercé, la rétine et les muscles
soient constitués comme dans l'œil exercé ; mais il y a
dans le second une disposition bien plus marquée que
dans le premier. Sans doute on peut dire que l'accou-
tumance physiologique des organes repose moins sur
leurs changements proprement dits que sur les empreintes qui restent dans leurs centres nerveux. Mais
toutes les études physiologiques relatives aux phé-

nomènes d'habitude, d'adaptation à des conditions données, etc., montrent que là même les empreintes consistent essentiellement en des dispositions fonctionnelles [1]. »

II. Ces considérations nous conduisent au point sur lequel nous voulons insister. Les associations dynamiques des éléments nerveux jouent un rôle bien plus important encore dans la mémoire de la conscience que dans celle des organes. Nous pourrions répéter ce qui a été dit plus haut; mais cet aspect de la question a été si peu étudié qu'il est préférable de le reprendre sous une autre forme.

Chacun de nous trouve dans sa conscience un certain nombre de souvenirs : des images d'hommes, d'animaux, de villes, de campagnes, des connaissances scientifiques, historiques, des langues, etc. Ces souvenirs nous reviennent sous la forme de séries plus ou moins longues. La formation de ces séries a été très bien expliquée par les lois d'association entre les états de conscience : nous n'avons rien à en dire. Ce qui nous intéresse, ce ne sont pas les séries, mais leurs termes. Nous cherchons l'état de conscience simple, afin de montrer quelle complexité il suppose.

Prenons donc un de ces termes : la mémoire d'une pomme. A en croire le verdict de la conscience, c'est un fait simple. La physiologie nous montre que ce verdict est une illusion. La mémoire d'une pomme est nécessairement la forme affaiblie de la perception d'une pomme. Que suppose cette perception? Une modification de la rétine, terminaison nerveuse d'une structure si compliquée, une transmission par le nerf

---

1. *Gruudzüge der philosophischen Psychologie*, p. 791.

optique, les corps genouillés jusqu'aux tubercules qua-
drijumeaux, de là aux ganglions cérébraux (couche
optique?) puis, à travers la substance blanche aux
couches corticales (dans la région du pli courbe, d'après
Ferrier). Cela suppose la mise en activité de bien des
éléments divers, épars sur un long trajet. Mais ce n'est
pas tout. Il ne s'agit pas d'une simple sensation de
couleur. Nous voyons, ou nous imaginons, la pomme
comme un objet solide, ayant une forme sphérique.
Ces jugements résultent de l'exquise sensibilité musculaire de notre appareil visuel et de ses mouvements.
Or les mouvements de l'œil sont réglés par plusieurs
nerfs : le pathétique, le moteur oculaire commun, le
moteur oculaire externe. Chacun de ces nerfs aboutit
à un point particulier du bulbe, rattaché lui-même
par un long trajet à l'écorce du cerveau où se forment
ce que Maudsley appelle les intuitions motrices. Nous
indiquons en gros. Pour les détails, on peut consulter
les traités d'anatomie et de physiologie. On se fera une
idée du nombre prodigieux de filets nerveux et de
cellules disséminées en îlots et en archipels dans les
diverses parties de l'axe cérébro-spinal, qui servent
de base à cet état psychique — la mémoire d'une
pomme — que la double illusion de la conscience et
du langage nous fait considérer comme simple.

Dira-t-on qu'une perception visuelle est très complexe et prouve trop en faveur de notre thèse? Prenons la mémoire d'un mot. S'il s'agit du mot écrit, c'est
une mémoire visuelle, qui se rapproche du cas précédent. S'il s'agit du mot parlé, nous trouvons une complexité tout aussi grande. Le langage articulé suppose
l'intervention du larynx, du pharynx, de la bouche,
des fosses nasales et par conséquent de plusieurs nerfs

qui ont leurs centres dans diverses parties du bulbe : le spinal, le facial, l'hypoglosse. Si l'on attribue un rôle aux impressions auditives dans la mémoire des mots, c'est une complication encore plus grande. Enfin le centre bulbaire doit être lui-même relié à la circonvolution de Broca et à la région de l'*insula*, considérées universellement comme le centre psychique de la parole. On voit que ce cas ne diffère du précédent ni en nature ni en complexité, et que la mémoire de chaque mot doit avoir pour base une association déterminée d'éléments nerveux [1].

Inutile d'insister : de ce qui précède ressort assez l'importance de ces associations, que j'appellerai les *bases dynamiques* de la mémoire, les modifications imprimées·aux éléments étant les bases statiques. On fera peut-être remarquer que nos exemples supposent des cas encore plus simples. Cela est vrai, mais nous n'avons pas à nous en occuper. Ce que la mémoire conserve et reproduit, ce sont des états de conscience concrets, réels; nous avions donc à les considérer comme tels et à choisir nos exemples dans cet ordre de faits. Que l'analyse physiologique et l'analyse idéologique, chacune de leur côté, descendent jusqu'aux éléments ultimes, c'est une œuvre utile pour expliquer la genèse des états de conscience : ici, nous les considérons tout formés. Quand nous commençons à parler, nous employons quelques mots simples, plus tard des

1. Forbes Winslow (*On the obscure Diseases of the Brain and Disorders of the Mind*), p. 257, 4ᵉ édition, cite le cas d'un soldat qui, ayant subi l'opération du trépan, perdit quelques portions de son cerveau. On s'aperçut quelque temps après qu'il avait oublié les nombres *cinq* et *sept*, et cela seulement. Il recouvra la mémoire de ces deux nombres au bout de quelque temps.

lambeaux de phrase. Nous ignorons longtemps que
ces mots supposent des éléments plus simples; beaucoup l'ignorent toujours. La conscience qui est une
parole intérieure, procède de même. Ce qui est simple
pour elle est composé pour l'analyse. Mais il n'est pas
douteux que ces états simples, qui sont l'alphabet de la
conscience, supposent eux-mêmes pour leur conservation et leur reproduction certains complexus nerveux. Les faits que nous avons cités plus haut (p. 19)
relativement à des lettres et à des syllabes en donnent
la preuve. En voici un autre plus curieux. « Un homme
très instruit, dit Forbes Winslow, après une attaque de
fièvre aiguë, perdit absolument la connaissance de la
lettre F [1]. »

Si donc nous essayons de nous représenter une
bonne mémoire et de traduire cette expression en termes physiologiques, nous devons nous figurer un grand
nombre d'éléments nerveux, chacun modifié d'une
manière particulière, chacun faisant partie d'une association et probablement apte à entrer dans plusieurs,
chacune de ces associations renfermant les conditions
d'existence des états de conscience. La mémoire a donc
des bases statiques et des bases dynamiques. Sa puissance est en raison de leur nombre et de leur stabilité.

III

Nous allons étudier maintenant le caractère propre
de la mémoire psychique, celui qui n'appartient qu'à

---

1. Ouvrage cité, p. 258. L'auteur ne nous dit pas s'il s'agit de
l'articulation ou du signe écrit ou des deux; ni si le malade
guérit.

elle, qui, sans rien changer à sa nature ni à ses conditions organiques, en fait la forme la plus complexe,
la plus haute et la plus instable de la mémoire. Ce
caractère dans la langue de l'école s'appelle la « reconnaissance ». Je l'appellerai la localisation dans le temps,
parce que ce terme n'implique aucune hypothèse et
qu'il n'est que la simple expression des faits.

Il est peu de questions que la méthode des « facultés » ait embarrassées de plus de difficultés et d'explications factices. Il sera donc bon de dire d'abord en
peu de mots comment, pour nous, la question se pose
et se résout.

La localisation dans le temps (par exemple, se rappeler que tel accident nous est arrivé à telle époque et en
tel endroit) n'est pas un acte primitif. Elle suppose,
outre l'état de conscience principal, des états secondaires variables en nombre et en degré qui, groupés
autour de lui, le déterminent. Pour nous, ce qui explique le mieux le mécanisme de la « reconnaissance »,
c'est le mécanisme de la vision.

La distinction entre les perceptions primitives et les
perceptions acquises de la vue est devenue courante
depuis Berkeley. On sait que la donnée primitive, c'est
la surface colorée ; que les données secondaires sont la
direction, l'éloignement, la forme, etc. ; que la première
dépend surtout de la sensibilité de la rétine ; que les secondes dépendent surtout de la sensibilité musculaire
de l'œil ; que par l'habitude le primitif et l'acquis se
sont si bien fondus que, pour le sens commun, il n'y
a là qu'un acte simple, immédiat, quoique l'analyse,
les expériences, les cas pathologiques prouvent le contraire. — De même pour la mémoire. L'état de conscience primitif est d'abord donné comme simplement

existant ; les états de conscience secondaires qui n'y
ajoutent et qui consistent en rapports et en jugements,
le localisent à une certaine distance dans la durée, en
sorte que nous pouvons définir la mémoire : *une
vision dans le temps.*

Cette opération que, pour des raisons de clarté,
nous venons d'indiquer en gros, doit être maintenant
étudiée de près et en détail.

L'explication théorique de la localisation dans le
temps a pour point de départ la loi énoncée par
Dugald Stewart et si bien mise en lumière par Taine :
« Les actes d'imagination sont toujours accompagnés
d'une croyance (au moins momentanée) à l'existence
réelle de l'objet qui les occupe [1]. » Cette croyance,
qui existe à son plus haut degré dans l'hallucination,
dans le vertige, dans le rêve (faute de perceptions
réelles qui la corrigent), existe, bien qu'à un degré
moindre, pour tous les états de conscience. Je ne parlerai pas du mécanisme par lequel l'état de conscience
est dépouillé de sa réalité objective et réduit à une
pure conception de l'esprit. Je renvoie aux explications que M. Taine en a données [2].

Toutefois ce n'est pas là un souvenir. Tant qu'une
image, quel qu'en soit le contenu (qu'elle représente
une maison, ou une invention mécanique, ou un sentiment), reste isolée et comme suspendue dans la conscience, sans rapport avec d'autres états qui ont pour
nous une place fixe, sans pouvoir être logée par nous

1. Dugald Stewart, *Philosophie de l'esprit humain*, trad. Peisse,
t. I, p. 177. — Taine, *De l'intelligence*, 1re partie, livre II, ch. I,
§ 3. On trouvera dans ce dernier livre un recueil de faits qui
ne laissent aucun doute sur ce point.
2. *De l'intelligence*, en particulier 2e partie, livre I, ch. II.

quelque part, nous n'y voyons qu'un état actuel. Mais parmi ces images quelques-unes ont la propriété, dès qu'elles entrent dans la conscience, de pousser des ramifications dans divers sens, de susciter des états qui les rattachent au présent et grâce auxquels elles nous apparaissent comme faisant partie d'une série plus ou moins longue qui aboutit au présent; en d'autres termes, elles sont localisées dans le temps.

Je ne rechercherai pas si c'est la mémoire qui rend l'idée du temps possible, ou si c'est l'idée du temps qui rend la mémoire possible; ni si le temps est une forme *a priori* de l'esprit; ni si elle est explicable par une genèse empirique. Ces questions relèvent d'une critique de la connaissance, non d'une psychologie empirique. Celle-ci n'a pas à s'occuper de ces débats critiques ou ontologiques. Elle constate à titre de fait que le temps implique la mémoire et que la mémoire implique le temps : cela lui suffit. Ce point admis, comment localisons-nous dans le temps?

Théoriquement, nous n'avons qu'une manière de procéder. Nous déterminons les positions dans le temps comme les positions dans l'espace par rapport à un point fixe, qui, pour le temps, est notre état présent. Remarquons que ce présent est' un état réel, qui a sa quantité de durée. Si bref qu'il soit, il n'est pas, comme les métaphores du langage portent à le croire, un éclair, un rien, une abstraction analogue au point mathématique : il a un commencement et une fin. De plus, son commencement ne nous apparaît pas comme un commencement absolu : il touche à quelque chose avec quoi il forme continuité. Quand nous lisons (ou entendons) une phrase, au cinquième mot, par exemple, il reste quelque chose du quatrième. Chaque état

de conscience ne s'efface que progressivement : il laisse
un prolongement analogue à ce que l'optique physiologique appelle une image consécutive (et mieux encore
dans d'autres langues : *after-sensation*, *Nachempf-
indung*). Par ce fait, le quatrième et le cinquième mot
sont en continuité, la fin de l'un touche le commencement de l'autre. C'est là le point capital. Il y a une
contiguité, non pas indéterminée, consistant en ce que
deux bouts *quelconques* se touchent; mais en ce que le
bout *initial* de l'état actuel touche le bout *final* de l'état
antérieur. — Si ce simple fait est bien compris, le mécanisme *théorique* de la localisation dans le temps l'est
du même coup, car il est clair que le passage régressif peut se faire également du quatrième mot au
troisième et ainsi de suite, et que, chaque état de conscience ayant sa quantité de durée, le nombre des états
de conscience ainsi parcourus régressivement et leur
quantité de durée donnent la position d'un état quelconque par rapport au présent, son éloignement dans
le temps. Tel est le mécanisme théorique de la localisation : une marche régressive qui, partant du présent, parcourt une série de termes plus ou moins
longue.

Pratiquement, nous avons recours à des procédés
plus simples et plus expéditifs. Nous faisons bien rarement cette course régressive à travers tous les intermédiaires, rarement à travers la plupart. Notre simplification consiste tout d'abord dans l'emploi de
points de repère. Je prends un exemple très vulgaire. Le
30 novembre, j'attends un livre dont j'ai grand besoin.
Il doit venir de loin, et l'expédition demande au moins
vingt jours. L'ai-je demandé en temps utile ? Après
quelques hésitations, je me souviens que ma demande

a été faite la veille d'un petit voyage dont je peux fixer la date d'une manière précise au dimanche 9 novembre. Dès lors, le souvenir est complet. Si l'on analyse ce cas, on voit que l'état de conscience principal — la demande du livre — est d'abord rejeté dans le passé d'une manière indéterminée. Il éveille des états secondaires : comparé à eux, il se place tantôt avant, tantôt après. « L'image voyage avec divers glissements en avant, en arrière sur la ligne du passé ; chacune des phrases prononcées mentalement a été un coup de bascule [1]. » A la suite d'oscillations plus ou moins longues, il trouve enfin sa place ; il est fixé, il est reconnu. Dans cet exemple, le souvenir du voyage est ce que j'appelle un point de repère.

J'entends par point de repère un événement, un état de conscience dont nous connaissons bien la position dans le temps, c'est-à-dire l'éloignement par rapport au moment actuel et qui nous sert à mesurer les autres éloignements. Ces points de repère sont des états de conscience qui par leur intensité luttent mieux que d'autres contre l'oubli, ou par leur complexité sont de nature à susciter beaucoup de rapports, à augmenter les chances de réviviscence. Ils ne sont pas choisis arbitrairement, ils s'imposent à nous. Ils ont une valeur toute relative. Ils sont tels pour une heure, tels pour un jour, pour une semaine, pour un mois; puis, mis hors d'usage, ils tombent dans l'oubli. Ils ont en général un caractère purement individuel, quelques-uns cependant sont communs à une famille,

1. Taine, *De l'intelligence*, 2ᵉ partie, livre I, ch. II, § 7. On y trouvera à propos d'un exemple analogue une excellente analyse qui nous dispense d'insister sur ce point.

RIBOT. — Mémoire. 3

à une petite société, à une nation. Si je ne me trompe,
ces points de repère forment, pour chacun de nous, diverses séries répondant à peu près aux divers événements
dont notre vie se compose : occupations journalières,
évènements de famille, occupations professionnelles,
recherches scientifiques, etc., ces séries étant d'autant
plus nombreuses que la vie de l'individu est plus va-
riée. Ces points sont comme des bornes kilométriques
ou des poteaux indicateurs placés sur des routes, qui,
partant d'un même point, divergent dans différentes
directions. Il y a toutefois cette particularité que ces
séries peuvent en quelque sorte se juxtaposer pour se
comparer entre elles.

Reste à montrer comment ces points de repère permettent de simplifier le mécanisme de la localisation.
L'événement que nous nommons point de repère, revenant par hypothèse très souvent dans la conscience,
est très souvent comparé au présent quant à sa position dans le temps, c'est-à-dire que les états intermédiaires qui les séparent sont éveillés plus ou moins
nettement. Il en résulte que la position du point de
repère est ou du moins semble (car nous verrons plus
tard que tout souvenir implique une illusion) de mieux
en mieux connue. Par la répétition, cette localisation
devient immédiate, instantanée, automatique. C'est un
cas analogue à la formation d'une habitude. Les intermédiaires disparaissent, parce qu'ils sont inutiles. La
série est réduite à deux termes, et ces deux termes
suffisent, parce que leur éloignement dans le temps est
suffisamment connu. Sans ce *procédé abréviatif*, sans
la disparition d'un nombre prodigieux de termes, la
localisation dans le temps serait très longue, très pénible, restreinte à d'étroites limites. Grâce à lui, au

contraire, dès que l'image surgit, elle comporte une première localisation tout instantanée, elle est posée entre deux jalons, le présent et un point de repère quelconque. L'opération s'achève après quelques tâtonnements, souvent laborieuse, infructueuse et peut-être jamais précise.

Si le lecteur veut bien étudier ses propres souvenirs, je ne pense pas qu'il élève d'objections sérieuses contre ce qui précède. Il remarquera de plus combien ce mécanisme ressemble à celui par lequel nous localisons dans l'espace. Là aussi, nous avons des points de repère, des procédés abréviatifs, des distances parfaitement connues que nous employons comme unités de mesure.

Il n'est pas inutile non plus de faire voir en quelques mots que la localisation dans l'avenir se fait par un mécanisme analogue. Notre connaissance de l'avenir ne peut être qu'une copie du passé. Je n'y trouve que deux catégories de faits : les uns qui sont une reproduction pure et simple de ce qui a eu lieu aux mêmes époques, dans les mêmes endroits, dans les mêmes circonstances ; les autres qui consistent en inductions, déductions, conclusions tirées du passé, mais produites par le travail logique de l'esprit. En dehors de ces deux catégories, tout est possible, mais tout est inconnu.

Évidemment, la première classe de faits est celle qui ressemble le plus à la mémoire, parce qu'elle est une simple reproduction de ce qui a été. Un homme a l'habitude d'aller tous les ans passer le mois de septembre dans une maison de campagne. En plein hiver, il la revoit avec ses alentours, ses habitants, son train de vie. Cette image flotte d'abord indéterminée ; elle est

également matière à souvenir et à avenir. D'abord elle
s'éloigne du présent, puis elle glisse après l'hiver, le
printemps, l'été; enfin elle se localise. Le cours de
l'année avec sa succession de saisons, de fêtes, ses
changements d'occupations, fournit des points de repère. Ce mécanisme ne diffère de celui de la mémoir
qu'en un point : c'est que nous passons du bout *final*
du présent au bout *initial* de l'état suivant. Nous n'allons pas, comme pour le souvenir, d'un commencement
à une fin, mais bien d'une fin à un commencement.
Nous parcourons, dans cet ordre invariable, théoriquement tous les états intermédiaires, pratiquement
quelques points de repère. Le mécanisme est donc
le même que pour la mémoire; seulement, il fonctionne dans un autre sens.

En somme, si nous laissons de côté les explications
verbales, nous trouvons que la « reconnaissance » n'est
pas une « faculté », mais un fait, et que ce fait résulte
d'une somme de conditions. Aussi la « reconnaissance », la localisation dans le temps varie au gré de
ces conditions à tous les degrés possibles. Au plus
haut degré sont les points de repère; au-dessous, des
souvenirs vifs, précis, casés presque aussi vite; au-
dessous, ceux qui causent des hésitations, exigent un
temps appréciable; plus bas encore, les reconnais-
sances laborieuses et qui n'aboutissent qu'à force
d'essais et de stratagèmes; enfin dans quelques cas, le
travail n'aboutit pas, et notre indécision se traduit par
des phrases de ce genre : « Il me semble que j'ai vu
cette figure! » — « Ai-je rêvé cela? » Encore un pas, et
la localisation est nulle; l'image, dépouillée de ses te-
nants et aboutissants, roule à l'état vagabond, sans feu
ni lieu. Il y a de nombreux exemples de ce dernier cas,

et ils se rencontrent là où l'on s'attendrait le moins à les trouver. Par l'effet de la maladie ou de la vieillesse, des hommes célèbres ne reconnaissent pas leurs œuvres les plus personnelles. A la fin de sa vie, Linné prenait plaisir à lire ses propres œuvres, et quand il était lancé dans cette lecture, oubliant qu'il en était l'auteur, il s'écriait : « Que c'est beau! que je voudrais avoir écrit cela! » — On raconte un fait analogue au sujet de Newton et de la découverte du calcul différentiel. — Walter Scott vieillissant était sujet à ces sortes d'oublis. On récita un jour devant lui un poème qui lui plut; il demanda le nom de l'auteur : c'était un chant de son *Pirate*. Ballantyne, qui lui a servi de secrétaire et a écrit sa vie, expose avec les détails les plus précis comment *Ivanhoe* lui fut en grande partie dicté pendant une maladie aiguë. Le livre était achevé et imprimé avant que l'auteur pût quitter le lit. Il n'en avait gardé aucun souvenir, sauf de l'idée-mère du roman, qui était antérieure à sa maladie.

Dans un cas cité par Forbes Winslow, l'image semble tout près d'être reconnue, localisée; elle est sur la limite, un appoint très minime aurait suffi, mais il a manqué : « Le poète Rogers, âgé de quatre-vingt-dix ans, se promenait en voiture avec une dame. Celle-ci l'interrogeait sur une autre dame dont il ne pouvait se souvenir. Il fit arrêter et appela le domestique : Est-ce que je connais Mme M....? — La réponse fut affirmative. Ce fut un moment pénible pour nous deux. Alors il me prit par la main et me dit : N'ayez souci, ma chère, je n'en suis pas encore réduit à faire arrêter la voiture pour demander si je vous connais [1]. »

1. Laycock, *A chapter on some organic laws of personal and ancestral memory*, p. 19; Carpenter, *Mental Physiology*, 444;

Un fait beaucoup plus instructif pour nous est rapporté par Macaulay dans l'un de ses *Essays* consacré à Wycherley. Sa mémoire, dit-il, était à la fois extrêmement puissante et extrêmement faible, au déclin de sa vie. Si on lui lisait quelque chose dans la soirée, il se réveillait le lendemain matin l'esprit plein des pensées et des expressions entendues la veille; et il les écrivait de la meilleure foi du monde, sans se douter qu'elles ne lui appartenaient pas. Ici le mécanisme de la mémoire est nettement scindé en deux : la pathologie nous en fait l'analyse. Interprétant ce cas d'après ce qui a été exposé plus haut, nous dirons : La modification imprimée aux cellules cérébrales a persisté; les associations dynamiques des éléments nerveux sont restées stables; l'état de conscience attaché à chacune d'elles a surgi; ces états de conscience se sont réassociés et reconstitués en séries (phrases ou vers). Puis l'opération mentale s'arrête brusquement. Ces séries n'éveillent aucun état secondaire; elles demeurent isolées, sans rapports qui les rattachent au présent et les en éloignent, sans rien qui les situe dans le temps. Elles restent à l'état d'images et elles semblent nouvelles, parce qu'aucun état concomitant ne leur imprime la marque du passé.

La localisation dans le temps est si peu un acte simple, primitif, instantané, que très souvent elle exige un intervalle appréciable, même pour la conscience. Dans les cas où elle paraît instantanée, sa rapidité est un résultat de l'habitude. L'œil juge de même la distance des objets, et il est probable que pour une

---

Ballantyne, *Life of Walter Scott*, ch. XLIV; Spring, *Symptomatologie*, t. II, p. 530; Forbes Winslow. Ouvrage cité, p. 247.

mémoire naissante, comme pour une vision naissante, nulle localisation n'est instantanée [1].

Nous n'avons trouvé, en définitive, dans la plus haute forme de la mémoire, qu'une opération nouvelle, la localisation dans le temps. Pour en finir, il nous reste à montrer le caractère *relativement illusoire* de cette opération.

Je me rappelle en ce moment sous une forme très vive une visite que j'ai faite il y a un an dans un vieux château de la Bohême. Cette visite avait duré deux heures. Aujourd'hui, je la refais facilement en imagination : j'entre par l'immense porte, je traverse dans leur ordre les cours, les galeries, les salles, les chapelles superposées; je revois leurs fresques et leurs décorations originales; je m'oriente assez bien dans le dédale de ce vieux château, jusqu'à ma sortie; mais il m'est impossible de me représenter la durée de cette visite comme égale aux deux heures qui viennent de s'écouler. Elle m'apparaît comme beaucoup plus courte et la différence sera bien plus grande encore si les deux heures qui finissent ont été dépensées dans quel-

---

1. Remarquons encore ce qui arrive pour les événements dont la répétition a été fréquente. J'ai fait une centaine de fois le voyage de Paris à Brest. Toutes ces images se recouvrent, forment une masse indistincte, à proprement parler un même état vague. Dans le nombre, les voyages liés à quelque événement important, heureux ou malheureux, m'apparaissent seuls comme des souvenirs : ceux-là seuls qui éveillent des états de conscience secondaires sont localisés dans le temps, sont reconnus. On a dû remarquer que notre explication du mécanisme de la « reconnaissance » s'accorde avec celle qui est donnée dans le traité de l'*Intelligence*, 2ᵉ partie, livre I, ch. ii, § 6.

que visite analogue ou dans quelque société agréable.
Si nous déclarons les deux périodes égales, c'est sur la
foi des horloges et malgré le témoignage de la conscience.

Tout souvenir, si net qu'il soit, subit un énorme
raccourcissement. Ce fait est indiscutable et il se produit
toujours. Des expériences scientifiques appliquées à des
cas très simples, où les chances d'erreur sont très petites, confirment cette loi. Vierordt a montré que, si
nous cherchons à nous représenter des fractions de
seconde, notre représentation de cette fraction de la
durée est toujours trop grande ; le contraire se produit
lorsqu'il s'agit de plusieurs minutes ou de plusieurs
heures. Pour étudier la durée de ces petits intervalles,
il faisait observer pendant quelque temps les battements d'un métronome ; puis l'observateur devait à
lui tout seul reproduire des battements aussi rapides
que ceux qu'il avait entendus. Or l'intervalle des battements imités devenait trop long quand l'intervalle
réel était court, trop court quand l'intervalle réel était
long [1].

Avec la complexité des états de conscience, l'erreur
augmente encore. Ce qu'il y a de plus embarrassant,
c'est que ce raccourcissement ne se fait suivant aucune
loi appréciable. On ne peut pas dire qu'il est propor-
tionnel à l'éloignement. On doit même dire qu'il ne
l'est pas. Si je me représente mes dix dernières années
par une ligne longue d'un mètre, la dernière année
s'étend sur trois ou quatre décimètres ; la cinquième,

1. Vierordt, *Der Zeitsinn nach Versuchen*, 36-111. Expériences
analogues de H. Weber sur les perceptions visuelles. *Tastsinn
und Gemeingefühl*, 87. Voir aussi *Handbuch der Physiologie*,
herausgegeben v. Hermann, 1879, t. II, 2ᵉ partie, p. 282.

riche en événements, s'étend sur deux décimètres ;
les huit autres se resserrent sur ce qui reste.

En histoire, la même illusion a lieu. Certains siècles
paraissent plus longs, et, si je ne me trompe, la période
qui va de nos jours à la prise de Constantinople paraît
plus longue que celle qui va de cet événement à la
première croisade, quoique les deux soient à peu près
égales chronologiquement. Cela vient probablement
de ce que la première période nous est mieux connue
et que nous y mêlons nos souvenirs personnels.

A mesure que le présent rentre dans le passé, les
états de conscience disparaissent et s'effacent. Revus
à quelques jours de distance, il n'en reste rien ou peu
de chose : la plupart ont sombré dans un néant d'où
ils ne sortiront plus et ils ont emporté avec eux la quantité de durée qui leur était inhérente ; par suite un
déchet d'états de conscience est un déchet de temps.
Or les procédés abréviatifs dont nous avons parlé supposent ce déchet. Si, pour atteindre un souvenir loin-
tain, il nous fallait suivre la série entière des termes
qui nous en séparent, la mémoire serait impossible,
à cause de la longueur de l'opération [1].

Nous arrivons donc à ce résultat paradoxal qu'une

[1]. Abercrombie (*Essay on intellectual Powers*, p. 101) nous
en fournit une preuve : « Le Dr Leyden avait une faculté extraordinaire pour apprendre les langues, et il pouvait répéter très
exactement un long *Act* du Parlement ou quelque document
semblable qu'il n'avait lu qu'une fois. Un ami le félicitant de
ce don remarquable, il répondit que, loin d'être un avantage,
c'était souvent pour lui un grand inconvénient. Il expliqua que,
lorsqu'il voulait se rappeler un point particulier dans quelque
chose qu'il avait lu, il ne pouvait le faire qu'en se répétant à
lui-même la totalité du morceau *depuis le commencement*, jusqu'à ce qu'il arrivât au point dont il désirait se souvenir. »

3.

condition de la mémoire, c'est l'oubli. Sans l'oubli total d'un nombre prodigieux d'états de conscience et l'oubli nomentané d'un grand nombre, nous ne pourrions nous souvenir. L'oubli, sauf dans certains cas, n'est donc pas une maladie de la mémoire, mais une condition de sa santé et de sa vie. Nous trouvons ici une analogie frappante avec les deux processus vitaux essentiels. Vivre, c'est acquérir et perdre; la vie est constituée par le travail qui désassimile autant que par celui qui fixe. L'oubli, c'est la désassimilation.

Un deuxième résultat (et celui-ci nous ramène aux fonctions visuelles), c'est que la connaissance du passé ressemble à un tableau aux perspectives lointaines, à la fois trompeur et exact et qui tire son exactitude de l'illusion même. Si, par une hypothèse irréalisable, nous pouvions comparer notre passé réel tel qu'il a été, fixé pour nous objectivement, avec la représentation subjective que nous en donne notre mémoire; nous verrions que cette copie consiste en un système particulier de projection : chacun de nous s'oriente sans peine dans ce système, parce qu'il le crée.

IV

Nous venons de monter par échelons jusqu'au plus haut degré de la mémoire; il nous faut maintenant suivre l'ordre inverse et revenir progressivement à notre point de départ. Ce retour est nécessaire pour montrer une seconde fois que la mémoire consiste en un processus d'organisation à degrés variables, compris entre deux limites extrèmes : l'état nouveau, l'enregistrement organique.

Il n'y a pas de forme de l'activité mentale qui témoigne plus hautement en faveur de la théorie de l'évolution. De ce point de vue, et de celui-là seul, on comprend la nature de la mémoire ; on comprend que son étude ne doit pas être seulement une physiologie, mais encore plus une morphologie, c'est-à-dire une histoire de ses transformations.

Reprenons donc la question au point où nous l'avons laissée. Une acquisition nouvelle de l'esprit plus ou moins complexe est ravivée pour la première ou la seconde fois. Ces souvenirs sont les éléments les plus instables de la mémoire, si instables que beaucoup disparaissent à jamais : tels sont la plupart des faits qui se présentent à nous tous les jours, à toute heure. Quelque nets et quelque intenses que soient ces souvenirs, ils ont un minimum d'organisation. Mais, à chaque retour volontaire ou involontaire, ils gagnent en stabilité ; la tendance à l'organisation s'accentue.

Au-dessous de ce groupe de souvenirs pleinement conscients et non organisés, se trouve le groupe des souvenirs conscients et à demi organisés, par exemple, une langue que nous sommes en train d'apprendre, une théorie scientifique ou un art manuel que nous ne possédons qu'à demi. Ici, le caractère très individuel du premier groupe s'efface ; le souvenir devient de plus en plus impersonnel ; il s'objective. La localisation dans le temps disparaît parce qu'elle est inutile. Çà et là, quelques termes isolés ramènent avec eux des impressions personnelles qui les localisent. Je me souviens d'avoir appris tel mot allemand ou anglais, dans telle ville, dans telle circonstance. C'est comme une *survivance*, une marque d'un état antérieur, une empreinte originelle. Peu à peu, elle s'efface, et ce terme prend le caractère banal et impersonnel de tous les autres.

Cette connaissance d'une science, d'une langue, d'un art s'affermit de plus en plus. Elle se retire progressivement de la sphère psychique, pour se rapprocher de plus en plus de la mémoire organique. Telle est pour un adulte la mémoire de sa langue maternelle.

Au-dessous, nous tombons dans la mémoire complètement organisée et à peu près inconsciente : celle d'un musicien habile, d'un ouvrier rompu à son métier, d'une danseuse accomplie. Et pourtant tout cela a été de la mémoire au sens rigoureux et ordinaire du mot, de la mémoire pleinement consciente.

On peut descendre plus bas encore. L'exercice de chacun de nos sens (voir, palper, marcher, etc.) suppose une mémoire complètement organisée. Elle fait si bien corps avec nous que la plupart des hommes n'ont jamais soupçonné en quelle mesure tout cela est acquis. Il en est de même d'une foule de jugements de la vie commune. « Personne ne dit qu'il se *rappelle* que l'objet qu'il regarde a un côté opposé ou qu'une certaine modification de l'impression visuelle implique une certaine distance, ni qu'un mouvement des jambes le fera avancer, ni que l'objet qu'il voit se mouvoir est un animal vivant. On considérerait comme un abus de langage de demander à un autre s'il se rappelle que le soleil brille, que le feu brûle, que le fer est dur, que la glace est froide [1]. » Et pourtant, nous

---

1. Herbert Spencer, *Principes de psychologie*, t. I, 4ᵉ partie, ch. VI. Ce chapitre est très important à lire pour la mémoire considérée au point de vue de l'évolution.

le répétons, dans une intelligence naissante, tout cela a
été de la mémoire au sens strict.

Il n'est pas nécessaire d'ajouter que ce qui précède
est une esquisse tout idéale, un schéma. Il serait double-
ment illusoire de vouloir découper en tranches nettes
une évolution qui se fait par transitions insensibles et
qui de plus varie chez chaque individu.

Peut-on aller encore plus loin? On le pourrait. Au-
dessous des réflexes composés qui représentent la
mémoire organique à son plus bas terme, il y a les
réflexes simples. On peut admettre que ces réflexes,
qui résultent d'une disposition anatomique innée, ont
été eux-mêmes acquis et fixés par des expériences sans
nombre dans l'évolution des espèces. On passerait
ainsi de la mémoire individuelle à l'hérédité, qui est
une *mémoire spécifique*. Il suffit d'indiquer cette hypothèse.

En somme, on voit qu'il est impossible de dire où
la mémoire — soit psychique, soit organique — finit.
Dans ce que nous désignons sous ce nom collectif de
mémoire, il y a des séries ayant tous les degrés d'organisation, depuis l'état naissant jusqu'à l'état parfait.
Il y a un passage incessant de l'instable au stable; de
l'état de conscience, acquisition mal assurée, à l'état
organique, acquisition fixe. Grâce à cette marche con-
tinuelle vers l'organisation, une simplification, un ordre
se fait dans les matériaux, qui rend possible une forme
de pensée plus haute. Réduite à elle seule et sans con-
trepoids, elle tendrait à l'anéantissement progressif de
la conscience, elle ferait de l'homme un automate.

Supposons, par une hypothèse irréalisable, qu'un
être humain adulte soit placé dans des conditions telles
que tout état de conscience nouveau — perceptions,

idées, images, sentiments, désirs — lui fasse défaut :
les séries d'états de conscience qui constituent chaque
forme de l'activité psychique finiraient à la longue
par s'organiser si bien qu'on ne trouverait plus en
lui qu'un automate à peine conscient. — Les esprits
bornés et routiniers réalisent cette hypothèse en une
certaine mesure. Confinés dans un cercle étroit dont
ils ont écarté autant que possible le nouveau et l'imprévu, ils tendent vers l'état de stabilité parfaite; ils
deviennent « machines en tout » ; pour la plus grande
partie de leur vie, la conscience est un superflu.

Après avoir retourné notre sujet en tout sens, nous revenons donc à notre proposition du début : La mémoire
consciente n'est qu'un cas particulier de la mémoire
biologique. Nous pouvons, par des considérations d'un
autre ordre, faire voir une fois de plus que la mémoire
est liée aux conditions fondamentales de la vie.

Toutes les formes de la mémoire, de la plus haute à
la plus basse, ont pour support des associations dynamiques entre les éléments nerveux et des modifications
particulières de ces éléments, tout au moins des cellules. Ces modifications, résultant de l'impression première, ne sont pas conservées dans une matière inerte ;
elles ne ressemblent pas au cachet imprimé sur la cire.
Elles sont déposées dans une matière vivante. Or, tous
les tissus vivants sont en état de rénovation moléculaire continue, le tissu nerveux plus qu'aucun autre,
et, dans le tissu nerveux, la substance grise plus que
la substance blanche, comme le prouve l'excessive
abondance des vaisseaux sanguins qui la baignent.
Puisque les modifications persistent, il faut que l'ap-

port des nouveaux matériaux, que l'arrangement des
nouvelles molécules reproduise exactement le type de
celles qui sont remplacées. La mémoire dépend direc-
tement de la *nutrition*.

Mais les cellules n'ont pas seulement la propriété de
se nourrir. Elles sont douées, au moins pendant une
partie de leur vie, de la faculté de se reproduire, et
nous verrons plus tard comment ce fait explique certains rétablissements de la mémoire. De l'avis de tous
les physiologistes, cette reproduction n'est d'ailleurs
qu'une forme de la nutrition. La base de la mémoire
est donc la nutrition, c'est-à-dire le processus vital par
excellence.

Je n'insiste pas pour le moment sur cette question.
Quand nous aurons parlé des désordres de la mémoire,
de ses excitations et de ses dépressions, de ses suspensions momentanées, de ses disparitions et de ses
retours brusques, de ses affaiblissements progressifs,
nous pourrons y revenir avec profit; alors le rôle capital de la nutrition se révélera de lui-même. Jusqu'ici,
nous nous en sommes tenus aux préliminaires de notre
sujet : la mémoire à l'état sain. Il est temps de l'étudier à l'état morbide. La pathologie de la mémoire
complète sa physiologie; nous verrons si elle la confirme.

CHAPITRE II

LES AMNÉSIES GÉNÉRALES

Les matériaux pour l'étude des maladies de la mémoire sont abondants. Ils se trouvent épars dans les livres de médecine, dans les traités de maladies mentales, dans les écrits de divers psychologues. On peut sans trop de peine les rassembler; on a ainsi sous la main un recueil suffisant d'observations. Le difficile est de les classer, de les interpréter, d'en tirer quelques conclusions sur le mécanisme de la mémoire. A cet égard, les faits recueillis sont d'une valeur très inégale : les plus extraordinaires ne sont pas les plus instructifs; les plus curieux ne sont pas les plus lumineux. Les médecins à qui nous les devons pour la plupart ne les ont guère décrits et étudiés qu'en vue de leur art. Un désordre de la mémoire n'est pour eux qu'un symptôme; ils le notent à ce titre; ils s'en servent pour établir un diagnostic et un pronostic. De même pour la classification : ils se contentent de rattacher chaque cas d'amnésie à l'état morbide dont il est l'effet : ramollissement, hémorrhagie, commotion cérébrale, intoxication, etc , etc.

Pour nous, au contraire, les maladies de la mémoire doivent être étudiées en elles-mêmes, à titre d'états psychiques morbides qui peuvent nous faire mieux comprendre l'état sain. Quant à leur classification, nous en sommes réduits à la faire d'après les ressemblances et les différences. Nous n'en savons pas assez long pour essayer une classification naturelle, c'est-à-dire d'après les causes. Je dois donc déclarer, pour prévenir toute objection, que la classifieation qui va suivre n'a d'autre but que de mettre un peu d'ordre dans la masse confuse et hétérogène des faits, et que je ne me dissimule pas qu'à beaucoup d'égards elle est arbitraire.

Les désordres de la mémoire peuvent être limités à une seule catégorie de souvenirs et laisser le reste intact, en apparence au moins : ce sont les désordres *partiels*. D'autres, au contraire, affectent la mémoire tout entière sous toutes ses formes, coupent en deux ou plusieurs tronçons notre vie mentale, y creusent des trous que rien ne comble ou bien la démolissent en totalité par action lente : ce sont les désordres *généraux*.

Nous distinguerons donc d'abord deux grandes classes : les maladies générales et les maladies partielles de la mémoire. Les premières seules feront l'objet de ce chapitre. Nous les étudierons sous les titres suivants : 1° amnésies *temporaires* ; 2° amnésies *périodiques* ; 3° amnésies *à forme progressive*, les moins curieuses et les plus instructives ; 4° nous terminerons par quelques mots sur l'amnésie *congénitale*.

I

Les amnésies temporaires procèdent le plus souvent
par invasion brusque et finissent de même d'une manière inopinée. Elles embrassent une période de temps
qui peut varier de quelques minutes à quelques années.
Les cas les plus courts, les plus nets, les plus communs se rencontrent dans l'*épilepsie*.

Les médecins ne sont d'accord ni sur la nature, ni sur
le siège, ni sur les causes de cette maladie. Ce problème
n'est ni de notre sujet ni de notre compétence. Il nous
suffit de savoir que tous les auteurs sont unanimes à
reconnaître trois formes : le grand mal, le petit mal et
le vertige ; qu'ils les considèrent moins comme des variétés distinctes que comme des degrés d'un même état
morbide ; qu'enfin plus l'attaque est modérée dans ses
manifestations extérieures, plus elle est funeste pour
l'intelligence. L'accès est suivi d'un désordre mental
qui peut se traduire aussi bien par de simples bizar-
reries et des actes ridicules que par des crimes. Tous
ces actes ont un caractère commun que Hughlings
Jackson désigne sous le nom d'*automatisme mental*. Ils
ne laissent aucun souvenir, sauf dans quelques cas, où
il reste quelques traces de mémoire extrêmement
faible.

Un malade, en consultation chez son médecin, est
pris d'un vertige épileptique. Il se remet aussitôt ;
mais il a oublié qu'il vient de payer un moment avant
l'attaque [1]. — Un employé de bureau se retrouve à

1. Les faits cités sont empruntés pour la plupart au mémoire
de Hughlings Jackson publié dans le *West Riding Asylum Re-*

son pupitre, les idées un peu confuses, sans autre malaise. Il se souvie..t d'avoir commandé son dîner au restaurant; à partir de ce moment, tout souvenir lui fait défaut. Il revient au restaurant; il apprend qu'il a mangé, qu'il a payé, qu'il n'a pas paru indisposé et qu'il s'est remis en marche vers son bureau. Cette absence avait duré environ trois quarts d'heure. — Un autre épileptique, pris d'une attaque, tombe dans une boutique, se relève et s'enfuit en laissant son chapeau et son carnet. On me retrouva, dit-il, à un demi-kilomètre de là; je demandais mon chapeau dans toutes les boutiques; mais je n'avais pas conscience de ce que je faisais, et je ne revins à moi qu'au bout de dix minutes en arrivant au chemin de fer. — Trousseau rapporte le cas d'un magistrat qui, siégeant à l'hôtel de ville de Paris, comme membre d'une société savante, sortait nu-tête, allait jusqu'au quai et revenait à sa place prendre part aux discussions, sans aucun souvenir de ce qu'il avait fait.

Souvent le malade continue pendant la période d'automatisme les actes auxquels il se livrait au moment de l'accès, ou bien il parle de ce qu'il vient de lire. Nous en avons donné des exemples dans le précédent chapitre. — Rien n'est moins rare que des tentatives infructueuses de suicide dont il ne reste, après le vertige épileptique, aucune trace dans la mémoire. Et il en est de même pour les tentatives criminelles. Un cordonnier, pris de manie épileptique le jour de son mariage, tue son beau-père à coups de tranchet.

pcrts, traduit dans la *Revue scientifique* du 19 février 1876, et au travail de Falret sur l'état mental des épileptiques dans les *Archives de médecine*, décembre 1860, avril et octobre 1861.

Revenu à lui au bout de quelques jours, il n'avait pas
la plus légère connaissance de cè qu'il avait fait [1].

Voilà assez d'exemples pour que le lecteur puisse
comprendre la nature de l'amnésie épileptique mieux
que par des descriptions générales. Une certaine période d'activité mentale est comme si elle n'avait pas
été : l'épileptique ne la connaît que par le témoignage
d'autrui ou par de vagues conjectures. Tel est le fait.
Quant à son interprétation psychologique, il y a deux
hypothèses possibles.

On peut admettre : ou bien que la période d'automatisme mental n'a été accompagnée d'aucune conscience : en ce cas, l'amnésie n'a pas besoin d'être
expliquée ; rien n'ayant été produit, rien ne peut être
conservé ni reproduit ; — ou bien il y a eu conscience,
mais à un degré si faible, que l'amnésie s'ensuit. Je
crois que cette deuxième hypothèse est la vraie dans
un grand nombre de cas.

D'abord, à s'en tenir au raisonnement seul, il est
difficile d'admettre que des actes fort compliqués,
adaptés à *différents* buts, s'accomplissent sans quelque
conscience au moins intermittente. Qu'on fasse aussi
large qu'on voudra la part de l'habitude, il faut bien
reconnaître que, si là où il y a uniformité d'action la
conscience tend à disparaître, là où il y a diversité
elle tend à se produire.

Mais le raisonnement ne peut donner que des possibilités : l'expérience seule décide. Or il y a des faits
qui prouvent l'existence d'une certaine conscience,
même dans ces cas extrêmement nombreux, où le malade ne garde aucun souvenir de son accès. « Quelques

---

1. Voir aussi Morel, *Traité des maladies mentales*, p. 695.

épileptiques, interpellés pendant leur crise d'une manière brusque avec le ton du commandement, répondent aux questions d'une voix brève et en criant. L'accès fini, ils ne se souviennent ni de ce qui leur a été dit, ni de ce qu'ils ont répondu. — Un enfant à qui l'on faisait respirer pendant ses accès de l'éther ou de l'ammoniaque dont l'odeur lui était insupportable criait avec rage : Va-t'en, va-t'en, va-t'en ! et l'accès terminé, ignorait qu'il l'eût eu. » — « Quelquefois, les épileptiques parviennent, avec beaucoup d'efforts, à retrouver dans leur mémoire plusieurs faits qui se sont produits pendant leur accès, surtout ceux qui ont eu lieu dans les derniers moments..... Ils sont alors dans un état comparable à celui où l'on sort d'un rêve pénible. Les principales circonstances de l'accès leur ont d'abord échappé ; ils commencent par nier les faits qu'on leur impute ; peu à peu, ils se rappellent un certain nombre de détails qu'ils semblaient d'abord avoir oubliés [1]. »

Si, dans ces cas, les circonstances permettent d'affirmer qu'il y a eu conscience, nous pouvons croire sans témérité qu'il en est de même dans beaucoup d'autres. Je ne veux d'ailleurs pas soutenir que cela ait lieu toujours. Le magistrat dont il a été question plus haut se dirigeait assez bien pour éviter les obstacles, les voitures et les passants : ce qui dénote une certaine conscience ; mais dans un cas analogue, rapporté par Hughlings Jackson, le malade est renversé par un omnibus et manque une autre fois de faire une chute dans la Tamise.

Comment donc expliquer l'amnésie dans les cas où

1. Trousseau, *Leçons cliniques*, t. II, p. 114. Falret, *loc. cit.*

il y a eu des états de conscience? Par la faiblesse
extrême de ces états. L'état de conscience ne se fixe,
en définitive, que par deux moyens : l'intensité, la répétition ; ce dernier moyen se ramène à l'autre, puisque la répétition est une somme de petites intensités.
Ici, il n'y a ni intensité ni répétition. Le désordre
mental qui suit l'accès me paraît très bien défini par
Jackson lorsqu'il l'appelle « un rêve épileptique ». Un
de ses malades, âgé de dix-neuf ans et peu suspect de
dogmatiser sur la question, a trouvé spontanément la
même expression. « A la suite de son accès, il se coucha. Une fois couché, il dit (parlant à un ami imaginaire) : Attends un instant, William, je viens. Il des-
cendit, ouvrit les portes, sortit en chemise. Le froid du
pavé le fit revenir à lui ; alors son père le toucha.
Il dit : Ah ! très bien, *j'ai fait un rêve*, et il se re-
coucha. »

Rapprochons du rêve l'état mental des épileptiques
pour aller du connu à l'inconnu. Rien de plus fré-
qent que les rêves dont le souvenir disparaît immédiatement. Nous nous éveillons pendant la nuit ; le souvenir du rêve interrompu est très net ; le lendemain,
il n'en reste plus aucune trace. Cela est encore plus
frappant au moment du réveil. Nos songes nous apparaissent alors avec beaucoup de vivacité; une heure
après, ils sont effacés pour jamais. A qui n'est-il pas
arrivé de se perdre en vains efforts pour se rappeler
un rêve de la nuit précédente dont on ne sait plus
rien, sinon qu'on l'a eu ?

L'explication est simple. Les états de conscience qui
constituent le rêve sont extrêmement faibles. Ils paraissent forts, non parce qu'ils le sont en réalité, mais
parce qu'aucun état fort n'existe pour les rejeter au

second plan. Dès que l'état de veille recommence, tout se remet à sa place. Les images s'effacent devant les perceptions, les perceptions devant un état d'attention soutenue, un état d'attention soutenue devant une idée fixe. En somme, la conscience pendant la plupart des rêves a un minimum d'intensité.

La difficulté est donc d'expliquer pourquoi, pendant la période qui suit l'accès épileptique, la conscience tombe à un minimum. Ni la physiologie ni la psychologie ne peuvent le faire, puisqu'elles ignorent la condition de la genèse de la conscience. Le cas est d'autant plus embarrassant que l'amnésie est liée au délire épileptique, à lui seul. Voici en effet ce qui arrive chez les sujets qui sont à la fois alcooliques et épileptiques. Un malade pendant le jour est pris d'une crise épileptique ; il brise tout ce qui est à sa portée, se livre à des actes de violence. Après une courte période de rémission, il est pris pendant la nuit de délire alcoolique caractérisé, comme on le sait, par des visions terrifiantes. Le lendemain, revenu à lui, il se rappelle bien le délire de la nuit ; il n'a aucun souvenir du délire de la journée [1].

Il y a encore une autre difficulté. Si l'amnésie vient de la faiblesse des états de conscience primitifs, comment se fait-il que ces états, si faibles par hypothèse, déterminent des actes ? — Suivant Hughlings Jackson, « l'automatisme mental provient d'un excès d'action des centres nerveux inférieurs qui se substituent aux centres supérieurs ou centres dirigeants. » Nous n'aurions ici qu'un cas particulier d'une loi physiologique bien connue : Le pouvoir excito-moteur des centres

1. Magnan. Clinique de Sainte-Anne. 3 mars 1879.

réflexes augmente, quand leur connexion avec les centres supérieurs est rompue [1].

Restreignons-nous au problème psychologique : il est possible d'y répondre. Si l'on s'obstine à faire de la conscience une « force » existant et agissant par elle-même, tout devient obscur. Mais si l'on admet, comme nous l'avons dit dans le précédent chapitre, que la conscience est l'accompagnement d'un état nerveux, lequel reste l'élément fondamental, tout devient clair. Il n'y a du moins aucune contradiction à admettre qu'un état nerveux, suffisant pour déterminer certains actes, soit insuffisant pour éveiller la conscience. La production d'un mouvement et celle d'un état de conscience sont deux faits distincts et indépendants ; les conditions d'existence de l'un ne sont pas celles de l'autre.

Remarquons pour terminer que la conséquence fatale des accès épileptiques répétés, surtout sous la forme de vertige, est l'affaiblissement progressif de la mémoire dans sa totalité. Cette forme d'amnésie sera étudiée plus loin.

Nous passons maintenant à des cas d'amnésie temporaire d'un caractère destructeur. Dans les exemples précités, le capital accumulé jusqu'au moment de la maladie n'est pas entamé : il arrive seulement que

1. « Un caractère très important de la manie épileptique, dit Falret (*loc. cit*), c'est la ressemblance absolue de tous les accès chez le même malade, non seulement dans leur ensemble, mais encore dans chacun de leurs détails... Le même malade exprime les mêmes idées, profère les mêmes paroles, se livre aux mêmes actes. Il y a une surprenante uniformité dans tous les accès. »

quelque chose qui a été dans la conscience ne reste
pas dans la mémoire. Dans les cas qui vont suivre, une
partie du capital est perdu. Ces cas sont les plus frappants pour l'imagination. Il est possible qu'un jour,
avec les progrès de la physiologie et de la psychologie,
ils nous en apprennent beaucoup sur la nature de la
mémoire. Pour le moment, ils ne sont pas les plus instructifs, — à mes yeux du moins et sans vouloir pré-
juger ce qu'ils révéleront aux autres.

Ces cas diffèrent beaucoup entre eux. Tantôt la
suspension de la mémoire part du début de la maladie
pour s'étendre en avant, tantôt elle recule un peu
sur les derniers événements passés ; le plus souvent,
elle s'étend dans les deux sens, en avant et en arrière.
Quelquefois la mémoire revient d'elle-même, brusquement, quelquefois lentement et avec un peu d'aide ;
quelquefois la perte est absolue, il faut procéder à
une rééducation complète. Nous allons donner des
exemples de tous ces cas.

« Une jeune femme, mariée a un nomme qu'elle aimait passionnément, fut prise en couches d'une longue
syncope à la suite de laquelle elle avait perdu la mémoire du temps qui s'était écoulé depuis son mariage
inclusivement. Elle se rappelait très exactement tout
le reste de sa vie jusque-là..... Elle repoussa avec
effroi dans les premiers instants son mari et son enfant
qu'on lui présentait. Depuis, elle n'a jamais pu recouvrer la mémoire de cette période de la vie ni des événements qui l'ont accompagnée. Ses parents et ses
amis sont parvenus, par raison et par l'autorité de leur
témoignage, à lui persuader qu'elle est mariée et
qu'elle a un fils. Elle les croit, parce qu'elle aime mieux
penser qu'elle a perdu le souvenir d'une année que de

les croire tous des imposteurs. Mais sa conviction, sa
conscience intime n'y est pour rien. Elle voit là son
mari et son enfant sans pouvoir s'imaginer par quelle
magie elle a acquis l'un et donné le jour à l'autre [1]. »

Nous avons là un exemple d'amnésie irréparable,
s'étendant en arrière seulement. Quant à sa raison
psychologique, on peut la trouver également dans une
destruction des résidus et dans une impossibilité de la
reproduction. Dans le cas suivant, rapporté par Laycock, l'amnésie ne s'étend qu'en avant et ne peut être
attribuée par conséquent qu'à une impossibilité pour
les états de conscience d'être enregistrés et conservés.
Le mécanicien d'un navire à vapeur tombe sur le dos ;
le derrière de sa tête heurte contre un objet dur ; il reste
quelque temps inconscient. Revenu à lui, il recouvre
assez vite une parfaite santé physique ; il conserve le
souvenir de toutes les années écoulées jusqu'à son accident ; mais, à partir de ce moment, la mémoire n'existe
plus, même pour les faits strictement personnels. « En
arrivant à l'hôpital, il ne peut dire s'il est venu à pied,
en voiture ou par le chemin de fer. En sortant de dé-
jeuner, il oublie qu'il vient de le faire : il n'a aucune
idée de l'heure, ni du jour, ni de la semaine. Il essaye
par la réflexion de répondre aux questions qui lui sont
posées ; il n'y parvient pas. Sa parole est lente, mais précise. Il dit ce qu'il veut dire et lit correctement. » Cette
infirmité disparut grâce à une médication appropriée [2].

1. *Lettre de Charles Villiers à G. Cuvier* (Paris. Lenormant, 1802),
citée dans Louyer Villermay, *Essais sur les maladies de la mémoire*, p. 76-77. Ce petit travail de L. Villermay, dont il n'y a
d'ailleurs pas beaucoup à tirer, a paru dans les Mémoires de
la Société de médecine de Paris, 1817, t. Ier.

2. Laycock, *On certain disorders and defects of memory*, p. 12.

En général, dans les cas d'amnésie temporaire due à une commotion cérébrale, il se produit un effet rétroactif. Le malade, en reprenant conscience, n'a pas seulement perdu le souvenir de l'accident et de la période qui l'a suivi; il a aussi perdu le souvenir d'une période plus ou moins longue, *antérieure* à l'accident. On en pourrait donner de nombreux exemples ; je n'en cite qu'un, rapporté par Carpenter (ouv. cité., p. 450). « Un homme conduisait en cabriolet sa femme et son enfant. Le cheval, pris de frayeur, s'emporta. Après de vains efforts pour en devenir maître, le conducteur fut jeté violemment à terre et reçut une forte secousse du cerveau. En revenant à lui, il avait oublié les antécédents *immédiats* de l'accident. La dernière chose qu'il se rappelât, c'était la rencontre d'un ami sur sa route, à environ deux milles de l'endroit où il avait été renversé. Mais il n'a recouvré, jusqu'à ce jour, aucun souvenir de ses efforts pour maîtriser le cheval, ni de la terreur de sa femme et de son enfant[1]. »

Voici maintenant des cas d'amnésie d'un caractère beaucoup plus grave, dont quelques-uns ont nécessité une rééducation complète. Je les emprunte à la revue anglaise *Brain*.

La première observation, rapportée par le Dr Mor-

[1]. On trouvera d'autres cas de ce genre dans le *Dictionnaire encyclopédique des sciences médicales*, art. AMNÉSIE, par J. Falret, p. 728.

Cette paralysie de la mémoire due à une commotion n'est pas rare. Un cas récent a été communiqué par le Dr Motet à la Société de médecine de Paris et a donné lieu à une intéressante discussion sur l'amnésie temporaire. Voir l'*Union médicale* du 18 juin 1879.

timer Granville, est celle d'une femme de vingt-six ans,
hystérique, qui, à la suite d'un travail excessif, fut prise
d'une crise violente avec perte complète de conscience.
« Quand la conscience commença à revenir, les dernières idées saines formées avant la maladie se mêlaient
d'une manière bizarre aux nouvelles impressions
reçues, comme dans le cas où l'on sort lentement d'un
rêve. Assise sur son lit près de la fenêtre, pour voir les
passants dans la rue, la malade appelait tous les
objets mouvants « des arbres en marche », et, quand
on lui demandait où elle avait vu ces choses, elle répondait invariablement : « dans l'autre Evangile. »
En un mot, dans son état mental, l'idéal et le réel ne
se distinguaient pas. Ses souvenirs étaient indistincts,
et, en ce qui concerne un grand nombre de choses or-
dinaires qui constituaient le fond principal de ses pensées avant son attaque, sa mémoire était nulle. Les
idées immédiatement antérieures à la maladie semblaient avoir si bien saturé son esprit, que les premières impressions qu'elle reçut en étaient tout impré-
gnées, tandis que l'enregistrement de l'*avant-dernier*
travail cérébral était pour ainsi dire oblitéré. Par exemple, quoique cette femme gagnât sa vie en donnant des
leçons, elle n'avait aucun souvenir d'une chose aussi
simple que ce qui sert à écrire. Si on lui mettait une
plume ou un crayon dans la main, comme on aurait
pu le faire dans celle d'un enfant, ils n'étaient pas
saisis, même par action réflexe. Ni la vue ni le contact
de l'instrument n'éveillaient d'association d'idées. La
plus parfaite destruction du tissu cérébral n'aurait pas
effacé plus complètement les effets de l'éducation et
de l'habitude. Cet état dura quelques semaines. » La
mémoire de ce qui avait été oublié fut recouvrée len-

tement, péniblement, sans nécessiter cependant une rééducation aussi complète que dans le cas qui va suivre [1].

La deuxième observation, due au professeur Sharpey, est l'un des exemples les plus curieux de rééducation qui aient été décrits. Je n'extrais de son long article que les détails psychologiques. Il s'agit encore d'une femme de vingt-quatre ans, de complexion délicate, qui pendant six semaines environ fut prise d'une tendance irrésistible à la somnolence. Cet état s'aggrava de jour en jour. Vers le 10 juin, il devint impossible de l'éveiller. Elle resta ainsi pendant deux mois. Pour la nourrir, on portait à ses lèvres une cuiller, elle avalait ; quand elle était rassasiée, elle serrait les dents et éloignait la bouche. Elle paraissait distinguer les saveurs, car elle refusa obstinément certains mets. Elle eut quelques courts moments de réveil à de rares intervalles. Elle ne répondait à aucune question, ne reconnaissait personne, sauf une fois, « une ancienne connaissance qu'elle n'avait pas vue depuis douze mois. Elle la considéra longtemps, cherchant probablement son nom. L'ayant trouvé, elle le répéta plusieurs fois en lui serrant la main ; puis elle retomba dans son sommeil. » Vers la fin d'août, elle revint peu à peu à son état normal.

Ici commence le travail de sa rééducation. « En revenant de sa torpeur, elle paraissait avoir oublié presque tout ce qu'elle avait appris. Tout lui semblait nouveau ; elle ne reconnaissait pas une seule personne, même ses plus proches parents. Gaie, remuante, inat-

---

1. *Brain, a Journal. o* Neurology*, octobre 1879, p. 317 et suiv.

tentive, charmée de tout ce qu'elle voyait ou entendait, elle ressemblait à un enfant.

« Bientôt, elle devint capable d'attention. Sa mémoire, entièrement perdue en ce qui concerne ses connaissances antérieures, était très vive et très solide pour tout ce qu'elle avait vu et entendu depuis sa maladie. Elle recouvra une partie de ce qu'elle avait appris autrefois, avec une facilité très grande dans certains cas, moindre dans d'autres. Il èst remarquable que, quoique le procédé suivi pour recouvrer son acquis ait paru consister moins à l'étudier à nouveau qu'à se le rappeler avec l'aide de ses proches, cependant, mêm maintenant, elle ne paraît pas avoir conscience, a plus faible degré, de l'avoir possédé autrefois.

« D'abord, il était impossible d'avoir avec elle une conversation. Au lieu de répondre à une question, elle la répétait tout haut textuellemunt, et pendant longtemps, avant de répondre à une question. elle la répétait tout entière. Elle n'avait à l'origine qu'un bien petit nombre de mots à son service ; elle en acquit rapidement un grand nombre ; mais elle commettait d'étranges erreurs en les employant. Cependant, en général, elle ne confondait que les mots qui avaient ensemble quelques rapports. Ainsi, pour « thé », elle disait « sauce » (et elle employa longtemps ce mot pour les liquides) ; pour blanc, elle disait noir ; pour « chaud », « froid » ; pour « ma jambe », « mon bras », pour « mon œil », « ma dent », etc. D'ordinaire, elle use maintenant des mots avec propriété, quoiqu'elle change parfois leurs terminaisons ou qu'elle en compose de nouveaux.

« Elle n'a encore reconnu personne, même parmi ses plus proches parents, c'est-à-dire qu'elle n'a aucun

souvenir de les avoir vus avant sa maladie. Elle les
désigne par leurs noms ou par ceux qu'elle leur a
donnés ; mais elle les considère comme de nouvelles
connaissances et n'a aucune idée de leur parenté avec
elle. Depuis sa maladie, elle n'a vu qu'une douzaine de
gens, et c'est pour elle tout ce qu'elle a jamais connu.

« Elle a appris de nouveau à lire ; mais il a été nécessaire de commencer par l'alphabet, car elle ne
connaissait plus une seule lettre. Elle a appris ensuite
à former des syllabes, des mots, et maintenant elle lit
passablement. Ce qui l'a aidée dans cette réacquisition,
c'est de chanter les paroles de certaines chansons qui
lui étaient familières et qu'on lui présentait imprimées
pendant qu'elle jouait du piano.

« Pour apprendre à écrire, elle a commencé par les
études les plus élémentaires, mais elle a fait des progrès beaucoup plus rapides qu'une personne qui ne
l'aurait jamais su.

« Peu après être sortie de sa torpeur, elle a pu
chanter plusieurs de ses anciennes chansons et jouer
du piano avec peu ou point d'aide. Quand elle chante,
elle a en général besoin d'être aidée pour les deux ou
trois premiers mots d'une ligne ; elle achève le reste,
de mémoire à ce qu'il semble. Elle peut jouer, d'après
une partition, plusieurs airs qu'elle n'avait jamais vus
auparavant.

« Elle a appris sans difficulté plusieurs jeux de cartes ; elle sait tricoter et faire divers ouvrages analogues.

« Mais, je le répète, il est remarquable qu'elle ne
semble pas avoir le plus léger souvenir d'avoir possédé
autrefois tout cela ; quoiqu'il soit évident qu'elle ait
été grandement aidée dans son travail de réacquisition
par ces connaissances antérieures dont elle n'a pas

conscience. Quand on lui a demandé où elle a appris à jouer un air en regardant la musique sur un livre, elle a répondu qu'elle ne pouvait pas le dire et elle s'est étonnée que son interlocuteur ne pût en faire autant.

« A vrai dire, d'après diverses remarques qu'elle a faites d'elle-même par hasard, il semble qu'elle possède plusieurs idées générales d'une nature plus ou moins complexe qu'elle n'a pas eu l'occasion d'acquérir depuis sa guérison [1]. »

Autant qu'on en peut juger d'après le rapport de Sharpey, cette rééducation ne dura pas plus de trois mois. Il ne faudrait pas croire d'ailleurs que ce fait soit unique. « Un *clergyman*, à la suite d'une commotion causée par une chute, reste plusieurs jours totalement inconscient. Revenu à lui, il était dans l'état d'un enfant intelligent. Quoique d'un âge mûr, il recommença sous des maîtres ses études anglaises et classiques. Au bout de quelques mois, sa mémoire revint graduellement ; si bien qu'en quelques semaines son esprit recouvra sa vigueur et sa culture ancienne [2]. »

Un autre homme, âgé de trente ans, fort instruit, à la suite d'une grave maladie, avait tout oublié, jusqu'au nom des objets les plus communs. Sa santé rétablie, il recommença à tout apprendre comme un enfant, d'abord le nom des choses, puis à lire ; puis il commença à apprendre le latin. Ses progrès furent rapides. Un jour, étudiant avec son frère qui lui servait de maître, il s'arrêta subitement et porta sa main à son front. « J'éprouve, dit-il, dans la tête une sensation particulière, et il me semble maintenant que j'ai su tout

---

1. *Brain*, avril 1879, p. 1 et suiv.
2. Forbes Winslow, ouv. cité, p. 317, 318.

cela autrefois. » A partir de ce moment, il recouvra rapidement ses facultés.

Je me contente, pour le moment, de mettre ces faits sous les yeux du lecteur. Les remarques qu'ils suggèrent trouveront mieux leur place ailleurs. Je terminerai par un cas peu connu qui forme la transition naturelle vers le groupe des amnésies intermittentes. Nous allons voir en effet se former peu à peu une mémoire provisoire, qui disparaîtra brusquement devant la mémoire primitive.

Une jeune femme, robuste, d'une bonne santé, tomba par accident dans une rivière et fut presque noyée. Elle resta six heures insensible, puis reprit connaissance. Dix jours plus tard, elle tomba dans une stupeur complète qui dura quatre heures. Quand elle rouvrit les yeux, elle ne reconnaissait plus personne ; elle était privée de l'ouïe, de la parole, du goût et de l'odorat. Il ne lui restait que la vue et le toucher, qui était d'une sensibilité extrême. Ignorante de toute chose, incapable par elle-même de remuer, elle ressemblait à un animal privé de cerveau. Elle avait bon appétit ; mais il fallait la nourrir, et elle mangeait tout indifféremment, avalant d'une manière purement automatique. — L'automatisme était si bien la seule forme d'activité dont elle était capable que, pendant des jours, sa seule occupation fut d'effiler, d'éplucher ou de couper en morceaux infiniment petits tout ce qui lui tombait sous la main : des fleurs, du papier, des vêtements, un chapeau de paille, etc., puis de disposer toutes ces bribes en dessins grossiers. — Plus tard, on lui donna tout ce qu'il fallait pour faire des raccommodages : après quelques leçons préparatoires, elle prit son aiguille et travailla alors incessamment du matin au soir, ne faisant au-

cune distinction entre le dimanche et les autres jours
et ne pouvant même en saisir la différence. Elle ne
gardait aucun souvenir d'un jour à l'autre et chaque
matin recommençait une besogne nouvelle. Cependant, comme l'enfant, elle commençait à enregistrer
quelques idées et à acquérir quelque expérience. On la
mit alors à un travail d'une nature plus élevée, à faire
de la tapisserie. Elle paraissait prendre un grand plaisir
à regarder les patrons avec leurs fleurs et leur harmonie de couleurs ; mais, chaque jour, elle commençait
un nouveau travail, oubliant celui de la veille, à moins
qu'on ne le lui présentât.

Les idées, dérivées de son ancienne expérience, qui
paraissent s'être éveillées les premières, étaient liées
à deux sujets qui avaient fait sur elle une forte impression : sa chute dans la rivière et une affaire d'amour.
Quand on lui montrait un paysage où il y avait une
rivière ou la vue d'une mer agitée, elle était prise
d'une grande excitation, suivie d'une attaque de rigidité spasmodique avec insensibilité. Le sentiment de
frayeur que lui causait l'eau, surtout en mouvement,
était si grande qu'elle tremblait rien qu'à en voir verser
d'un vase dans un autre. Enfin on remarqua que, lorsqu'elle se lavait les mains, elle les mettait simplement
dans l'eau, sans les remuer.

Dès la première période de sa maladie, la visite d'un
jeune homme auquel elle était attachée lui causait un
plaisir évident, alors même qu'elle était insensible à
tout le reste. Il venait régulièrement tous les soirs, et
elle attendait régulièrement son arrivée. A une époque
où elle ne se rappelait pas d'une heure à l'autre ce
qu'elle avait fait, elle attendait anxieusement que la
porte s'ouvrît à l'heure accoutumée, et, s'il ne venait

pas, elle était de mauvaise humeur toute la soirée. Lorsqu'on l'emmenait à la campagne, elle devenait triste, irritable et était souvent prise d'attaques. Si, au contraire, le jeune homme restait près d'elle, l'amélioration physique, le retour des facultés intellectuelles et de la mémoire étaient visibles.

Ce retour, en effet, se faisait peu à peu. Un jour que sa mère avait un grand chagrin, elle s'écria subitement, après quelque hésitation : Qu'y a-t-il? A partir de ce moment, elle commença à articuler quelques paroles, mais sans appeler jamais les personnes ni les choses par leur vrai nom. Le pronom « ceci » était son terme favori ; elle l'appliquait indistinctement à tout objet, animé ou inanimé. Les premiers objets qu'elle ait appelés par leur vrai nom sont des fleurs sauvages qu'elle aimait beaucoup dans son enfance : et à ce moment elle n'avait pas encore le plus léger souvenir des endroits ni des personnes familières à son enfance.

« La manière dont elle recouvra sa mémoire est extrêmement remarquable. La santé et la force paraissaient complètement revenues, son vocabulaire s'étendait, sa capacité mentale augmentait, lorsqu'elle apprit que son amant courtisait une autre femme. Cette idée excita sa jalousie, qui, dans une certaine occasion, fut si intense qu'elle tomba dans un état d'insensibilité qui, par la durée et l'intensité, ressemblait à sa première attaque. Et cependant ce fut son retour à la santé. Son insensibilité passée, le voile de l'oubli se déchira, et, comme si elle se réveillait d'un long sommeil de douze mois, elle se retrouva entourée de son grand-père, de sa grand'mère, de leurs vieux amis dans la vieille maison de Soreham. Elle s'éveilla en possession de ses facultés naturelles et de ses connais-

sances antérieures, mais sans le moindre souvenir de
ce qui s'était passé pendant l'intervalle d'une année,
depuis sa première attaque jusqu'à ce moment de retour. Elle parlait, mais n'entendait pas : elle était
encore sourde ; mais, pouvant lire et écrire comme
autrefois, elle n'était plus privée de communication
avec ses semblables. A partir de ce moment, ses progrès furent rapides, quoiqu'elle soit restée sourde
quelque temps encore. Elle comprenait aux mouvements des lèvres ce que disait sa mère (mais sa mère
seulement), et elles conversaient ensemble rapidement
et facilement. Elle n'avait aucune idée du changement
qui s'était produit chez son amant pendant son état de
« seconde conscience ». Une explication pénible fut
nécessaire. Elle la supporta bien. Depuis, elle a complètement recouvré sa santé physique et intellectuelle [1]. »

Nous verrons plus tard, après avoir parcouru tout
l'ensemble des faits, quelles conclusions générales sur
le mécanisme de la mémoire ressortent de sa pathologie. Pour le moment, nous nous bornerons à quelques remarques que suggèrent les cas précédents.

Il faut d'abord observer que, quoiqu'ils soient confondus par les médecins sous le titre commun d'amnésies totales, ils appartiennent en réalité, au point de
vue psychologique, à deux types morbides différents.

Le premier type (représenté par les cas de Villiers,
Laycock, Mortimer Grenville, etc., etc.) est de beaucoup le plus fréquent. Si nous n'en avons donné qu'un
petit nombre d'exemples, c'est pour ne pas fatiguer le

---

1. Dunn, in *the Lancet*, 1845, november 16-29, ap. Carpenter,
p. 460 et suiv.

lecteur par une répétition monotone et sans profit. Ce qui le caractérise psychologiquement, c'est que l'amnésie ne porte que sur les formes *les moins automatiques et les moins organisées de la mémoire*. Dans les cas qui appartiennent à ce groupe morbide, on ne voit disparaître ni les habitudes, ni l'aptitude à un métier manuel, à coudre, à broder, ni la faculté de lire, d'écrire, de parler sa langue ou d'autres langues : en un mot, la mémoire sous sa forme organisée ou semi-organisée reste indemne. La destruction pathologique est limitée aux formes les plus élevées et les plus instables de la mémoire, à celles qui ont un caractère personnel et qui, accompagnées de conscience et de localisation dans le temps, constituent ce que nous avons appelé, dans le précédent chapitre, la mémoire psychique proprement dite. — De plus, on doit remarquer aussi que l'amnésie porte sur les faits les plus récents; que, partant du présent, elle s'étend en arrière sur une période de durée variable [1]. Au premier abord, ce fait peut surprendre, parce que rien ne paraît plus vif et plus fort que nos souvenirs récents. En réalité, ce résultat est logique, la stabilité d'un souvenir étant en raison directe de son degré d'organisation. Je n'insiste pas sur ce point, qui sera longuement examiné ailleurs.

La raison physiologique des amnésies de ce groupe ne peut donner lieu qu'à des hypothèses, et il est probable qu'elle varie suivant les cas. D'abord (observation de Laycock en particulier), la faculté d'enregistrer

---

1. Je dois cependant mentionner un fait rapporté par Brown Séquard, d'après lequel un malade à la suite d'une attaque d'apoplexie aurait perdu la mémoire de cinq années de sa vie. Ces cinq ans, qui comprenaient l'époque de son mariage, *finissaient* juste six mois avant la date de son attaque.

les expériences nouvelles est suspendue temporairement : à mesure qu'ils paraissent, les états de conscience disparaissent sans laisser de trace. Mais les
souvenirs précédemment enregistrés pendant des semaines, des mois, des années, que deviennent-ils ? Ils
ont duré, ils ont été conservés et rappelés ; ils semblaient une acquisition stable, et cependant, à leur
place, il ne reste qu'un vide. Le malade ne le comble
que par artifice et indirectement, à l'aide du témoignage d'autrui et de ses réflexions personnelles qui
rattachent tant bien que mal son présent à ce qui lui
reste de son passé. Les observations ne disent pas qu'il
comble jamais ce vide par une réminiscence directe.
On peut dès lors faire également deux suppositions :
ou bien que l'enregistrement des états antérieurs est
effacé ; ou bien que, la conservation des états antérieurs persistant, leur aptitude à être ravivés par des
associations avec le présent est anéantie. Nous sommes
hors d'état de décider pertinemment entre les deux
hypothèses.

Le deuxième type morbide, peu fréquent, est représenté par les cas de Sharpey et de Winslow (l'observation de Dunn forme une transition vers le groupe
des amnésies intermittentes). Ici, le travail de destruction est complet ; la mémoire sous toutes ses formes —
organisée, semi-organisée, consciente — est abolie ;
c'est l'amnésie complète. Nous avons vu que les auteurs qui l'ont décrite comparent le malade à un enfant
et son esprit à une table rase. Cependant ces expressions ne doivent pas être prises au sens rigoureux. Les
cas de rééducation que nous avons relatés montrent
que, si toute l'expérience antérieure est anéantie, il
reste cependant dans le cerveau quelques aptitudes

latentes. L'extrême rapidité de la nouvelle éducation, surtout dans les derniers temps, ne s'expliquerait pas sans cela. Les faits portent invinciblement à croire que ce retour, qui paraît l'œuvre de l'art, est surtout l'œuvre de la nature. La mémoire revient parce qu'aux éléments nerveux atrophiés succèdent avec le temps d'autres éléments qui ont les mêmes propriétés primitives et acquises que ceux qu'ils remplacent. Ceci démontrerait encore la relation qui existe entre la mémoire et la nutrition.

Enfin, car toutes les observations d'amnésie ne se laissent pas réduire à une seule formule, dans les cas où la perte et le retour de la mémoire sont brusques, il est difficile de ne pas voir l'analogue de ces phénomènes d'arrêt de fonction ou d' « inhibition » que la physiologie étudie actuellement avec ardeur et dont on sait si peu de chose.

Nous n'indiquons ces conclusions qu'en passant. Il serait prématuré de nous y arrêter maintenant. Continuons notre revue des faits, en étudiant les amnésies périodiques.

II

L'étude des amnésies à *forme périodique* est bien plus propre à mettre en lumière la nature du moi et les conditions d'existence de la personne consciente qu'à nous montrer le mécanisme de la mémoire sous un aspect nouveau. Elle constitue un chapitre intéressant d'un travail qui n'a jamais été fait sous sa forme complète et auquel on pourrait donner pour titre : Des maladies et des aberrations de la personnalité. Il nous

sera très difficile de ne pas glisser à chaque instant
dans ce sujet. J'essayerai de n'en dire que ce qui est
indispensable pour la clarté de l'exposition.

Je serai sobre de faits : ils sont assez connus. L'étude
des cas appelés « de double conscience » est fort à la
mode. L'observation si détaillée et si instructive du
Dr Azam, en particulier, a fait comprendre au public
mieux que toute définition en quoi consiste l'amnésie
périodique. Je me bornerai donc à passer en revue les
cas principaux, en allant de la forme la plus parfaite
d'amnésie périodique aux formes qui n'en sont guère
que l'ébauche.

I. Le cas le plus net, le plus franc, le plus complet
d'amnésie périodique est celui qui a été rapporté par
Macnish dans sa *Philosophy of sleep* et qui depuis a été
souvent cité. « Une jeune dame américaine, au bout
d'un sommeil prolongé, perdit le souvenir de tout ce
qu'elle avait appris. Sa mémoire était devenue une
table rase. Il fallut tout lui rapprendre. Elle fut obligée d'acquérir de nouveau l'habitude d'épeler, de lire,
d'écrire, de calculer, de connaître les objets et les personnes qui l'entouraient. Quelques mois après, elle fut
reprise d'un profond sommeil, et, quand elle s'éveilla,
elle se retrouva telle qu'elle avait été avant son premier
sommeil, ayant toutes ses connaissances et tous les
souvenirs de sa jeunesse, par contre ayant complètement oublié ce qui s'était passé entre ses deux accès.
Pendant quatre années et au delà, elle a passé périodiquement d'un état à l'autre, toujours à la suite d'un
long et profond sommeil..... Elle a aussi peu conscience de son double personnage que deux personnes

distinctes en ont de leurs natures respectives. Par
exemple, dans l'ancien état, elle possède toutes ses
connaissances primitives. Dans le nouvel état, elle a
seulement celles qu'elle a pu acquérir depuis sa maladie. Dans l'ancien état, elle a une belle écriture.
Dans le nouveau, elle n'a qu'une pauvre écriture ma-
ladroite, ayant eu trop peu de temps pour s'exercer.
Si des personnes lui sont présentées dans un des deux
états, cela ne suffit pas; elle doit, pour les connaître
d'une manière suffisante, les voir dans les deux états.
Il en est de même des autres choses [1]. »

En laissant de côté, pour le moment, ce qui concerne l'alternance des deux personnalités, il faut remarquer qu'il s'est formé ici deux mémoires complètes
et absolument indépendantes l'une de l'autre. Ce n'est
pas seulement la mémoire des faits personnels, la mémoire pleinement consciente qui est coupée en deux
parties qui ne se mêlent jamais et s'ignorent récipro-
quement : c'est même cette mémoire semi-organique,
semi-consciente qui permet de parler, de lire et d'écrire.
L'observation ne nous apprend pas si cette scission de
la mémoire s'est étendue même aux formes purement
organiques, aux habitudes; si la malade a été obligée,
par exemple, de rapprendre à se servir de ses mains
pour les besognes les plus vulgaires (manger, s'habiller, etc.). Même en supposant que ce groupe d'acquisitions soit resté intact, la séparation en deux
groupes tranchés et indépendants est encore aussi
complète qu'un observateur difficile peut le souhaiter.

---

1. Macnish, dans Taine. *De l'Intelligence,* t. I, p. 165, et dans
Combe, *System of Phrenology,* p. 173.

Le Dr Azam a relaté un fait qui se rapproche du précédent, quoique beaucoup moins net. La mémoire normale disparaît et reparaît périodiquement. Dans l'intervalle, il ne se forme pas une mémoire nouvelle; mais le malade conserve quelques faibles débris de l'ancienne. C'est du moins ce que l'on peut inférer d'une observation dont les détails psychologiques ne sont pas toujours précis [1]. Il s'agit d'un adolescent qui, à la suite d'accidents hystériques ou choréiques, perd complètement la mémoire du passé, a oublié tout ce qu'on lui a enseigné, ne sait plus lire, ni écrire, ni compter, et ne reconnaît plus les personnes qui l'entourent, sauf son père, sa mère et la religieuse qui le soigne. On voit cependant que, tant que dure cette amnésie (et elle dure d'ordinaire un mois), le jeune homme peut monter à cheval, conduire une voiture, vivre de la vie ordinaire et dire très régulièrement ses prières au moment convenable. La mémoire revient en général brusquement. Autant qu'on en peut juger, ce qui se produit ici, c'est une suspension périodique de la mémoire sous ses formes instables et demi-stables ou, si l'on préfère, conscientes et demi-conscientes (la conscience étant en général en raison inverse de la stabilité). Mais tout ce qui est mémoire organisée, routine, n'est pas entamé : les dernières assises de la mémoire tiennent bon. Je ne veux d'ailleurs pas insister sur une observation qui est trop écourtée pour l'interprétation psychologique.

----

1. *Revue scientifique*, 22 décembre 1877. Il est dit par exemple que, pendant un de ses accès, le malade « peut causer avec intelligence et vivacité, sans avoir cependant recouvré la mémoire » (??).

II. Une deuxième forme, moins complète et plus fréquente de l'amnésie périodique est celle dont le Dr Azam nous a donné une description si intéressante dans le cas de Félida X... et dont le Dr Dufay a rencontré l'analogue chez l'une de ses malades. Ces cas sont si connus et les documents originaux sont si faciles à consulter qu'il suffira de les résumer en quelques mots.

Une femme, hystérique, est atteinte depuis 1856 d'un singulier mal qui la fait vivre d'une double vie, passer alternativement par deux états que M. Azam désigne sous les noms de « condition première » et « condition seconde ». Si nous prenons cette femme dans son état normal ou condition première, elle est sérieuse, grave, réservée, laborieuse. Subitement, elle paraît prise de sommeil, elle perd la conscience, et, quand elle revient à elle, nous la trouvons en condition seconde. Dans ce nouvel état, son caractère a changé : elle est devenue gaie, turbulente, imaginative, coquette. « Elle se souvient parfaitement de tout ce qui s'est passé pendant les autres états semblables qui ont précédé et *pendant sa vie normale.* » Puis, après une période plus ou moins longue, elle est de nouveau prise de torpeur. Quand elle en sort, elle se retrouve dans sa condition première. Mais, dans cet état, elle a oublié tout ce qui s'est passé dans sa condition seconde; elle ne se souvient que des périodes normales antérieures. Ajoutons que, à mesure que la malade avance en âge, les périodes d'état normal (condition première) deviennent de plus en plus courtes et rares et que la transition d'un état à l'autre qui durait autrefois dix minutes se fait maintenant avec une rapidité insaisissable.

Tels sont les traits essentiels de cette observation. En vue de notre étude spéciale, elle peut se résumer en quelques mots. La malade passe alternativement par deux états: dans l'un, elle a toute sa mémoire; dans l'autre, elle n'a qu'une mémoire partielle, formée de tous les états de même nature qui se soudent entre eux.

Le cas de la malade de Blois rapporté par le Dr Dufay est analogue. Pendant la période qui correspond à la « condition seconde » de Félida, la malade « se rappelle les plus petits faits, qu'ils aient eu lieu à l'état normal ou pendant l'état de somnambulisme. » Il y a aussi le même changement du caractère, et, pendant sa période de mémoire complète, la malade qualifie son état normal « d'état bête » [1].

Il importe de remarquer que, dans cette forme de l'amnésie périodique, il y a une partie de la mémoire qui n'est jamais atteinte, qui subsiste dans un état comme dans l'autre. « Dans ces deux états, dit le Dr Azam, la malade sait parfaitement lire, écrire, compter, tailler, coudre. » Il n'y a pas ici, comme dans le cas de Macnish, une scission complète. Les formes demi-conscientes de la mémoire coopèrent également aux deux formes de la vie mentale.

III. Pour terminer notre exposé des divers modes d'amnésie périodique, mentionnons certains cas qui n'en donnent que l'ébauche : ils se rencontrent dans le somnambulisme naturel ou provoqué. Généralement, les somnambules, leur accès passé, n'ont aucun souvenir de ce qu'ils ont dit ou fait ; mais chaque crise

1. Pour les détails, voir Azam. *Revue scientifique*, 1876, 20 mai, 16 septembre; 1877, 10 novembre; 1879, 8 mars; et Dufay, *ibid.*, 15 juillet 1876.

ramène le souvenir des crises précédentes. Il y a des exceptions à cette loi ; mais elles sont rares. On a souvent cité, d'après Macario, l'histoire de cette fille qui fut violée pendant un accès et n'en avait aucune connaissance au réveil, mais qui, dans l'accès suivant, révéla le fait à sa mère. Le Dr Mesnet a été témoin d'une tentative de suicide poursuivie avec beaucoup de lucidité par une malade pendant deux accès consécutifs [1]. Une jeune servante, pendant trois mois, croyait tous les soirs être un évêque, parlait et agissait en conséquence (Combe), et Hamilton nous parle d'un pauvre apprenti qui, dès qu'il s'endormait, se croyait père de famille, riche, sénateur, reprenait chaque nuit son histoire très régulièrement, la racontait tout haut, très distinctement et reniait son état d'apprenti, quand on l'interpellait à cet égard. Il est inutile de multiplier des exemples qui se trouvent partout et dont la conclusion évidente, c'est qu'à côté de la mémoire normale il se forme pendant les accès une mémoire partielle, temporaire et parasite.

En résumant les caractères généraux des amnésies périodiques tels que ces faits nous les montrent, nous trouvons d'abord la *constitution de deux mémoires*.

Dans les cas complets (Macnish), les deux mémoires sont exclusives l'une de l'autre ; quand l'une paraît, l'autre disparaît. Chacune se suffit ; chacune réclame pour ainsi dire son matériel complet. Cette mémoire organisée, qui permet de parler, de lire, d'écrire, n'est pas un fonds commun aux deux états. Il se forme pour chacun une mémoire distincte des mots, des signes graphiques, des mouvements pour les tracer.

1. *Archives générales de médecine*, 1860, t. XV, p. 147.

5.

Dans les cas incomplets (Azam, Dufay, somnambulisme), avec la mémoire normale alterne une mémoire
partielle. La première embrasse la totalité des états
de conscience; la seconde, un groupe restreint d'états
qui par un triage naturel se séparent des autres et
forment dans la vie de l'individu une suite de tronçons qui se rejoignent. Mais elles gardent un fonds
commun constitué par les formes les moins stables,
les moins conscientes de la mémoire qui entrent indifféremment dans les deux groupes.

Le résultat de cette scission de la mémoire, c'est
que l'individu s'apparaît à lui-même — ou du moins
aux autres — comme ayant une double vie. Illusion
naturelle, le moi consistant (ou paraissant consister)
dans la possibilité d'associer aux états présents des
états qui sont reconnus, c'est-à-dire localisés dans le
passé, suivant un mécanisme que nous avons essayé de
décrire précédemment. Il y a ici deux centres distincts
d'association et d'attraction. Chacun attire un groupe
d'états et reste sans influence sur les autres.

Il est évident que cette formation de deux mémoires
dont chacune exclut l'autre en totalité ou en partie
ne peut pas être un fait primitif; c'est le symptôme
d'un processus morbide; c'est l'expression psychique
d'un désordre qui reste à déterminer. Ceci nous conduit, à notre grand regret, à traiter en passant une
grosse question : celle des conditions de la personnalité.

Laissons d'abord de côté l'idée d'un *moi* conçu
comme une entité distincte des états de concience.
C'est une hypothèse inutile et contradictoire; c'est
une explication digne d'une psychologie à l'état d'enfance, qui prend pour simple ce qui paraît simple, qui

invente au lieu d'expliquer. Je me rattache à l'opinion des contemporains qui voient dans la personne consciente un composé, une résultante d'états très complexes.

Le moi, tel qu'il s'apparaît à lui-même, consiste en une somme d'états de conscience. Il y en a un principal autour duquel se groupent des états secondaires qui tendent à le supplanter et qui sont eux-mêmes poussés par d'autres états à peine conscients. L'état qui tient le premier rôle, après une lutte plus ou moins longue, fléchit, est remplacé par un autre autour duquel un groupement analogue se constitue. Le mécanisme de la conscience est comparable, sans métaphore, à celui de la vision. Dans celle-ci, il y a un *point* visuel qui seul donne une perception nette et précise : autour de lui, il y a un *champ* visuel qui décroît en netteté et en précision à mesure qu'il s'éloigne du centre et se rapproche de la circonférence. Notre moi de chaque moment, ce présent perpétuellement renouvelé, est en grande partie alimenté par la mémoire, c'est-à-dire qu'à l'état présent s'associent d'autres états qui, rejetés et localisés dans le passé, constituent notre personne telle qu'elle s'apparaît à chaque instant. En un mot, le moi peut être considéré de deux manières : ou bien sous sa forme actuelle, et alors il est la somme des états de conscience actuels; ou bien dans sa continuité avec son passé, et alors il est formé par la mémoire suivant un mécanisme que nous avons décrit plus haut.

Il semblerait, à ce compte, que l'identité du moi repose tout entière sur la mémoire. Ce serait, par une réaction mal entendue contre les entités, ne voir qu'une partie de ce qui est. Sous ce composé instable qui se fait, se défait et se refait à chaque instant, il y a quelque chose qui demeure : c'est cette conscience obscure qui est le résultat de toutes les actions vitales, qui constitue la perception de notre propre corps et qu'on a désignée d'un seul mot : la cénesthésie. Le sentiment que nous en avons est si vague qu'il est difficile d'en parler d'une manière précise. C'est une manière d'être qui, se répétant perpétuellement, n'est pas plus sentie qu'une habitude. Mais, si elle n'est sentie ni en elle-même ni dans ces variations lentes qui constituent l'état normal, elle a des variations brusques ou simplement rapides qui changent la personnalité. Tous les aliénistes professent que la période d'incubation des maladies mentales se traduit non par des troubles intellectuels, mais par des changements dans le *caractère* qui n'est que l'aspect psychique de la cénesthésie. On voit de même une lésion organique souvent ignorée transformer la cénesthésie, substituer au sentiment ordinaire de l'existence un état de tristesse, d'angoisse, d'anxiété (sans cause, dit le malade); parfois un état de joie, de plénitude, d'exubérance, de parfait bonheur : expression trompeuse d'une grave désorganisation et dont le plus frappant exemple se rencontre dans ce qu'on a appelé l'euphorie des mourants. Tous ces changements ont une cause physiologique, ils en représentent le retentissement dans la conscience, et quant à dire que, si ces variations sont senties, l'état normal ne l'est pas, autant vaudrait soutenir que la vie régulière n'est pas une manière de vivre, parce qu'elle est monotone. Ce sentiment de la vie, qui, parce qu'il se répète perpétuellement, reste au-dessous de la conscience, est la base véritable de la personnalité. Il l'est, parce que, toujours présent, tou-

jours agissant, sans repos ni trêve, il ne connaît ni le
sommeil ni la défaillance, et qu'il dure autant que la
vie, dont il n'est qu'une forme. C'est lui qui sert de
support à ce moi conscient que la mémoire constitue ;
c'est lui qui rend les associations possibles et les maintient.

L'unité du moi n'est donc pas celle d'un point mathématique, mais celle d'une machine très compliquée. C'est un consensus d'actions vitales, coordonnées
d'abord par le système nerveux, le coordinateur par
excellence, puis par la conscience, dont la forme naturelle est l'unité. Il est en effet dans la nature des états
psychiques de ne pouvoir coexister qu'en très petit
nombre, groupés autour d'un principal qui seul représente la conscience dans sa plénitude.

Supposons maintenant qu'on puisse d'un seul coup
changer notre corps et en mettre un autre à sa place :
squelette, vaisseaux, viscères, muscles, peau, tout est
neuf, sauf le système nerveux, qui reste le même avec
tout son passé enregistré en lui. Il n'est pas douteux
en ce cas que l'afflux de sensations vitales insolites ne
produise le plus grand désordre. Entre l'ancienne cénesthésie gravée dans le système nerveux et la nouvelle agissant avec l'intensité de tout ce qui est actuel
et nouveau, il y aurait une contradiction inconciliable.
Cette hypothèse se réalise en une certaine mesure dans
des cas morbides. Des troubles organiques obscurs,
une anesthésie totale modifient parfois la cénesthésie,
au point que le sujet croit être en pierre, en beurre,
en cire, en bois, avoir changé de sexe ou être mort.
En dehors des cas morbides, qu'on remarque ce qui
se produit à la puberté : « Avec l'entrée en activité de
certaines parties du corps qui jusque-là étaient restées

dans un calme complet et avec la révolution totale qui
se produit dans l'organisme à cette époque de la vie,
de grandes masses de sensations nouvelles, de pen-
chants nouveaux, d'idées vagues ou distinctes, et d'impulsions nouvelles passent en un espace de temps relativement court à l'état de conscience. Elles pénètrent
peu à peu le cercle des idées anciennes et arrivent à
faire partie intégrante du moi. Celui-ci devient par là
même tout autre ; il se renouvelle, et le sentiment de
soi-même subit une métamorphose radicale. Jusqu'à
ce que l'assimilation soit complète, cette pénétration
et cette dissociation du moi primitif ne peuvent guère
s'accomplir sans qu'il se passe de grands mouvements
dans notre conscience et sans qu'elle subisse un ébran-
lement tumultueux [1]. » — On peut dire que toutes les
fois que les changements de la cénesthésie, au lieu
d'être insensibles, ou temporaires, sont rapides et per-
manents, un désaccord éclate entre les deux éléments
qui constituent notre personnalité à l'état normal : le
sentiment de notre corps et la mémoire consciente. Si
le nouvel état tient bon, il devient le centre auquel se
rattachent les associations nouvelles ; il se forme ainsi
un nouveau complexus, un nouveau moi. L'antagonisme entre ces deux centres d'attraction — l'ancien,
qui est en voie de dissolution ; le nouveau, qui est en
voie de progression — produit suivant les circonstances
des résultats divers. Tantôt l'ancien moi disparaît,
après avoir enrichi le nouveau de ses dépouilles, c'est-
à-dire d'une partie des associations qui le constituaient. Tantôt les deux *moi* alternent sans parvenir à

---

1. Griesinger, *Traité des maladies mentales*, p. 55 et suiv.
Tout ce passage est excellent comme analyse.

se supplanter. Tantôt l'ancien moi n'existe plus que dans la mémoire ; mais, n'étant rattaché à aucune cénesthésie, il apparaît au nouveau moi comme un étranger [1].

La digression qui précède avait pour but d'appuyer sur des raisons ce qui avait été simplement affirmé : L'amnésie périodique n'est qu'un phénomène secondaire ; elle a sa cause dans un désordre vital, — le sentiment de l'existence qui n'est à proprement parler que le sentiment de l'unité de notre corps passant par deux phases alternantes. Tel est le fait primitif qui entraîne la formation de deux centres d'association et par conséquent de deux mémoires.

Pour aller plus loin, d'autres questions se posent auxquelles on ne peut malheureusement pas répondre :

1º Quelle est la cause physiologique de ces variations rapides et régulières de la cénesthésie ? On n'a émis sur ce point que des hypothèses (état du système vasculaire, action inhibitoire, etc.).

2º Quelle est la raison qui rattache à chaque forme de la cénesthésie certaines formes d'association à l'exclusion des autres ? On n'en sait rien. On peut affirmer seulement que, dans les amnésies périodiques, la conservation reste intacte, c'est-à-dire que les modifications cellulaires et les associations dynamiques subsis-

---

1. C'est ainsi que j'explique un cas de Leuret (*Fragments psych. sur la folie*, p. 277) souvent cité. Une aliénée qui ne se désignait que par « la personne de moi-même » avait conservé la mémoire très exacte de sa vie jusqu'au commencement de sa folie ; mais elle rapportait cette période de sa vie à une autre. De l'ancien moi, la mémoire seule avait persisté. Il y aurait beaucoup à dire sur ces désordres de la personnalité, mais cela sortirait de notre sujet.

tent : la faculté de réviviscence seule est atteinte. Les associations ont deux points de départ : un état A éveille quelques groupes, mais est incapable d'éveiller les autres ; un état B fait le contraire ; certains groupes entrent également dans les deux complexus (cas de scission incomplète).

En somme, deux états physiologiques qui par leur alternance déterminent deux cénesthésies qui déterminent deux formes d'association et par suite deux mémoires.

Pour compléter nos remarques, il est bon d'ajouter quelques mots sur cette liaison naturelle qui s'établit, malgré des interruptions quelquefois longues, entre les périodes de même nature, particulièrement entre les divers accès de somnambulisme. Ce fait intéressant à plusieurs titres ne doit être examiné ici qu'au point de vue du retour périodique et régulier des mêmes souvenirs. Si bizarre qu'il paraisse d'abord, il est logique et s'accorde parfaitement avec notre conception du moi. Car, si le moi n'est à chaque instant que la somme des états de conscience actuels et des actions vitales dans lesquelles la conscience a ses racines, il est clair que, toutes les fois que ce complexus physiologique et psychique se reconstituera, le moi se retrouvera le même et les mêmes associations seront éveillées. Dans chaque accès, il se produit un état physiologique particulier ; les sens sont en grande partie fermés aux excitations extérieures ; par suite, beaucoup d'associations ne peuvent plus être suscitées. Il y a simplification de la vie mentale, réduction à une condition presque mécanique. Il est clair d'ailleurs que ces états se ressemblent beaucoup entre eux, en raison de leur simplicité même, et qu'ils diffèrent totalement de l'état

de veille. Dès lors, il est naturel que les mêmes conditions entraînent les mêmes effets, que les mêmes éléments donnent lieu aux mêmes combinaisons, que les
mêmes associations soient éveillées à l'exclusion des
autres. Elles trouvent dans l'état pathologique leurs
conditions d'existence, qui dans l'état normal ne se
rencontrent pas ou sont en lutte avec beaucoup d'autres.

Dans l'état de santé et de veille, en effet, les phénomènes de conscience sont trop variés, trop nombreux,
pour que la même combinaison ait des chances de se
reproduire plusieurs fois. Cela arrive cependant dans
certains cas bizarres, par suite de causes inconnues.
« Un *clergyman*, dit le Dr Reynolds, en apparence très
bien portant, célébrait le service un dimanche; il
choisit les hymnes, les leçons, prononça une prière
extemporanée. Le dimanche suivant, il procéda exactement de la même manière, choisit les mêmes hymnes,
les mêmes leçons, récita la même prière, prit le même
texte et prononça le même sermon. En descendant de
la chaire, il n'avait aucun souvenir d'avoir fait, le dimanche précédent, ce qu'il venait de répéter entièrement. Il en fut fort effrayé et redouta longtemps une
maladie cérébrale qui ne survint pas [1]. » On a vu
l'ivresse produire le même retour du souvenir, comme
dans le cas très connu de ce commissionnaire irlandais
qui, ayant perdu un paquet pendant qu'il était ivre,
s'enivra de nouveau et se rappela où il l'avait laissé.

Comme nous l'avons dit en commençant, les amnésies périodiques, si curieuses qu'elles soient, en apprennent plus long sur la nature du moi que sur celle

---

1. Reynolds ap. Carpenter, p. 444.

de la mémoire. Elles renferment cependant une part d'enseignement : nous y reviendrons dans le paragraphe qui va suivre.

III

Les amnésies *progressives* sont celles qui, par un travail de dissolution lent et continu, conduisent à l'abolition complète de la mémoire. Cette définition est applicable à la plupart des cas. C'est par exception seulement que l'évolution morbide n'aboutit pas à une extinction totale. La marche de la maladie est très simple ; peu frappante, comme tout ce qui se produit par actions lentes ; très intructive, parce que, en nous montrant comment la mémoire se désorganise, elle nous apprend comment elle est organisée.

Nous n'avons pas à rapporter ici de cas particuliers, rares, exceptionnels. Il y a un type morbide à peu près constant qu'il suffit de décrire.

La première cause de la maladie est une lésion du cerveau à marche envahissante (hémorrhagie cérébrale, apoplexie, ramollissement, paralysie générale, atrophie des vieillards, etc., etc.). Pendant la période initiale, il n'existe que des désordres partiels. Le malade est sujet à de fréquents oublis qui portent toujours sur les faits *récents*. S'il interrompt une besogne, elle est oubliée. Les événements de la veille, de l'avant-veille, un ordre reçu, une résolution prise, tout cela est aussitôt effacé. Cette amnésie partielle est un symptôme banal de la paralysie générale à son début. Les asiles d'aliénés sont pleins de malades de cette catégorie qui, le lendemain de leur entrée, affirment qu'ils

y sont depuis un an, cinq ans, dix ans ; qui n'ont
qu'un souvenir vague d'avoir quitté leur maison et
leur famille ; qui ne peuvent désigner le jour de la
semaine ni le nom du mois. Mais le souvenir de ce qui
a été fait et acquis avant la maladie reste encore
solide et tenace. Tout le monde sait aussi que, chez
les vieillards, l'affaiblissement très marqué de la mémoire est relatif aux faits récents.

Là se bornent, ou à peu près, les données de la psychologie courante. Elle semble admettre, au moins
implicitement, que la dissolution de la mémoire ne suit
aucune loi. Nous allons donner la preuve du contraire.

Pour découvrir cette loi, il faut étudier psychologiquement la marche de la démence[1]. Dès que la période
de prodromes, dont on vient de parler, est dépassée, il
se produit un affaiblissement général et graduel de
toutes les facultés, qui finit par réduire l'individu à une
vie toute végétative. Les médecins ont distingué, suivant leurs causes, diverses espèces de démence (sénile,
paralytique, épileptique, etc.). Ces distinctions sont
pour nous sans intérêt. Le travail de dissolution mentale reste au fond le même, quelles qu'en soient les
causes, et c'est la seule chose qui nous importe. Or la
question qui se pose est celle-ci : Dans cette dissolution, la perte de la mémoire suit-elle un ordre?

Les nombreux aliénistes qui ont laissé des descriptions de la démence ne se sont pas arrêtés à cette
question, sans portée pour eux. Leur témoignage n'en
aura que plus de valeur, si nous pouvons découvrir
chez eux une réponse : et elle s'y trouve. Quand on

---

1. Nous prenons ici le mot démence au sens médical et non
comme synonyme de folie en général.

interroge les meilleures autorités (Griesinger, **Bail-**
larger, Falret, Foville, etc., etc.), on découvre que l'amnésie, après avoir été limitée d'abord aux faits récents,
s'étend aux idées, puis aux sentiments et aux affections
et finalement aux actes. Nous avons là toutes les données d'une loi. Pour la dégager, il suffit d'examiner
successivement ces divers groupes.

1° Il est d'observation si vulgaire que l'affaiblissement de la mémoire porte d'abord sur les faits récents,
qu'on ne remarque pas combien cela est choquant pour
le sens commun. Il serait naturel de croire *à priori*
que les faits les plus récents, les plus voisins du présent sont les plus stables, les plus nets ; et c'est ce qui
arrive à l'état normal. Mais, au début de la démence,
il se produit une lésion anatomique grave : un commencement de dégénérescence des cellules nerveuses.
Ces éléments en voie d'atrophie ne peuvent plus conserver les impressions nouvelles. En termes plus
précis, ni une modification nouvelle dans les cellules,
ni la formation de nouvelles associations dynamiques
n'est possible ou au moins durable. Les conditions
anatomiques de la stabilité et de la réviviscence manquent. Si le fait est totalement neuf, il ne s'inscrit pas
dans les centres nerveux ou est aussitôt effacé [1]. S'il
n'est qu'une répétition d'expériences antérieures et
encore vivaces, le malade rejette le fait dans le passé ;
les circonstances concomitantes du fait actuel s'effacent
bien vite et ne permettent plus de le localiser à sa
place. Mais les modifications fixées dans les éléments

---

1. Dans un cas de démence sénile, un malade, pendant quatorze mois, n'a jamais reconnu son médecin, qui venait le visiter tous les jours (Felmann, *Archiv. für Psychiatrie*, 1864).

nerveux depuis de longues années et devenues organiques , les associations dynamiques et les groupes
d'associations cent fois et mille fois répétées persistent
encore ; elles ont une plus grande force de résistance
contre la destruction. Ainsi s'explique ce paradoxe de
la mémoire : *Le nouveau meurt avant l'ancien.*

2° Bientôt ce fonds ancien sur lequel le malade peut
encore vivre s'entame à son tour. Les acquisitions intellectuelles se perdent peu à peu (connaissances scientifiques, artistiques, professionnelles, langues étran-
gères, etc.). Les souvenirs personnels s'effacent *en descendant vers le passé.* Ceux de l'enfance disparaissent
les derniers. Même à une époque avancée, des aven-
tures, des chants du premier âge reviennent. Souvent,
les déments ont oublié une grande partie de leur
propre langue. Quelques expressions reviennent par
accident ; mais d'ordinaire ils répètent d'une manière
automatique les mots qui leur sont restés (Griesinger,
Baillarger). Cette dissolution intellectuelle a pour
cause anatomique une atrophie qui envahit peu à peu
l'écorce du cerveau, puis la substance blanche, produisant une dégénérescence graisseuse et athéromateuse
des cellules, des tubes et des capillaires de la substance
nerveuse.

3° Les meilleurs observateurs ont remarqué « que
les facultés affectives s'éteignent bien plus lentement
que les facultés intellectuelles ». Il peut sembler sur-
prenant d'abord que des états aussi vagues que les
sentiments soient plus stables que les idées et les états
intellectuels en général. La réflexion montre que les
sentiments sont ce qu'il y a en nous de plus profond,
de plus intime, de plus tenace. Tandis que notre intelligence est acquise et comme extérieure à nous, nos

sentiments sont innés. Considérés dans leur source,
indépendamment des formes raffinées et complexes
qu'ils peuvent prendre, ils sont l'expression immédiate
et permanente de notre organisation. Nos viscères, nos
muscles, nos os, tout, jusqu'aux éléments les plus intimes de notre corps, contribuent pour leur part à les
former. Nos sentiments, c'est nous-mêmes ; l'amnésie
de nos sentiments, c'est l'oubli de nous-mêmes. Il est
donc logique qu'elle se produise à une époque où la
désorganisation est déjà si grande que la personnalité
commence à tomber par morceaux.

4° Les acquisitions qui résistent en dernier lieu sont
celles qui sont presque entièrement organiques : la
routine journalière, les habitudes contractées de longue
date. Beaucoup peuvent encore se lever, s'habiller,
prendre leurs repas régulièrement, se coucher, s'occuper
à des travaux manuels, jouer aux cartes et à d'autres
jeux, quelquefois même avec une aptitude remarquable, alors qu'ils n'ont plus ni jugement, ni volonté,
ni affections. Cette activité automatique, qui ne suppose qu'un minimum de mémoire consciente, appartient
à cette forme inférieure de la mémoire pour laquelle
les ganglions cérébraux, le bulbe et la moelle suffisent.

La destruction progressive de la mémoire suit donc
une marche logique, une loi. *Elle descend progressivement de l'instable au stable.* Elle commence par les
souvenirs récents qui, mal fixés dans les éléments nerveux, rarement répétés et par conséquent faiblement
associés avec les autres, représentent l'organisation
à son degré le plus faible Elle finit par cette mémoire
sensorielle, instinctive, qui, fixée dans l'organisme,
devenue une partie de lui-même ou plutôt lui-même,
représente l'organisation à son degré le plus fort. Du

terme initial au terme final, la marche de l'amnésie, réglée par la nature des choses, suit la ligne de la moindre résistance, c'est-à-dire de la moindre organisation. La pathologie confirme ainsi pleinement ce, que nous avons dit précédemment de la mémoire : « C'est un processus d'organisation à degrés variables compris entre deux limites extrêmes : l'état nouveau, l'enregistrement organique. »

Cette loi, que j'appellerai *loi de régression ou de réversion*, me paraît ressortir des faits, s'imposer comme une vérité objective. Cependant, pour dissiper tous les doutes et prévenir toutes les objections, j'ai pensé qu'il serait bon de vérifier cette loi par une contre-épreuve.

Si la mémoire, lorsqu'elle se défait, suit la marche invariable qui vient d'être indiquée, elle doit suivre une marche inverse lorsqu'elle se refait : les formes qui disparaissent les dernières doivent reparaître les premières, puisqu'elles sont les plus stables, et la restauration doit se faire en remontant.

Il est bien difficile de trouver des cas probants. D'abo d il faut que la mémoire revienne d'elle-même. Les cas de rééducation prouvent peu. De plus, il est rare que les amnésies progressives soient suivies de guérison. Enfin, l'attention n'ayant jamais été portée sur ce point, les documents font défaut. Les médecins préoccupés d'autres symptômes se contentent de noter que la mémoire « revient peu à peu ».

Dans son *Essai* cité plus haut, Louyer-Villermay observe « que, quand la mémoire se rétablit, elle suit dans sa réhabilitation un ordre inverse de celui qu'on observe dans son abolition : les faits, les adjectifs, les substantifs, les noms propres. » Il y a peu à tirer de cette remarque assez confuse. Voici qui est plus clair.

« Dernièrement, on a vu en Russie un célèbre astronome oublier tour à tour les événements de la veille, puis ceux de l'année, puis ceux des dernières années et ainsi de suite la lacune gagnant toujours, tant qu'enfin il ne lui restait plus que le souvenir des événements de son enfance. On le croyait perdu. Mais, par un arrêt soudain et un retour imprévu, la lacune se combla en sens inverse, les événements de la jeunesse redevenant visibles, puis ceux de l'âge mûr, puis les plus récents. puis ceux de la veille. La mémoire était restaurée tout entière quand il mourut[1]. »

L'observation qui suit est encore plus précise. Elle a été notée heure par heure. J'en transcris la plus grande partie [2].

« Je dois faire mention d'abord de quelques détails bien insignifiants en eux-mêmes, mais qu'il est nécessaire de connaître, parce qu'ils se lient à un phénomène remarquable. Dans les derniers jours de novembre, un officier de mon régiment fut blessé au pied gauche par le frottement d'une botte. Le 30 novembre, il alla à Versailles pour y avoir un entretien avec son frère. Il dîna dans cette ville, revint le même soir à Paris, et, en rentrant dans son logement, il trouva une lettre de son père sur la cheminée.

« Maintenant voici le fait lui-même. Le 1er décembre, cet officier était au manège et son cheval s'étant abattu, il tomba sur la partie droite du corps, surtout sur le pariétal droit. Cette commotion fut suivie d'une légère

---

1. Taine. *De l'Intelligence*, t. I, liv. II, chap. ii, § 4.
2. « Observation sur un cas de perte de mémoire » par M. Kœmpfen dans les *Mémoires de l'Académie de médecine*, 1835, tome IV, p. 489. Je dois l'indication de cette curieuse observation à M. le Dr Riti, médecin à l'asile de Charenton.

syncope. Revenu à lui, il remonta à cheval « pour dissiper un reste d'étourdissement » et il continua sa leçon d'équitation pendant trois quarts d'heure avec une grande régularité. Cependant de temps en temps, il disait à l'écuyer : « Je sors d'un rêve. Que m'est-il « donc arrivé? » On le reconduisit à son domicile.

Habitant la même maison que le malade, je fus mandé aussitôt. Il était debout, me reconnut, me salua comme à l'ordinaire et me dit : « Je sors comme d'un rêve. « Que m'est-il donc arrivé? » — Parole libre. Réponses justes à toutes les questions. Il ne se plaint que de confusion dans la tête.

« Malgré mes demandes, celles de son écuyer et de son domestique, il ne se rappelle ni sa blessure de l'avant-veille, ni son voyage à Versailles de la veille, ni sa sortie du matin, ni les ordres qu'il a donnés avant de sortir, ni sa chute, ni ce qui a suivi. Il reconnaît parfaitement tout le monde, appelle chacun par son nom, sait qu'il est officier, qu'il est de semaine, etc.

« Je n'ai pas laissé passer une heure sans observer ce malade. Chaque fois que je revenais à lui, il croyait toujours me voir pour la première fois. Il ne se rappelle aucune des prescriptions médicales qu'il vient de suivre (bain de pieds, frictions, etc.). En un mot, *rien n'existe pour lui que l'action du moment.*

« Six heures après l'accident, le pouls commença à se relever et le malade commença à retenir la réponse à lui faite tant de fois : Vous êtes tombé de cheval.

« Huit heures après l'accident, le pouls gagne encore ; le malade se souvient de m'avoir vu une fois.

« Deux heures et demie plus tard, le pouls est normal. Le malade n'oublie plus rien de ce qu'on lui dit. Il se rappelle parfaitement sa blessure au pied. Il commence

RIBOT. — *Mémoire*   6

aussi à se rappeler qu'il a été la veille à Versailles, mais d'une manière si incertaine qu'il avoue que si on lui affirmait bien positivement le contraire, il serait disposé à le croire. Cependant, le retour de la mémoire s'opérant toujours de plus en plus, il acquiert dans la soirée la conviction intime d'avoir été à Versailles. Mais c'est là que s'arrête pour ce jour le progrès du souvenir. Il se couche sans pouvoir se rappeler ce qu'il a fait à Versailles, comment il est revenu à Paris, ni comment il a reçu la lettre de son père.

« Le 2 décembre, après une nuit d'un sommeil tranquille, il se rappelle dès son réveil successivement ce qu'il a fait à Versailles, comment il en est revenu et qu'il a trouvé la lettre de son père sur la cheminée. Mais tout ce qu'il a fait vu ou entendu le 1er décembre avant sa chute, il l'ignore encore aujourd'hui, c'est-à-dire qu'il n'en a pas la connaissance par lui-même, mais seulement par des témoins.

« Cette perte de la mémoire a été, comme disent les mathématiciens, en raison inverse du temps qui s'est écoulé entre les actions et la chute, et le retour de la mémoire a été dans un ordre déterminé du plus loin au plus proche. »

Cette observation, faite sans esprit de système par un homme qui paraît très surpris de ce qu'il constate, n'est-elle pas probante à souhait? A la vérité, il ne s'agit ici que d'une amnésie temporaire et limitée; mais on voit que, même dans ces étroites limites, la loi se vérifie. Je regrette, malgré un grand nombre de recherches et d'interrogations, de ne pouvoir mettre plus de faits de ce genre sous les yeux du lecteur. Si l'attention se porte de ce côté, j'espère qu'on en découvrira d'autres.

En définitive, notre loi, tirée des faits, vérifiée par la contre-épreuve, peut être tenue pour vraie jusqu'à preuve du contraire. On peut même la corroborer par d'autres considérations.

Cette loi si générale quelle soit par rapport à la mémoire, n'est qu'un cas particulier d'une loi encore plus générale, — d'une loi biologique. C'est un fait bien connu, dans le domaine de la vie, que les structures formées les dernières sont les premières à dégénérer. C'est, dit un physiologiste, l'analogue de ce qui se passe dans les grandes crises commerciales. Les vieilles maisons résistent à l'orage; les nouvelles maisons, moins solides, croulent de tous côtés. Enfin, dans l'ordre biologique, la dissolution se fait dans l'ordre inverse de l'évolution: elle va du complexe au simple. Hughlings Jackson le premier a montré en détail que les fonctions supérieures, complexes, spéciales, volontaires du système nerveux disparaissent les premières; que les fonctions inférieures, simples, générales, automatiques disparaisent les dernières. Nous avons constaté ces deux faits dans la dissolution de la mémoire : le nouveau périt avant l'ancien, le complexe avant le simple. La loi que nous avons formulée n'est donc autre chose que l'expression psychologique d'une loi de la vie, et la pathologie nous montre à son tour dans la mémoire un fait biologique.

L'étude des amnésies périodiques a fait entrer le jour dans notre sujet. En nous montrant comment la mémoire se défait et se refait, elle nous fait comprendre ce qu'elle est. Elle nous a révélé une loi qui nous permet pour le présent de nous orienter au milieu des nombreuses variétés morbides et qui nous permettra plus tard de les embrasser dans une vue d'ensemble.

Sans essayer un résumé prématuré, rappelons ce qui a été vu plus haut : d'abord et dans tous les cas, abolition des souvenirs récents ; dans les amnésies périodiques, suspension de toutes les formes de la mémoire, sauf celles qui sont semi-organisées et organiques ; dans les amnésies totales et temporaires, abolition complète, sauf des formes organiques ; dans un cas (Macnish), abolition complète, y compris les formes organiques. Nous verrons, dans le prochain chapitre, que les désordres *partiels* de la mémoire sont régis par cette même loi de régression et surtout le groupe le plus important : les amnésies du langage.

La loi de régression étant admise, il resterait à déterminer comment elle agit. Je serai bref sur ce point, n'ayant à proposer que des hypothèses.

Il serait puéril de supposer que les souvenirs se déposent dans le cerveau, sous forme de couches, par ordre d'ancienneté, à la manière des stratifications géologiques, et que la maladie, descendant de la surface aux couches profondes, agit comme un expérimentateur qui enlève tranche par tranche le cerveau d'un animal. Pour expliquer la marche du processus morbide, il nous faut recourir à l'hypothèse qui a été faite plus haut sur les bases physiques de la mémoire. Je la rappellerai en quelques mots.

Il est extrêmement vraisemblable que les souvenirs occupent le même siège anatomique que les impressions primitives et qu'ils exigent l'activité des mêmes éléments nerveux (cellules et fibres). Ceux-ci peuvent occuper des positions très diverses, depuis l'écorce du cerveau jusqu'à la moelle. La conservation et la reproduction dépendent : 1° d'une certaine modification des cellules, 2° de la formation de groupes plus ou

moins complexes que nous avons appelés des associations dynamiques. Telles sont pour nous les bases
physiques de la mémoire.

Les acquisitions primitives, celles qui datent de l'enfance, sont les plus simples : formation des mouvements secondaires automatiques, éducation de nos sens.
Elles dépendent principalement du bulbe et des centres inférieurs du cerveau ; et on sait qu'à cette époque
de la vie, l'écorce cérébrale est imparfaitement développée. Indépendamment de leur simplicité, elles ont
toutes les raisons possibles d'être les plus stables.
D'abord, les impressions sont reçues par des éléments
vierges. La nutrition est très active ; mais ce renouvel-
lement moléculaire incessant ne sert qu'à fixer les impressions ; les molécules nouvelles remplaçant exactement les anciennes, la disposition acquise des éléments
nerveux finit par équivaloir à une disposition innée.
De plus, les associations dynamiques, formées entre
ces éléments, parviennent à l'état de fusion complète,
grâce à des répétitions sans nombre. Il est donc inévitable que ces premières acquisitions soient mieux conservées et plus facilement reproduites qu'aucune autre,
qu'elles constituent la forme la plus solide de la
mémoire.

Tant que l'individu adulte reste à l'état sain, les
impressions et les associations nouvelles, quoique d'un
ordre beaucoup plus complexe que celles de l'enfance,
ont encore de grandes chances de stabilité. Les causes
qui viennent d'être énumérées agissent toujours, quoique avec moins de force.

Mais si, par l'effet de l'âge ou de la maladie, les conditions changent ; si les actions vitales, notamment la
nutrition, diminuent ; si les pertes sont en excès ; alors

6.

les impressions deviennent instables et les associations fragiles. Prenons un exemple. Un homme en est à cette période d'amnésie progressive où l'oubli des faits récents est très rapide. Il entend un récit; il voit un paysage ou un spectacle. L'événement psychique se réduit en dernière analyse à une somme d'impressions auditives ou optiques formant certains groupes très complexes. Dans ce nouveau récit ou ce nouveau spectacle, il n'y a d'ordinaire qu'une seule chose nouvelle : le groupement, l'association. Les sons, les formes, les couleurs qui en sont la matière ont été déjà éprouvés et remémorés bien des fois dans le cours de la vie: Mais, par suite de l'état morbide de l'encéphale, ce complexus nouveau ne parvient pas à se fixer : les éléments qui le composent font partie d'autres associations ou groupes beaucoup plus stables, formés pendant la période de santé, souvent répétés. Entre le complexus nouveau qui tend faiblement à s'établir et les complexus anciens qui sont fortement établis, la lutte est très inégale. Il y a donc toutes les chances possibles pour que les anciennes combinaisons soient suscitées plus tard, même au lieu et place de la nouvelle.

Ces indications suffisent. Remarquons d'ailleurs que cette hypothèse sur la cause de l'amnésie progressive est d'importance secondaire. Qu'on l'accepte ou non, cela ne change rien à la valeur de notre loi.

IV

Il y a peu à dire des amnésies *congénitales*. J'en parlerai pour ne rien omettre. Elles se rencontrent chez les idiots, les imbéciles et un à degré plus faible chez

les crétins. La plupart d'entre eux sont affligés d'une dé-
bilité générale de la mémoire. Variable selon les individus, elle peut tomber si bas chez quelques-uns qu'elle
rend impossibles l'acquisition et la conservation de ces
habitudes très simples qui constituent la routine journalière de la vie.

Mais, si l'affaiblissement général de la mémoire est
la règle, on rencontre dans la pratique de fréquentes
exceptions. Parmi ces infirmes, il y en a qui, dans un
domaine limité, ont une mémoire très remarquable.

On a observé que, chez beaucoup d'idiots et d'imbéciles, les sens sont atteints inégalement : ainsi l'ouïe
peut avoir une finesse et une précision supérieures,
tandis que les autres sens sont obtus. L'arrêt de développement n'est pas uniforme sur tous les points. Il
n'est donc pas étonnant que l'affaiblissement général
de la mémoire coïncide chez le même homme avec
l'évolution et même l'hypertrophie d'une mémoire
particulière. Ainsi certains idiots, réfractaires à toute
autre impression, ont un goût très vif pour la musique
et peuvent retenir un air qu'ils n'ont entendu qu'une
seule fois. D'autres (le cas est plus rare) ont la mémoire des formes, des couleurs et montrent une certaine aptitude pour le dessin. On rencontre plus
fréquemment la mémoire des chiffres, des dates, des
noms propres, des mots en général. « Un imbécile se
rappelait le jour de chaque enterrement fait dans une
paroisse, depuis trente-cinq ans. Il pouvait répéter
avec une invariable exactitude le nom et l'âge des
décédés, ainsi que les gens qui conduisaient le deuil. En
dehors de ce registre mortuaire, il n'avait pas une idée,
il ne pouvait répondre à la moindre question et n'était
pas même capable de se nourrir. » — Certains idiots,

qui ne peuvent faire les calculs les plus élémentaires, répètent sans broncher toute la table de multiplication. D'autres récitent par cœur des pages qu'on leur a apprises et ne réussissent pas à connaître les lettres de l'alphabet. Drobisch rapporte le fait suivant, dont il a été témoin : Un garçon de quatorze ans presque idiot avait eu beaucoup de peine à apprendre à lire. Il avait, néanmoins, une facilité merveilleuse pour retenir l'ordre dans lequel les mots et les lettres se succédaient. Si on lui donnait deux ou trois minutes pour parcourir une page imprimée dans une langue qu'il ne connaissait pas ou traitant de questions qu'il ignorait, il était en état d'épeler de mémoire les mots qui s'y trouvaient, absolument comme si le livre était resté ouvert devant lui [1]. L'existence de ces mémoires partielles est un fait si commun qu'on en a tiré parti pour l'éducation des idiots et des imbéciles [2].

Il faut noter encore que certains idiots atteints de manie ou de quelque autre maladie aiguë recouvrent une mémoire temporaire. Ainsi « un idiot atteint de la rage raconta un fait assez compliqué dont il avait été témoin longtemps auparavant et qui semblait n'avoir fait aucune impression sur lui [3] ».

1. Drobisch, *Empirische Psychologie*, p. 95. Winslow, ouv. cité, p. 561. Falret, art. AMNÉSIE, dans le *Dictionn. encyclop. des sciences méd.* Le Dr Herzen me communique le fait d'un Russe d'Arkangel) actuellement âgé de 27 ans atteint d'imbécillité à la suite d'excès. Il n'a conservé des brillantes facultés de son adolescence qu'une mémoire extraordinaire, pouvant faire instantanément les opérations les plus difficiles d'arithmétique et d'algèbre et répéter mot pour mot de longues poésies, après les avoir lues ou entendues une seule fois.

2. Voir sur ce sujet l'ouvrage de Ireland, *On Idiocy and Imbecility*. London, 1877.

3. Griesinger, ouvrage cité, p. 431.

Dans les amnésies congénitales, ce sont les exceptions qui instruisent. La loi ne fait que confirmer cette
vérité banale : la mémoire dépend de la constitution
du cerveau, qui, chez les idiots et les imbéciles, est
anormale. Mais la formation de ces mémoires limitées,
partielles, aide à comprendre certains désordres dont
nous n'avons pas encore parlé J'incline à croire que
l'étude méthodique de ce qui se produit chez les idiots
permettrait de déterminer les conditions anatomiques
et physiologiques de la mémoire. Nous reviendrons sur
ce point dans le chapitre suivant.

CHAPITRE III

I

L'étude des amnésies partielles suppose avant tout quelques remarques sur les *variétés* de la mémoire. Sans ces remarques préliminaires, les faits que nous allons rapporter paraissent inexplicables et même un peu merveilleux. Qu'un homme perde la seule mémoire des mots, qu'il oublie une seule langue et conserve les autres, ou bien qu'une langue oubliée depuis longtemps lui revienne brusquement, qu'il soit privé de sa mémoire musicale et d'elle seule : ce sont là des événements si bizarres au premier abord que, s'ils n'avaient été constatés par les observateurs les plus scrupuleux, on serait tenté de les reléguer parmi les fables. Si, au contraire, on s'est fait une idée exacte de ce qu'il faut entendre par ce mot mémoire, tout le merveilleux s'évanouit et ces faits, loin de surprendre, apparaissent comme la conséquence naturelle, logique, d'une influence morbide.

L'emploi du mot mémoire comme terme général est

d'une justesse irréprochable. Il désigne une propriété
commune à tous les êtres sentants et pensants : la possibilité de conserver les impressions et de les reproduire. Mais l'histoire de la psychologie montre qu'on
est trop porté à oublier que ce terme général, comme
tout autre, n'a de réalité que dans les cas particuliers ;
que la mémoire se résout en *des* mémoires, tout
comme la vie d'un organisme se résout dans la vie des
organes, des tissus, des éléments anatomiques qui le
composent. « L'ancienne erreur, encore admise, qui
consiste à traiter la mémoire comme une faculté ou
une fonction indépendante qui aurait un organe ou un
siège distinct, vient, dit un psychologue contemporain,
de l'incurable tendance à personnifier une abstraction.
Au lieu de reconnaître que c'est une expression abré-
viative pour désigner ce qui est commun à tous les
faits concrets de souvenir ou à la somme de ces faits,
plusieurs auteurs lui supposent une existence indépendante [1]. »

Tandis que l'expérience vulgaire a noté depuis longtemps l'inégalité naturelle des diverses formes de la
mémoire chez le même homme, les psychologues ne
s'en sont pas préoccupés ou l'ont niée de parti pris.
Dugald Stewart affirme sérieusement « que ces différences qui nous frappent doivent être imputées en
grande partie à des différences d'habitude dans l'emploi de l'attention ou au choix que fait l'esprit entre
les événements ou les objets offerts à la curiosité [2]. »
Gall le premier réagissant contre cette tendance assigna
à chaque faculté sa mémoire propre et nia l'exis-

---

1. Lewes, *Problems of Life and Mind,* 5ᵉ volume, p. 119.
2. *Philosophie de l'esprit humain,* t. 1, p. 310.

tence de la mémoire comme faculté indépendante [1].

La psychologie contemporaine, plus soucieuse que l'ancienne de ne rien omettre, plus préoccupée des exceptions qui instruisent, a relevé un nombre considérable de faits qui ne laissent aucun doute sur l'inégalité naturelle des mémoires chez le même individu. Taine en a donné de nombreux et excellents exemples. Rappelons les peintres comme Horace Vernet et Gustave Doré qui peuvent faire un portrait de mémoire ; les joueurs d'échecs qui jouent mentalement une ou plusieurs parties ; les petits calculateurs prodiges comme Zérah Collburn qui « voient leurs calculs devant leurs yeux [2] » ; l'homme cité par Lewes qui, « après avoir parcouru une rue longue d'un demi-mille, pouvait énumérer toutes les boutiques dans leur position relative » ; Mozart notant le *Miserere* de la chapelle Sixtine, après l'avoir entendu deux fois. Je renvoie pour plus de détails aux traités spéciaux [3] n'ayant pas à traiter ici cette question. Il me suffit que le lecteur tienne ces inégalités de la mémoire pour bien établies. Voyons comment elles s'expliquent ; nous verrons ensuite ce qu'elles expliquent.

Que supposent ces mémoires partielles ? — Le développement particulier d'un certain sens avec les structures anatomiques qui en dépendent.

Pour être plus clair, prenons un cas particulier :

---

1. Gall, *Fonctions du cerveau*, t. I.

2. J'ai eu occasion de noter que plusieurs calculateurs ne voient pas leurs chiffres ni leurs calculs, mais qu'ils les « entendent ». Il importe peu pour notre thèse que les images soient visuelles ou auditives.

3. Taine, *De l'Intelligence*, t. I, 1re partie, liv. II, ch. I, § 1er. Luys, *Le cerveau et ses fonctions*, p. 120. Lewes, *loc. cit.*

une bonne mémoire visuelle. Elle a pour condition une bonne structure de l'œil, du nerf optique et des parties de l'encéphale qui concourent à l'acte de la vision c'est-à-dire (d'après les notions anatomiques généralement admises) de certaines portions de la protubérance, des pédoncules, de la couche optique, des hémisphères cérébraux. Ces structures, supérieures par hypothèse à la moyenne, sont parfaitement adaptées à recevoir et à transmettre les impressions. Par suite, les modifications que subissent les éléments nerveux ainsi que les associations dynamiques qui se forment entre eux (ce sont là, nous l'avons répété plusieurs fois, les bases de la mémoire) doivent être plus stables, plus nettes, plus faciles à raviver que dans un autre cerveau. En somme, dire qu'un organe visuel a une bonne constitution anatomique et physiologique, c'est dire qu'il présente les conditions d'une bonne mémoire visuelle.

On peut aller plus loin et faire remarquer que ce terme « une bonne mémoire visuelle » est encore trop large. L'observation journalière ne nous montre-t-elle pas que l'un se rappelle mieux les formes, un autre les couleurs? Il est vraisemblable que la première mémoire dépend surtout de la sensibilité musculaire de l'œil, la seconde de la rétine et des appareils nerveux qui s'y rattachent.

Ces remarques sont applicables à l'ouïe, l'odorat, au goût, et à ces formes diverses de la sensibilité que l'on comprend sous le nom général de toucher, en un mot à toutes les perceptions des sens.

Si l'on réfléchit aux relations intimes qui existent entre les sentiments, les émotions, la sensibilité en général et la constitution physique de chaque homme

RIBOT. — Mémoire.   7

si l'on considère combien ces états physiques dépendent des organes de la vie animale, on comprendra que ces organes jouent à quelques égards le même rôle pour les sentiments que les organes des sens pour les perceptions. Par suite des différences de constitution, les impressions transmises peuvent être faibles, intenses, stables, fugitives : autant de conditions qui modifient la mémoire des sentiments. La prépondérence d'un système d'organes (ceux de la génération par exemple) crée une supériorité pour un groupe de souvenirs.

Restent les états psychiques d'un ordre supérieur : les idées abstraites, les sentiments complexes. Ils ne peuvent être rattachés immédiatement à aucun organe ; le siège de leur production et de leur reproduction n'a pu être localisé jusqu'ici d'une manière précise. Mais, comme ils résultent sans aucun doute d'une association ou d'une dissociation des états primitifs, nous n'avons aucune raison de supposer que, en ce qui les concerne, les choses se passent différemment.

Tout ce qui précède peut donc se résumer en ces termes : Chez le même homme, un développement inégal des divers sens et des divers organes produit des modifications inégales dans les parties appropriées du système nerveux, par suite des conditions inégales de souvenir, par suite des variétés de mémoire. Il est même vraisemblable que l'inégalité des mémoires, dans le même homme, est la règle, non l'exception. Comme nous n'avons pas de procédés exacts pour les doser séparément et les comparer entre elles, nous ne donnons ce qui précède que comme une conjecture, sans pouvoir toutefois renoncer à croire que l'on ne constate pas tous les cas d'inégalité, mais simplement ceux qui dénotent une grande disproportion. — L'antagonisme qui existe entre diverses formes de mémoire nous fournirait encore une preuve indirecte : c'est un point sur lequel il y aurait de curieuses recherches à faire ; mais il sort de notre sujet [1]. — Enfin, qu'on n'objecte pas l'influence de l'éducation. Il est clair qu'il faut en porter beaucoup à son compte ; mais l'éducation ne s'applique guère qu'aux dons que la nature met déjà en relief, et d'ailleurs, dans certains cas, il est certain qu'elle n'a pu jouer aucun rôle.

En psychologie, comme dans toute science de faits, c'est l'expérience qui décide en dernier ressort. Remarquons cependant que l'indépendance relative des diverses formes de la mémoire aurait pu s'établir par le seul raisonnement. C'est, en effet, un corollaire des deux propositions générales qui suivent : 1° Tout souvenir a son siège dans certaines parties déterminées de l'encéphale. 2° L'encéphale et les hémisphères du cerveau eux-mêmes « consistent en un certain nombre d'organes totalement différenciés, dont chacun possède une fonction propre, tout en restant dans la connexion la plus intime avec les autres. » Cette dernière proposition est maintenant admise par la plupart des auteurs qui étudient le système nerveux.

Je crains d'insister trop longuement. Dans la physiologie, en effet, la distinction des mémoires partielles est une vérité courante [2]; mais, dans la psychologie, la

1. Sur l'antagonisme des mémoires, voir Herbert Spencer, *Principes de Psychologie*, t. Ier, 232-242.
2. Voir en particulier Ferrier, *Fonctions du cerveau*. Gratiolet (*Anat. comparée*), etc., t. II, p. 460, faisait déjà remarquer « qu'à

méthode des « facultés » a si bien réussi à faire considérer la mémoire comme une unité que l'existence des
mémoires partielles a été complètement oubliée ou
prise pour une anomalie. Il fallait ramener le lecteur
à la réalité, lui rappeler qu'il n'y a, en dernière analyse, que des mémoires spéciales, ou, comme disent
certains auteurs, *locales*. Nous acceptons volontiers
cette dernière dénomination, à condition qu'on n'oublie pas qu'il s'agit ici d'une localisation disséminée,
suivant cette hypothèse des associations dynamiques
dont nous avons si souvent parlé. On a souvent comparé la mémoire à un magasin où toutes nos connaissances seraient conservées dans des casiers. Si l'on
veut conserver cette métaphore, il faudrait la présenter sous une forme plus active : comparer, par
exemple, chaque mémoire particulière à une escouade
d'employés chargés d'un service spécial, exclusif.
L'une de ces escouades peut être supprimée sans que
le reste du service en souffre d'une manière cho-
quante. C'est ce qui arrive dans les désordres partiel
de la mémoire.

Après ces remarques préliminaires, entrons dans la
pathologie. Si, à l'état normal, les diverses formes de
la mémoire ont une indépendance relative, il est naturel qu'à l'état morbide une forme disparaisse, les autres
restant intactes. C'est un fait qui doit maintenant nous
paraître simple, n'exiger aucune explication, puisqu'il

chaque sens correspond une mémoire qui lui est corrélative et
que l'intelligence a comme le corps ses tempéraments qui résultent de la prédominance de tel ou tel ordre de sensations dans
les habitudes naturelles de l'esprit. »

résulte de la nature même de la mémoire. Il est vrai que beaucoup de désordres partiels ne sont pas restreints à un seul groupe de souvenirs. On ne s'en étonnera guère, si l'on réfléchit à la solidarité intime de toutes les parties du cerveau, de leurs fonctions et des états psychiques qui y sont liés. Nous trouverons cependant un certain nombre de cas où l'amnésie est bien limitée.

Une étude complète des amnésies partielles consisterait à prendre l'une après l'autre les diverses manifestations de l'activité psychique et à montrer par des exemples que chaque groupe de souvenirs peut disparaître, temporairement ou pour toujours. Nous sommes loin de pouvoir remplir ce plan. Nous ne pouvons pas même dire si certaines formes ne sont jamais atteintes partiellement et ne disparaissent que dans les cas de dissolution complète de la mémoire. Il faut nous résigner à attendre de l'avenir des documents pathologiques plus amples ou plus probants.

A proprement parler, il n'existe qu'une forme d'amnésie partielle qu'on puisse étudier à fond : celle des signes (signes parlés et écrits, interjections, gestes). Elle est riche en faits de tout genre, explicable par la loi formulée plus haut. La réservant pour une étude à part, nous allons résumer se qu'on sait des autres amnésies partielles.

« Quelques personnes, dit Calmeil [1], ont perdu la faculté de reproduire certains tons ou certaines couleurs et ont été obligées de renoncer à la musique ou à la peinture. » D'autres perdent la seule mémoire des nombres, des figures, d'un langue étrangère, des noms

---

1. *Dictionnaire en trente volumes*, art. AMNÉSIE.

propres, de l'existence de leurs plus proches parents. Nous allons en donner quelques exemples.

On a souvent cité le cas de Holland qu'il a rapporté lui-même dans sa *Mental Pathology* (p. 160) : « J'étais descendu le même jour dans deux mines profondes du Harz. Etant dans la seconde mine, je me trouvai si épuisé par la fatigue et l'inanition qu'il me fut complètement impossible de causer avec l'inspecteur allemand qui m'accompagnait. Tous les mots, toutes les phrases de la langue allemande étaient sortis de ma mémoire, et je ne pus les recouvrer qu'après avoir pris un peu de nourriture et de vin et m'être reposé quelque temps. »

Ce cas, quoique le plus connu, est loin d'être unique. Le Dr Beattie rapporte qu'un de ses amis, ayant reçu un coup sur la tête, avait perdu tout ce qu'il savait de grec, mais que par ailleurs sa mémoire ne paraissait avoir souffert en aucune façon. Cette perte de langues acquises par l'étude a été souvent notée comme le résultat de diverses fièvres.

« De même pour la musique. Un enfant, après s'être violemment heurté le tête, reste trois jours inconscient. En revenant à lui, il avait oublié tout ce qu'il savait de musique. Rien autre n'avait été perdu [1]. » — Il y a des cas plus compliqués. Un malade qui avait complètement oublié la valeur des notes musicales pouvait jouer un air après l'avoir entendu. Un autre pouvait écrire des notes, même composer, reconnaître une mélodie à l'audition ; mais il était incapable de jouer en regardant les notes [2]. — Ces faits, qui nous mon-

1. Carpenter, *Mental Physiology*, p. 443.
2. Kussmaul, *Die Störungen der Sprache*, p. 181 ; Proust, *Archives générales de médecine*, 1872.

trent la complexité de nos opérations mentales, en apparence les plus simples, seront étudiés plus loin [1].

Dans certains cas, on voit disparaître momentanément les souvenirs les mieux organisés, les plus stables, tandis que d'autres, qui présentent le même caractère, restent intacts. Ainsi Abercrombie raconte qu'un chirurgien jeté à bas de son cheval et blessé à la tête, donna, dès qu'il fut revenu à lui, les instructions les plus minutieuses sur la manière de le traiter. Par contre, il ne se souvenait plus d'avoir une femme et des enfants, et cet oubli persista pendant trois jours [2]. Faut-il expliquer ce fait par l'automatisme mental? Le chirurgien, même à demi insensible, retrouve ses connaissances professionnelles.

Certains malades perdent complètement la mémoire des noms propres, même du leur. Nous verrons plus loin, en étudiant l'amnésie des signes dans son évolution complète, — ce qu'on peut remarquer d'ailleurs chez les vieillards, — que les noms propres sont toujours ceux qui s'oublient le plus vite. Dans les cas suivants, cet oubli était le symptôme d'un ramollissement cérébral.

Un homme ne pouvant retrouver le nom d'un ami en est réduit à conduire son interlocuteur devant la porte où ce nom est inscrit sur une plaque de cuivre. Un autre, après une attaque d'apoplexie, ne peut se rappeler le nom d'aucun de ses amis, mais les désigne correctement par leur âge. — M. von B...., ambassadeur à Madrid, puis à Saint-Pétersbourg, se trouve, au début d'une visite, obligé de décliner son

---

1. Voir ci-après, § 2.
2. Abercrombie, *Essay on intellectual Powers*, 158.

nom aux domestiques, le cherche vainement, s'adresse
à son compagnon : « Pour l'amour de Dieu, dites-moi
qui je suis. » Cette question excite le rire. Il insiste et
la visite finit là [1].

Chez d'autres, l'attaque d'apoplexie n'est suivie que
d'une amnésie des *nombres*. — Un voyageur longtemps
exposé au froid éprouva un grand affaiblissement de la
mémoire. Il ne pouvait plus calculer de lui-même ni
retenir pendant une minute le moindre calcul.

L'oubli des figures est fréquent. On ne s'en étonnera
pas, puisqu'à l'état normal beaucoup de gens ont
cette forme de mémoire très peu développée, très instable, et qu'elle doit résulter d'ailleurs d'une synthèse
mentale assez complexe. Louyer Villermay en donne
un exemple assez piquant : « Un vieillard, étant avec
sa femme, s'imaginait être chez une dame à qui il con-
sacrait autrefois toutes ses soirées, et il lui répétait
constamment : « Madame, je ne puis rester plus long-
« temps ; il faut que je revienne près de ma femme et
« de mes enfants [2]. »

« J'ai connu intimement dès mon enfance, dit Carpenter, un savant remarquable. Agé de plus de
soixante-dix ans, il était encore vigoureux ; mais sa
mémoire se mit à décliner. Il oubliait surtout les faits
récents et les mots peu usités. Quoiqu'il continuât de
fréquenter le Musée britannique, la Société royale et la
Société géologique, il ne pouvait plus les appeler par
leurs noms ; il les désignait par le terme « ce lieu
public ». Il continuait à visiter ses amis, les reconnais-

1. Winslow, p. 266-269. On trouvera au même endroit plusieurs autres cas de ce genre.
2. Louyer-Villermay, *Diction. scienc. méd.*, art. MÉMOIRE.

sait chez eux et dans les autres endroits où il avait
l'habitude de les rencontrer (comme dans les sociétés
scientifiques); non ailleurs. Je le rencontrai un jour
chez l'un de nos plus anciens amis qui réside ordinairement à Londres, mais qui était alors à Brighton. Il ne
me reconnut pas, et il ne le fit pas davantage quand
nous fûmes hors de la maison..... Sa mémoire alla
toujours en diminuant, et il mourut d'une attaque
d'apoplexie. » (Ouvrage cité, p. 445.)

Dans cette observation, il y a à la fois amnésie des noms
propres et amnésie des figures; mais le plus curieux,
c'est le rôle que joue la loi de contiguïté. La reconnaissance des personnes ne s'effectue pas d'elle-même, par
le seul fait de leur présence. Pour qu'elle ait lieu, il faut
qu'elle soit suggérée ou plutôt aidée par l'impression
actuelle des endroits où elles sont présentes habituellement. Le souvenir de ces endroits, fixé par les expériences de toute la vie, devenue presque organique,
reste stable. Il sert de point d'appui pour évoquer
d'autres souvenirs. Le nom de ces « lieux publics »
n'est pas ravivé : l'association entre l'objet et le signe
est trop faible. Mais la reconnaissance des figures
s'opère, parce qu'elle dépend d'une forme d'association
très stable : la contiguïté dans l'espace. La seule catégorie de souvenirs qui ait survécu aide une autre catégorie à renaitre, qui, d'elle-même et réduite à ses seules
forces, n'y parvient pas.

Une énumération plus longue des amnésies partielles
serait facile, mais sans profit pour le lecteur. Il suffit
de lui avoir fait comprendre par quelques faits en quoi
elles consistent.

Il est naturel de se demander si les formes de la
mémoire que la maladie désorganise pour toujours ou

7.

suspend temporairement sont les mieux établies ou bien, au contraire, les plus faibles. On ne peut répondre à cette question d'une manière positive. A ne consulter que la logique, il semble que les influences morbides doivent suivre la ligne de la moindre résistance. Les faits paraissent confirmer cette hypothèse. Dans la plupart des amnésies partielles, ce qui est atteint, ce sont les formes les moins stables de la mémoire. Je ne connais du moins pas un seul cas, où quelque forme organique ayant été suspendue ou abolie, les formes supérieures soient restées intactes. Il serait cependant téméraire d'affirmer que cela ne s'est jamais produit.

A la question posée, nous ne pouvons donc répondre que par une hypothèse, jusqu'à plus ample informé. Il serait d'ailleurs contraire à la méthode scientifique de ramener. d'emblée à une loi unique des cas hétérogènes, dépendant chacun de conditions spéciales. Il faudrait une étude approfondie de chaque cas et de ses causes, avant de pouvoir affirmer que tous sont réductibles à une formule unique. Le problème est actuellement trop obscur pour que ce travail puisse être fait.

Les mêmes remarques sont applicables au mécanisme suivant lequel ces amnésies se produisent. D'abord, nous ne savons rien du mécanisme physiologique propre à chaque forme. De ce côté, tout moyen d'explication nous fait défaut. Quant au mécanisme psychologique, voici ce qu'on peut supposer. Il y a parmi les amnésies partielles qui nous occupent deux cas principaux : destruction, suspension. Le premier cas est le résultat immédiat de la désorganisation des éléments nerveux. Dans le second cas, un certain groupe d'éléments reste temporairement isolé et impuissant; en termes psychologiques, il reste en dehors du mécanisme de l'association. Le fait cité par Carpenter suggère cette explication. La solidarité intime qui existe entre les diverses parties de l'encéphale et par suite entre les divers états psychiques persiste en général. Seuls ces groupes, avec la somme de souvenirs qu'ils représentent, sont en quelque sorte immobilisés, inaccessibles à l'action des autres groupes, incapables pendant un temps de rentrer dans la conscience. Cet état ne peut résulter que de conditions physiologiques qui nous échappent.

II

Nous avons réservé pour une étude particulière une forme d'amnésie partielle : celle des *signes*, mot que nous employons dans son sens le plus large, c'est-à-dire comme comprenant tous les moyens dont l'homme dispose pour exprimer ses sentiments et ses idées. Nous avons là un sujet bien délimité, riche en faits à la fois semblables et différents, puisqu'ils ont un caractère psychologique commun, ce sont des signes, et que cependant ils diffèrent quant à leur nature : signes vocaux, écriture, gestes, dessin, musique. Ils sont facilement et fréquemment observables, bien localisés et par leur variété se prêtent à la comparaison et à l'analyse. Nous verrons de plus que cette classe d'amnésies partielles vérifie d'une manière très remarquable la loi de dissolution de la mémoire que nous avons exposée dans le précédent chapitre sous sa forme la plus générale.

Avant tout, il faut éviter un malentendu. Le lecteur

pourrait croire que nous allons étudier l'aphasie. Il
n'en est rien. Dans la plupart des cas, l'aphasie suppose bien un désordre de la mémoire, mais avec quelque chose en plus : or ce sont les désordres de la
mémoire qui seuls nous intéressent. Les travaux qui
se poursuivent depuis une quarantaine d'années sur
les maladies du langage ont montré que par ce terme
unique d'aphasie, on désigne des cas très dissembla-
bles. C'est que l'aphasie étant non une maladie, mais
un symptôme, varie suivant les conditions morbides
qui la produisent. Ainsi certains aphasiques sont
privés de tout mode d'expression ; d'autres peuvent
parler et non écrire, ou inversement écrire mais sans
parler : la perte des gestes est bien plus rare. Parfois
le malade conserve un vocabulaire assez étendu de
signes vocaux et graphiques, mais il parle et écrit à
contre-sens (cas de paraphasie et de paragraphie).
Parfois il ne comprend plus le sens des mots, écrits
ou parlés, quoique l'ouïe et la vue soient intactes (cas
de surdité et de cécité verbales). L'aphasie est tantôt
permanente, tantôt transitoire. Souvent elle est accompagnée d'hémiplégie. Cette hémiplégie, qui frappe
presque toujours le côté droit, est, par elle-même et
indépendamment de toute amnésie, un obstacle pour
écrire [1]. Ces cas principaux présentent des variétés qui
diffèrent elles-mêmes suivant les individus. On entre-
voit la complexité de la question. Heureusement, nous
n'avons pas à la traiter ici. Notre tâche, qui est déjà
bien embrouillée, consiste à rechercher parmi ces
désordres du langage et de la faculté expressive en
général ce qui paraît imputable à la mémoire seule.

1. Les gauchers aphasiques ont toujours l'hémiplégie à gauche.

Il est clair que nous n'avons pas à nous occuper des cas où l'aphasie résulte de l'idiotie, de la démence, de la perte de la mémoire en général; pas davantage des cas où la transmission seule est entravée : ainsi des lésions de la substance *blanche*, aux environs de la troisième circonvolution frontale gauche, peuvent entraver la faculté expressive, la substance grise étant intacte [1]. Mais cette double élimination n'allège guère la difficulté, l'aphasie se produisant le plus souvent dans de tout autres conditions. Examinons-la donc sous son type le plus commun.

Je crois inutile de donner ici des exemples que le lecteur peut trouver partout [2]. D'ordinaire, l'aphasie débute brusquement. Le malade ne peut parler; s'il essaye d'écrire, même impuissance ; tout au plus trace-t-il à grand'peine quelques mots inintelligibles. Sa physionomie reste intelligente. Il tâche de se faire comprendre par gestes. Il n'y a d'ailleurs aucune paralysie des muscles servant à articuler les mots ; la langue se meut librement. Tels sont les traits les plus généraux, ceux du moins qui nous intéressent.

Que s'est-il passé dans l'état psychique du malade, et, en ce qui concerne sa mémoire, qu'a-t-il perdu? Il suffit d'un peu de réflexion pour voir que l'amnésie

1. Voir des cas de ce genre dans Kussmaul : *Die Störungen der Sprache*, p. 99.
2. La littérature de l'aphasie est si abondante que la seule énumération des titres d'ouvrages ou de mémoires remplirait plusieurs pages de ce livre. Au point de vue psychologique, on devra surtout consulter : Trousseau, *Clinique médicale*, t. II; Falret, art. APHASIE dans le *Diction. encycl. des sciences médic.*, Proust, *Archives générales de médecine*, 1872 ; Kussmaul, *Die Störungen der Sprache* (très important); H. Jackson, *On the affectione of the Speech*, dans *Brain*, années 1878, 1879, 1880, etc., etc.

des signes est d'une nature toute particulière. Elle
n'est pas comparable à l'oubli des couleurs, des sons,
d'une langue étrangère, d'une période de la vie. Elle
s'étend à toute l'activité de l'esprit; en ce sens, elle est
générale; et cependant elle est partielle, puisque le
malade a conservé ses idées, ses souvenirs et juge lui-
même sa situation.

Selon nous, l'amnésie des signes est surtout une
maladie de la *mémoire motrice ;* c'est là ce qui lui
donne son caractère propre, ce qui fait qu'elle s'offre
sous un aspect nouveau. Mais que faut-il donc entendre par « mémoire motrice », expression qui au
premier abord peut surprendre? C'est une question si
peu étudiée par les psychologues qu'il est difficile d'en
parler clairement en passant et qu'il est impossible de
la traiter ici tout au long.

J'ai essayé ailleurs [1], quoique d'une manière som-
maire et insuffisante, de faire ressortir l'importance
psychologique des mouvements et de montrer que
tout état de conscience implique à un certain degré
des éléments moteurs. Pour m'en tenir à ce qui nous
concerne actuellement, je ferai remarquer que personne ne fait de difficulté pour admettre que les perceptions, les idées, les actes intellectuels en général ne
sont fixés en nous, ne font partie de la mémoire qu'à
la condition qu'il y ait dans l'encéphale certains résidus, qui consisteraient selon nous en modifications des
éléments nerveux et en associations dynamiques entre
ces éléments. C'est à cette condition seule qu'ils sont
conservés et ravivés. Mais il est nécessaire qu'il en soit

1. Voir la *Revue philosophique*, octobre 1879; voir aussi un
excellent chapitre de Maudsley, *Physiologie de l'esprit.*

de même pour les mouvements. Ceux qui nous occupent, qui se produisent dans la parole articulée, l'écriture, le dessin, la musique, les gestes, ne peuvent être conservés et reproduits qu'à condition qu'il y ait des résidus moteurs, c'est-à-dire suivant l'hypothèse, tant de fois exposée, des modifications dans les éléments nerveux et des associations dynamiques entre ces éléments. Au reste, quelque opinion qu'on professe, il est clair que, s'il ne restait rien d'un mot prononcé ou écrit pour la première fois, il serait impossible d'apprendre à parler ou à écrire.

L'existence des résidus moteurs admise, nous pouvons comprendre la nature de l'amnésie des signes.

Notre activité intellectuelle consiste, comme on le sait, en une série d'états de conscience associés suivant certains rapports. Chacun des termes de cette série paraît simple à la conscience ; il ne l'est pas en réalité. Quand nous parlons ou quand nous pensons avec un peu de netteté, tous les termes de la série forment des couples, composés de l'idée et de son expression. A l'état normal, la fusion entre ces deux éléments est si complète qu'ils ne font qu'un, mais la maladie prouve qu'ils peuvent être dissociés. Bien plus, l'expression « couple » n'est pas suffisante. Elle n'est exacte que pour la partie du genre humain qui ne sait pas écrire. Si je pense à une maison, outre la représentation mentale qui est l'état de conscience proprement dit, outre le signe vocal qui traduit cette idée et ne semble faire qu'un avec elle, il existe un élément graphique presque aussi intimement fondu avec l'idée et qui même devient prédominant, lorsque j'écris. Ce n'est tout : autour du signe vocal maison se groupent par une association moins intime les signes vocaux d'autres langues que je connais (*domus*, *house*, *Haus*, *casa*, etc.). Autour du signe graphique maison se groupent les signes graphiques de ces mêmes langues. On voit donc que, dans un esprit adulte, chaque état de conscience clair n'est pas une unité simple, mais une unité complexe, un groupe. La représentation mentale, la pensée n'en est à proprement parler que le noyau ; autour d'elle se groupent des signes plus ou moins nombreux qui la déterminent.

Si ceci est bien compris, le mécanisme de l'amnésie des signes devient plus clair. C'est un état pathologique dans lequel, l'idée restant intacte ou à peu près, une partie ou la totalité des signes qui la traduisent est oubliée temporairement ou pour toujours. Cette proposition générale a besoin d'être complétée par une étude plus détaillée.

1° Est-il vrai que, chez les aphasiques, l'idée subsiste, son expression verbale et graphique ayant disparu ?

Je ferai remarquer que je n'ai pas à examiner ici si l'on peut penser sans signes. La question posée est toute différente. L'aphasique a eu longtemps l'usage des signes : l'idée disparaît-elle chez lui avec la possibilité de la traduire ? Les faits répondent négativement. Bien qu'on soit d'accord pour reconnaître que l'aphasie, surtout quand elle est de longue durée et grave, s'accompagne toujours d'un certain affaiblissement de l'esprit, il n'est pas douteux que l'activité mentale persiste même quand elle n'a plus que les gestes pour se traduire. Les exemples abondent ; je n'en citerai que quelques-uns.

Certains malades privés seulement d'une partie de leur vocabulaire, mais incapables de trouver le mot propre, le remplacent par une périphrase ou une description. Pour ciseau, ils disent « ce qui sert à couper »; pour fenêtre, « ce par où l'on voit clair ». Ils désignent un homme par l'endroit où il habite, par ses titres, ses fonctions, par les inventions qu'il a faites, par les livres qu'il a écrits [1].

Dans des cas plus graves, nous voyons des malades jouer aux cartes avec beaucoup de calcul et de réflexion; d'autres surveillent la gestion de leurs affaires. Tel ce grand propriétaire dont parle Trousseau « qui se faisait présenter les baux, traités, etc., et, par des gestes intelligibles pour ses proches, indiquait des modifications à faire, qui le plus ordinairement étaient utiles et raisonnables. » Un homme, complètement privé de la parole, remit à son médecin une histoire détaillée de sa maladie écrite par lui en très bons termes et d'une main fort assurée.

Nous avons d'ailleurs le témoignage des malades eux-mêmes après leur guérison. « J'avais oublié tous les mots, dit l'un d'eux, mais j'avais toute ma connaissance, toute ma volonté. Je savais très bien ce que je voulais dire et ne pouvais le dire. Quand vous (le médecin) m'interrogiez, je vous comprenais parfaitement; je faisais tous mes efforts pour répondre; impossible de me souvenir des mots [2]. » Rostan, frappé subitement et incapable de prononcer ou d'écrire un seul mot, « analysait les symptômes de sa maladie et cherchait à les rapporter à quelque lésion particulière du cer-

---

1. Très fréquemment l'aphasique confond les notes, dit *feu* pour *pain*, etc., ou forge des mots intelligibles : mais ces désordres me paraissent une maladie du langage plus que de la mémoire.

2. Legroux, *De l'aphasie*, p. 96.

veau, comme il eût fait dans une conférence clinique. »
Le cas de Lordat est très connu : « Il était capable
de coordonner une leçon, d'en changer dans son esprit la distribution; mais lorsque la pensée devait se
manifester par la parole ou l'écriture, c'était chose impossible, bien qu'il n'y eût pas de paralysie [1]. »

Nous pouvons donc considérer comme établi que, les
moyens d'expression ayant disparu, l'intelligence reste
à peu près intacte, et que par conséquent l'amnésie est
restreinte aux signes.

2° Cette amnésie dépend-elle, comme nous l'avons
dit, *surtout* des éléments moteurs? En établissant plus
haut l'existence nécessaire de résidus moteurs, nous
n'avons pas examiné le problème dans toute sa complexité. Il faut y revenir.

Lorsqu'on nous apprend à parler notre langue maternelle ou une langue étrangère, il y a des sons, des
signes acoustiques qui viennent s'enregistrer dans
notre cerveau. Mais ce n'est qu'une moitié de notre
tâche. Il nous faut les répéter, passer de l'état réceptif
à l'état actif, traduire ces signes acoustiques en mouvements vocaux. Cette opération est fort difficile à
l'origine, parce qu'elle consiste à coordonner des mouvements fort compliqués. Nous ne savons parler que
lorsque ces mouvements sont facilement reproduits,
c'est-à-dire que les résidus moteurs sont organisés.

Quand nous apprenons à écrire, nous fixons les yeux
sur un modèle : des signes optiques viennent s'enregis-

---

1. Pour les faits, voir surtout Trousseau, ouvrage cité. Lordat.
spiritualiste ardent, a tiré de là des considérations sur l'indépendance de l'esprit. Il se faisait illusion. Au jugement de ceux
qu'il l'ont connu, il est resté fort inférieur à lui-même après sa
guérison. Voir Proust, *loc. cit.*

trer dans notre cerveau; puis, avec beaucoup d'efforts, nous essayons de les reproduire par les mouvements de notre main. Ici encore, il y a une coordination de mouvements très délicats. Nous ne savons écrire que lorsque les signes optiques sont traduits immédiatement en mouvements, c'est-à-dire quand les résidus moteurs sont organisés.

Les mêmes remarques sont appliquables à la musiques, au dessin, aux gestes appris (ceux des sourds-muets par exemple). La faculté expressive est plus complexe qu'elle ne paraît. Les idées ou les sentiments pour se traduire ont besoin d'une mémoire acoustique (ou optique) et d'une mémoire motrice. Quelle raison avons-nous de soutenir que c'est surtout cette mémoire motrice qui souffre dans l'amnésie des signes?

Voici ce qui se passe chez la plupart des aphasiques. Présentez-leur un objet vulgaire, un couteau. Donnez à cet objet des noms inexacts (fourchette, livre, etc.). Dénégation de leur part. Enoncez le mot propre. Geste d'affirmation. Si vous les priez de le répéter immédiatement, bien peu en sont capables. Ils ont donc conservé non seulement l'idée, mais le signe acoustique, puisqu'ils le reconnaissent entre plusieurs et l'arrêtent au passage. Comme ils sont incapables de le traduire par la parole et comme les organes vocaux sont intacts, il faut bien que l'amnésie porte sur les éléments moteurs.

La même expérience peut être faite en ce qui concerne l'écriture; chez les aphasiques qui ne sont pas paralysés, elle conduit aux mêmes résultats et à la même conclusion. Le malade a conservé la mémoire des signes optiques; il a perdu la mémoire des mouvements nécessaires pour les reproduire. Quelques-uns peuvent copier ; mais, dès que le modèle leur est enlevé, ils restent impuissants.

D'ailleurs, en soutenant la thèse d'une amnésie motrice pour la plupart des cas, je ne prétends pas qu'il en soit toujours ainsi. Dans une question si complexe, il faut se garder des affirmations absolues. Quand l'aphasie reste incurable, on voit parfois des malades oublier les signes vocaux et écrits ou ne les reconnaître qu'à grand'peine et avec beaucoup d'hésitation. Dans ce cas, l'amnésie n'est plus limitée aux seuls éléments moteurs. D'un autre côté, nous avons vu que certains aphasiques peuvent répéter ou copier un mot. D'autres peuvent lire, à haute voix, sans pouvoir parler volontairement : c'est une exception (Falret, p. 618). Bon nombre au contraire peuvent lire mentalement sans pouvoir lire à haute voix. Il est arrivé — rarement d'ailleurs — qu'ils ont proféré spontanément un membre de phrase, mais sans pouvoir recommencer. Brown-Séquard cite même le cas d'un médecin qui parlait en rêvant, quoique aphasique à l'état de veille. Ces faits, si peu fréquents qu'ils soient, montrent que l'amnésie motrice n'est pas toujours absolue. Il en est de cette forme de la mémoire comme de toute autre ; dans certaines circonstances exceptionnelles, elle revient.

Notons en passant une analogie. L'aphasique qui parvient à répéter un mot ressemble exactement à celui qui ne peut se rappeler un fait qu'avec l'assistance d'autrui : et le mécanisme psychologique de l'oubli des signes est celui de tout autre oubli. Il consiste en une dissociation. Un fait est oublié lorsqu'il ne peut être suscité par aucune association, lorsqu'il ne peut entrer dans aucune série. Chez l'aphasique, l'idée ne suscite plus son signe, du moins son expression motrice. Seulement ici, la dissociation est d'une nature plus intime. Elle a lieu non entre des *termes* que l'expérience antérieure a réunis; mais entre des *éléments* si bien fondus ensemble qu'ils constituent une unité pour la conscience et que soutenir leur indépendance relative semblerait une subtilité d'analyse, si la maladie ne se chargeait de la démontrer [1].

C'est cette fusion intime entre l'idée, le signe (vocal ou écrit) et l'élément moteur, qui rend si difficile à établir d'une manière nette, indiscutable, que l'amnésie des signes est surtout une amnésie motrice. Comme tout état de conscience tend à se traduire en mouvement, comme, suivant l'heureuse expression de Bain, « penser c'est se retenir de parler ou d'agir », il n'est pas possible à l'analyse seule d'établir des séparations tranchées entre ces trois éléments. Il me semble cependant que cette mémoire des signes vocaux et écrits qui survit chez l'aphasique intelligent représente bien ce qu'on a appelé la parole intérieure, ce minimum de détermination sans lequel l'esprit serait en voie de démence, et que par conséquent ce sont les éléments moteurs qui sont seuls éteints dans l'oubli.

En interrogeant les médecins bien peu nombreux qui ont étudié la psychologie de l'aphasie, je trouve

---

1. On a décrit avec soin, dans ces derniers temps, sous les noms de cécité verbale et de surdité verbale (*Wortblindheit, Worttaubheit*), des cas longtemps confondus sous le nom général d'aphasie. Le malade peut parler et écrire; la vue et l'ouïe sont très bien conservés, et cependant les mots qu'il lit ou qu'il entend prononcer ne lui offrent aucun sens. Ils restent pour lui de simples phénomènes optiques ou acoustiques ; ils ne suggèrent plus leur idée ; ils ont cessé d'être des signes. C'est une autre forme, plus rare, de la dissociation. Pour les détails, voir Kussmaul, ouv. cité, 27ᵉ chapitre.

que leur thèse ne diffère pas sensiblement de la nôtre, sauf dans les termes. « Je me suis demandé, dit Trousseau, si [l'aphasie] n'est pas tout simplement l'oubli des mouvements instinctifs et harmoniques que nous avons tous appris dès notre première enfance et qui constituent le langage articulé; et si, par cet oubli, l'aphasique n'était pas dans les conditions d'un enfant qu'on instruit à bégayer les premiers mots, d'un sourd-muet qui, guéri tout à coup de sa surdité, s'essaye à imiter le langage des personnes qu'il entend pour la première fois. Il y aurait alors entre l'aphasique et le sourd-muet la différence que l'un a oublié ce qu'il avait appris et que l'autre ne sait pas encore. » (Ouvr. cité, p. 718.)

De même Kussmaul : « Si l'on considère la mémoire comme une fonction générale du système nerveux, il faut, pour que les sons soient combinés en mots, admettre à la fois une mémoire acoustique et une mémoire motrice. La mémoire des mots se trouve ainsi être double : 1° il y en a une pour les mots en tant qu'ils sont un groupe de phénomènes acoustiques; 2° il y en a une autre pour les mots comme images motrices (*Bewegungsbilder*). Trousseau a fait remarquer avec raison que l'aphasie est toujours réductible à une perte de la mémoire soit des signes vocaux, soit des moyens par lesquels les mots sont articulés. W. Ogle distingue aussi deux mémoires verbales : une première reconnue de tout le monde, grâce à laquelle nous avons conscience du mot, et en outre une seconde, grâce à laquelle nous l'exprimons. » (Ouv. cité, p. 156.)

Faut-il admettre que les résidus qui correspondent à une idée, ceux qui correspondent à son signe vocal,

à son signe graphique, aux mouvements qui traduisent
l'un et l'autre, sont voisins dans la couche corticale?
Quelles inductions anatomiques peut-on tirer de ce
fait qu'on perd la mémoire des mouvements sans celle
des signes intérieurs, la parole sans l'écriture et l'écriture sans la parole? Les résidus moteurs sont-ils localisés dans la circonvolution de Broca, comme quelques
auteurs semblent l'admettre? On ne peut que poser
ces questions, qui d'ailleurs ne sont pas de notre compétence. Le rapport entre le signe et l'idée, très simple
pour les psychologues d'observation intérieure, devient très complexe pour une psychologie positive,
qui ne peut rien, tant que l'anatomie et la physiologie
ne seront pas plus avancées.

Il nous faut considérer maintenant l'amnésie des
signes sous un autre aspect. Nous l'avons étudiée dans
sa nature; nous allons l'étudier dans son évolution.
J'ai essayé de faire voir qu'elle porte surtout sur les
éléments moteurs, que c'est là ce qui lui donne un
caractère à part; mais, qu'on admette ou non cette
hypothèse, cela importe peu pour ce qui va suivre.

Parfois l'aphasie est de courte durée. Parfois elle
devient chronique, et, si l'on revoit les malades après
des années d'intervalle, on ne trouve pas que leur
état ait changé sensiblement. Mais il y a des cas où
de nouvelles attaques apoplectiques augmentent l'intensité de la maladie : elle suit alors une marche progressive, qui est du plus grand intérêt pour nous. Il
se produit une sorte d'anéantissement par étages, dans
lequel la mémoire des signes diminue de plus en plus
en suivant un certain ordre Cet ordre, en résumé, le

voici : 1° les mots, c est-à-dire le langage rationnel ;
2° les phrases exclamatives, les interjections, ce que
Max Müller désigne sous le nom de « langage émotionnel » ; 3° dans des cas très rares, les gestes.

Examinons en détail ces trois périodes de dissolution ; nous aurons ainsi embrassé l'amnésie des signes
dans sa totalité.

1° La première période est de beaucoup la plus importante, puisqu'elle comprend les formes supérieures
du langage, celui qui traduit la pensée réfléchie, qui
est proprement humain. Ici encore, la dissolution suit
un ordre déterminé. Certains médecins, même avant
les travaux contemporains sur l'aphasie, avaient remarqué qu'en pareil cas, la mémoire des noms propres
se perd avant celle des substantifs, qui elle-même précède celle des adjectifs. Cette remarque a été confirmée
depuis par de nombreuses observations. « Les substantifs, dit Kussmaul dans son récent ouvrage, et en
particulier les noms propres et les noms de choses
(*Sachnamen*), sont plus facilement oubliés que les verbes, les adjectifs, les conjonctions et les autres parties
du discours [1]. » Ce fait n'a été noté par les médecins
qu'en passant. Bien peu en ont recherché les causes.
Il ne présente pas, en effet, pour eux, d'intérêt clinique, tandis qu'il est d'une grande importance pour
la psychologie.

On voit en effet du premier coup d'œil que la marche
de l'amnésie va du *particulier* au *général*. Elle atteint
d'abord les noms propres qui sont purement individuels, puis les noms de choses qui sont les plus concrets, puis tous les substantifs qui ne sont que des

1. *Die Störungen der Sprache*, p 164.

adjectifs pris dans un sens particulier [1]; enfin viennent les adjectifs et les verbes qui expriment des qualités, des manières d'être, des actes. Les signes qui traduisent immédiatement des qualités périssent donc les derniers. Le savant dont parle Gratiolet qui, oubliant tous les noms propres, disait : « Mon confrère qui a fait telle invention, » en revenait à la désignation par les qualités. On a remarqué aussi que beaucoup d'idiots n'ont de mémoire que pour les adjectifs (Itard). La notion de qualité est la plus stable, parce qu'elle est la première acquise, parce qu'elle est le fond de nos conceptions les plus complexes.

Comme le particulier est nécessairement ce qui a le moins d'extension et le général ce qui en a le plus, on peut dire que la rapidité avec laquelle la mémoire des signes disparaît est en raison inverse de leur extension, et comme, toutes choses égales d'ailleurs, un terme a d'autant plus de chances d'être répété et fixé dans la mémoire qu'il désigne un grand nombre d'objets, et d'autant moins de chances d'être répété et fixé dans la mémoire qu'il en désigne un petit nombre, on voit que cette loi de dissolution repose en définitive sur des conditions expérimentales.

Je compléterai ces remarques par le passage suivant de Kussmaul : « Quand la mémoire diminue, plus un concept est concret, plus le terme qui l'exprime manque vite. Ce qui en est la cause, c'est que notre représentation des personnes et des choses est plus faiblement

---

1. « La transformation de l'adjectif en substantif, qui a été un des procédés constants de la formation des langues, se voit encore de nos jours : par exemple un *bon* de la banque, un *brillant*, un *volant* » (F. Baudry, *De la science du langage et de son état actuel*, p. 9).

liée à leur nom que les abstractions, telles que leur état, leurs rapports, leurs qualités. Nous nous représentons facilement les personnes et les choses sans leurs noms, parce qu'ici l'image sensorielle est plus importante que cette autre image qui est le signe, c'est-à-dire leur nom. Au contraire, nous n'acquérons les concepts abstraits qu'avec l'aide des mots qui seuls leur donnent une forme stable. Voilà pourquoi les verbes, les adjectifs, les pronoms et encore plus les adverbes, les prépositions et les conjonctions sont plus intimement liés à la pensée que les substantifs. On peut se figurer que, dans le réseau de cellules des couches corticales, il doit se passer des phénomènes d'excitation et de combinaison beaucoup plus nombreux pour un concept abstrait que pour un concept concret; et que par conséquent les connexions organiques qui lient une idée abstraite à son signe sont beaucoup plus nombreuses que pour le cas d'une idée concrète [1] ». Traduite en langage psychologique, cette dernière phrase équivaut à ce que nous avons dit plus haut : que la stabilité du signe est en raison de son organisation, c'est-à-dire du nombre des expériences répétées et enregistrées.

La science du langage nous fournit aussi des indications précieuses pour notre sujet. Au risque de fatiguer le lecteur par un excès de preuves, je me garde de les négliger. L'évolution du langage s'est faite, comme on devait s'y attendre, dans un ordre inverse à celui de la dissolution chez les aphasiques.

Avant d'invoquer en faveur de notre loi le dévelop-

1. Ouvrage cité, p. 164.

pement historique des langues, il semblerait naturel
d'interroger le développement individuel. Mais cela
est impossible. Quand nous apprenons à parler, notre
langue nous est imposée. Bien que l'enfant, comme l'a
très bien dit M. Taine, « apprenne la langue déjà faite,
comme un vrai musicien apprend le contre-point et un
vrai poète la prosodie, c'est-à-dire comme un génie
original, » en réalité, il ne la crée pas. Il faut donc
nous en tenir à l'évolution historique.

C'est un point bien établi que les langues indo-euro-
péennes sont issues d'un certain nombre de racines et
que ces racines étaient de deux sortes : verbales ou
prédicatives, pronominales ou démonstratives. Les premières, qui contenaient les verbes, les adjectifs et les
substantifs, « sont, dit Whitney, des signes indicatifs
d'actes ou de qualités. » Les secondes, d'où sont issus
le pronom et l'adverbe (la préposition et la conjonc-
tion sont de formation secondaire), sont peu nombreuses et indiquaient des rapports de position. La forme
primitive du signe est donc l'affirmation des qualités.
Puis le verbe et l'adjectif se séparent. « Les noms sont
tirés des verbes par l'intermédiaire des participes, qui
ne sont que des adjectifs dont la dérivation verbale
n'est pas encore effacée [1]. » Quant à la transformation
des noms communs en noms propres, elle n'est pas
douteuse.

L'évolution naturelle du langage n'explique-telle pas
les stades de sa dissolution chez l'aphasique, dans la
mesure où une création spontanée et la dissolution

---

1. Baudry, ouvr. cité, 16. D'après l'étymologie, le cheval, c'est
« le rapide » ; l'ours, « le brillant », etc., etc. Pour plus de détails, voir les ouvrages de Max Müller et Whitney.

d'une langue artificiellement apprise sout compa-
rables?

2° En exposant sous sa forme générale la loi de régression de la mémoire, nous avons vu que la mémoire
des sentiments s'efface plus tard que celle des idées. La
logique nous conduit à conclure que dans le cas particulier qui nous occupe, — l'amnésie progressive des
signes, — le langage des émotions doit disparaître
après le langage rationnel. Les faits confirment pleinement cette déduction.

Les meilleurs observateurs (Broca, Trousseau,
H. Jackson, Broadbent, etc.) ont noté un grand nombre de cas où des aphasiques complètement privés de
la parole, incapables d'articuler un seul mot volontairement, peuvent proférer non seulement des interjections, mais des phrases toutes faites, de courtes locu-
tions usuelles, propres à exprimer leur colère, leur
dépit ou à déplorer leur infirmité. L'une des formes
les plus persistantes de ce langage est celle des jurons.

Nous avons dit qu'en général ce qui est de formation
récente périt tout d'abord, que les formations anciennes disparaissent les dernières. Nous en trouvons ici
une confirmation : le langage des émotions se forme
avant le langage des idées ; il disparaît après lui. De
même, le complexe disparaît avant le simple ; or le
langage rationnel comparé au langage affectif est d'une
extrême complexité.

3° Tout ce qui précède est applicable aux gestes.
Cette forme du langage, la plus naturelle de toutes-
n'est (comme l'interjection du reste) qu'un mode d'expression réflexe. Elle apparaît chez l'enfant longtemps
avant le langage articulé. Chez certaines tribus sauvages frappées d'un arrêt de développement, les gestes

jouent un aussi grand rôle que les mots ; aussi ne peuvent-ils plus se comprendre dans l'obscurité.

Ce langage inné se perd rarement. « Les aphasies dans lesquelles on rencontre des désordres mimiques sont toujours, dit Kussmaul, d'une nature extrêmement complexe. Dans ces cas, tantôt les malades reconnaissent encore qu'ils se trompent dans l'emploi de leurs gestes, tantôt ils n'en ont pas conscience » (p. 160).

Hughlings Jackson, qui a étudié ce point avec soin, note que certains aphasiques ne peuvent ni rire, ni sourire, ni pleurer, sauf dans les cas d'extrême émotion. Il a noté aussi que quelques malades affirment ou nient par gestes tout à fait au hasard. L'un d'eux, qui avait encore à son service quelques interjections et quelques gestes, en usait à contre-sens ou d'une façon inintelligible.

Un fait cité par Trousseau nous donne un exemple bien remarquable d'une pure *amnésie motrice* concernant les gestes. « Je plaçais mes deux mains et j'agitais mes doigts dans la position où se trouve un homme qui joue de la clarinette, et je disais [au malade] de faire comme moi. Il exécutait aussitôt ces mouvements avec une parfaite précision. « Vous voyez, lui disais-je, je fais le geste d'un homme qui joue de la clarinette. » Il répondait par une affirmation. Au bout de quelques minutes, je le priais de faire ce geste. Il réfléchissait, et le plus souvent il lui était impossible de reproduire cette mimique si simple. »

En résumé, nous voyons que l'amnésie des signes descend des noms propres aux noms communs, de là aux adjectifs et aux verbes, puis au langage des sentiments et aux gestes. Cette marche destructive ne va

8.

pas au hasard, elle suit un ordre rigoureux, — du
moins organisé au mieux organisé, du plus complexe
au plus simple, du moins automatique au plus automatique [1]. Ce qui a été dit plus haut en établissant la
loi générale de réversion de la mémoire pourrait être
répété ici, et ce n'est pas l'une des moindres preuves
de son exactitude que de la voir se vérifier pour le cas
d'amnésie partielle le plus important, le plus systématique, le mieux connu.

Il y aurait encore lieu de procéder ici à une contre-
épreuve. Lorsque l'amnésie des signes a été complète
et que leur retour se fait progressivement, a-t-il lieu
dans un ordre inverse à celui de leur disparition? Ce
cas est rare. Je trouve cependant une observation du
Dr Grasset où un homme est atteint « d'une impossibilité complète de traduire sa pensée soit par la parole,
soit par l'écriture, soit par les gestes. Dans les jours
suivants, on vit reparaitre successivement et peu à peu
la faculté de se faire comprendre par gestes, puis par
la parole et l'écriture [2]. » Il est très probable que l'on
trouverait d'autres exemples de ce genre, si l'attention
des observateurs était fixée sur ce point.

1. Il est remarquable que beaucoup d'aphasiques qui ne peuvent plus écrire sont encore capables de signer.
2. *Revue des sciences médicales*, etc., 1873, t. II, p. 684.

CHAPITRE IV

LES EXALTATIONS DE LA MÉMOIRE
OU HYPERMNÉSIES

Jusqu'ici, notre étude pathologique a été limitée aux formes destructives de la mémoire ; nous l'avons vue s'anéantir ou diminuer. Mais il y a des cas tout contraires où ce qui paraissait anéanti ressuscite et où de pâles souvenirs reprennent leur intensité.

Cette exaltation de la mémoire, que les médecins appellent l'hypermnésie, est-elle un phénomène morbide ? C'est tout au moins une anomalie. Si l'on remarque en outre qu'elle est toujours liée à quelque désordre organique ou à quelque situation bizarre et insolite, on ne mettra pas en doute qu'elle rentre dans notre sujet. Son étude est moins instructive que celle des amnésies ; mais une monographie ne doit rien négliger. Nous verrons d'ailleurs ce qu'elle apprend sur la persistance des souvenirs.

Les excitations de la mémoire sont générales ou partielles.

I

L'excitation générale de la mémoire est difficile à
déterminer, parce que le degré d'excitation est une
chose toute relative. Il faudrait pouvoir comparer la
mémoire à elle-même chez le même individu. La puissance de cette faculté variant beaucoup d'un homme
à un autre, il n'y a pas de commune mesure : l'amnésie de l'un peut être l'hypermnésie d'un autre. C'est,
au fond, un changement de *ton* qui se produit dans
l'état de la mémoire, comme il arrive pour toute
autre forme de l'activité psychique : la pensée, l'imagination, la sensibilité. De plus, quand nous disons
que l'excitation est générale, ce n'est qu'une induction vraisemblable. Comme la mémoire est soumise
à la condition de la conscience et que la conscience
ne se produit que sous la forme d'une succession ;
tout ce que nous pouvons constater, c'est que, pendant une période plus ou moins longue, une grande
masse de souvenirs surgit dans toutes les directions.

L'excitation générale de la mémoire paraît dépendre
exclusivement de causes physiologiques et en particulier de la rapidité de la circulation cérébrale. Aussi se
produit-elle fréquemment dans les cas de fièvre aiguë.
Elle se produit encore dans l'excitation maniaque,
dans l'extase, dans l'hypnotisme, parfois dans l'hystérie et dans la période d'incubation de certaines ma-
adies du cerveau.

Outre ces cas nettement pathologiques, il **y en a**

d'autres d'une nature plus extraordinaire qui dépendent probablement de la même cause. Il y a plusieurs récits de noyés, sauvés d'une mort imminente, qui s'accordent sur ce point « qu'au moment où commençait l'asphyxie il leur a semblé voir, en un moment, leur vie entière dans ses plus petits incidents. » L'un d'eux prétend « qu'il lui a semblé voir toute sa vie antérieure se déroulant en succession rétrograde, non comme une simple esquisse, mais avec des détails très précis, formant comme un panorama de son existence entière, dont chaque acte était accompagné d'un sentiment de bien ou de mal. »

Dans une circonstance analogue, « un homme d'un esprit remarquablement net traversait un chemin de fer au moment où un train arrivait à toute vitesse. Il n'eut que le temps de s'étendre entre les deux lignes de rails. Pendant que le train passait au-dessus de lui, le sentiment de son danger lui remit en mémoire tous les incidents de sa vie, comme si le livre du jugement avait été ouvert devant ses yeux » [1].

Même en faisant la part de l'exagération, ces faits nous révèlent une suractivité de la mémoire dont nous ne pouvons nous faire aucune idée à l'état normal.

Je citerai un dernier exemple dû à l'intoxication par l'opium, et je prierai le lecteur de remarquer combien il confirme l'explication qui a été donnée plus haut du mécanisme de la « reconnaissance ». « Il me semble, dit Th. de Quincey dans ses *Confessions d'un mangeur d'opium*, avoir vécu soixante-dix ans ou un siècle

---

1. Pour ces faits et autres de même nature, voir Winslow, ouv. cité, p. 303 et suiv.

en une nuit..... Les plus petits événements de ma jeunesse, des scènes oubliées de mes premières années
étaient souvent ravivées. On ne peut dire que je me
les rappelais, car, si on me les avait racontées à l'état
de veille, je n'aurais pas été capable de les reconnaître
comme faisant partie de mon expérience passée. Mais,
placées devant moi comme elles l'étaient en rêve,
comme des intuitions, revêtues de leurs circonstances
les plus vagues et des sentiments qui les accompa-
gnaient, je les reconnaissais instantanément » (page
142).

Toutes ces excitations générales de la mémoire sont
transitoires : elles ne survivent pas aux causes qui les
produisent. Y a-t-il des hypermnésies permanentes ?
Si le mot peut être pris dans ce sens un peu forcé, il
faut l'appliquer à ces développements singuliers de la
mémoire qui sont consécutifs à quelque accident. On
trouve sur ce point, dans les anciens auteurs, des histoires fort rebattues (Clément VI, Mabillon, etc.). Il
n'y a pas de raison de les mettre en doute ; car des observateurs modernes, Romberg entre autres, ont noté
un développement remarquable et permanent de la
mémoire à la suite de commotions, de la variole, etc.
Le mécanisme de cette métamorphose étant impéné-
trable, il n'y a pas lieu d'y insister.

II

Les excitations *partielles* sont par leur nature même
nettement délimitées. Le ton ordinaire de la mémoire

étant maintenu dans sa généralité, tout ce qui le
dépasse fait saillie et se constate aisément. Ces hypermnésies sont le corrélatif nécessaire des amnésies
partielles ; elles prouvent une fois de plus et sous
une autre forme que la mémoire consiste en des mémoires.

Dans la production des hypermnésies partielles, on
ne découvre rien qui ressemble à une loi. Elles se présentent à l'état de faits isolés, c'est-à-dire comme ré
sultant d'un concours de conditions qui nous échappent. Pourquoi tel groupe de cellules, formant telle
association dynamique, est-il mis en branle plutôt que
tel autre ? On n'en peut donner aucune raison, ni physiologique ni psychologique. Les seuls cas où l'on
pourrait signaler une apparence de loi sont ceux, dont
nous parlerons plus bas, où plusieurs langues reviennent successivement en mémoire.

Les excitations partielles résultent le plus souvent
de causes morbides, — celles qui ont été indiquées plus
haut ; mais il y a des cas où elles se produisent à l'état
sain. En voici deux exemples :

« Une dame à la dernière période d'une maladie
chronique fut conduite de Londres à la campagne. Sa
petite fille, qui ne parlait pas encore (*infant*), lui fut
amenée, et, après une courte entrevue, elle fut recon-
duite à la ville. La dame mourut quelques jours après.
La fille grandit sans se rappeler sa mère jusqu'à l'âge
mûr. Ce fut alors qu'elle eut l'occasion de voir la
chambre où sa mère était morte. Quoiqu'elle l'ignorât,
en entrant dans cette chambre, elle tressaillit : comme
on lui demandait la cause de son émotion : « J'ai, dit-
elle, l'impression distincte d'être venue autrefois dans
cette chambre. Il y avait dans ce coin une dame cou-

chée, paraissant très malade, qui se pencha sur moi
et pleura [1]. »

« Un homme doué d'un tempérament artistique très
marqué (ce point est à noter) alla avec des amis faire
une partie près d'un château du comté de Sussex, qu'il
n'avait aucun souvenir d'avoir visité. En approchant
de la grande porte, il eut une impression extrêmement
vive de l'avoir déjà vue, et il revoyait non seulement
cette porte, mais des gens installés sur le haut et en
bas des ânes sous le porche. Cette conviction sin-
gulière s'imposant à lui, il s'adressa à sa mère, pour
avoir quelques éclaircissements sur ce point. Il apprit
d'elle qu'étant âgé de seize mois, il avait été conduit en
partie dans cet endroit, qu'il avait été porté dans un
panier sur le dos d'un âne ; qu'il avait été laissé en
bas avec les ânes et les domestiques, tandis que les
plus âgés de la bande s'étaient installés pour manger
au-dessus de la porte du château [2]. »

Le mécanisme du ressouvenir dans ces deux cas ne
peut donner lieu à aucune équivoque. C'est une réviviscence par contiguïté dans l'espace. Ils présentent,
seulement sous une forme plus frappante et plus rare,
ce qui se rencontre à chaque instant dans la vie. A
qui n'est-il pas arrivé, pour recouvrer un souvenir
momentanément perdu, de retourner à l'endroit où
l'idée a surgi, de se remettre autant que possible dans
la même situation matérielle et de le voir renaître tout
d'un coup ?

Quant à l'hypermnésie de cause morbide, je n'en
donnerai qu'un exemple pour servir à ce type :

---

1. Abercrombie, *Essay on intellectual Powers*, p. 120.
2. Carpenter, *Mental Physiology*, p. 431.

« A l'âge de quatre ans, un enfant, par suite d'une fracture du crâne, subit l'opération du trépan. Revenu à la santé, il n'avait gardé aucun souvenir ni de l'accident ni de l'opération. Mais à l'âge de quinze ans, pris d'un délire fébrile, il décrivit à sa mère l'opération, les gens qui y assistaient, leur toilette et autres petits détails, avec une grande exactitude. Jusque-là, il n'en avait jamais parlé et il n'avait jamais entendu personne donner tous ces détails [1].

La réviviscence de langues complètement oubliées mérite de nous arrêter un peu plus longtemps. Le cas rapporté par Coleridge est si connu que je me garderai d'en parler. Il y en a beaucoup du même genre, qu'on peut trouver dans les ouvrages d'Abercrombie, Hamilton, Carpenter. Le sommeil anesthésique dû au chloroforme ou à l'éther peut produire les mêmes effets que l'excitation fébrile. « Un vieux forestier avait vécu pendant sa jeunesse sur les frontières polonaises et n'avait guère parlé que le polonais. Dans la suite, il n'avait habité [2] que des districts allemands. Ses enfants assurèrent que, depuis trente ou quarante ans, il n'avait entendu ni prononcé un seul mot de polonais. Pendant une anesthésie qui dura près de deux heures, cet homme parla, pria, chanta, rien qu'en polonais. »

Ce qui est plus curieux que le retour d'une langue, c'est le retour *régressif* de plusieurs langues. Malheureusement, les auteurs qui en ont parlé rapportent ce fait à titre de simple curiosité, sans donner tous

1. Abercrombie, ouv. cité, p. 149.
2. M. Duval, art. Hypnotisme dans le *Nouveau dict. de médecine*, etc., p. 144.

les renseignements nécessaires pour leur interprétation.

Le cas le plus net a été observé par le Dr Rush, de Philadelphie, dans ses *Medical Inquiries and Observations upon Diseases of the Mind*. « Un Italien, le Dr Scandella, homme d'une érudition remarquable, résidait en Amérique. Il était maître d'italien, d'anglais et de français. Il fut pris de la fièvre jaune, dont il mourut à New-York ; au commencement de sa maladie, il parla *anglais ;* au milieu, *français ;* le jour de sa mort, il parla *italien*, sa langue natale. »

Le même auteur parle en termes assez confus d'une femme sujette à des accès de folie transitoire. Au début, elle parlait un mauvais *italien ;* au moment le plus aigu de sa maladie, *français ;* pendant la période de défervescence, *allemand ;* dès qu'elle entrait en convalescence, elle reprenait sa langue maternelle (l'anglais).

Si on laisse de côté cette régression à travers plusieurs langues, pour se contenter de cas plus simples, on trouve des documents précis et abondants. Un Français vivant en Angleterre, parlant parfaitement bien l'anglais, reçut un coup à la tête. Pendant la durée de sa maladie, il ne put répondre qu'en français.

Mais il n'y a rien de plus instructif que le fait suivant, rapporté par le même Dr Rush : « Je tiens d'un pasteur luthérien d'origine allemande , vivant en Amérique et qui avait dans sa congrégation un nombre considérable d'Allemands et de Suédois, que presque tous, peu avant de mourir, prient dans leur langue maternelle. « J'en ai, disait-il, des exemples innom-
« brables, quoique plusieurs d'entre eux, j'en suis sûr,

« n'aient pas parlé allemand ou suédois, depuis cin-
« quante ou soixante ans. »

Winslow note aussi que des catholiques convertis
au protestantisme ont, pendant le délire qui précé-
dait leur mort, prié uniquement d'après le formulaire
de l'Eglise romaine [1].

Ce retour de langues et de formules perdues ne me
paraît, bien interprété, qu'un cas particulier de la loi de
régression. Par suite d'un travail morbide qui le plus
souvent aboutit à la mort, les couches les plus ré-
centes de la mémoire se sont détruites, et ce travail de
destruction descendant de proche en proche jusqu'aux
acquisitions les plus anciennes, c'est-à-dire les plus
solides, leur rend une activité temporaire, les ramène
quelque temps à la conscience, avant de les effacer pour
toujours. L'hypermnésie ne serait donc que le résultat
de conditions toutes négatives; la régression résulte-
rait non d'un retour normal à la conscience, mais de la
suppression d'états plus vifs et plus intenses : ce serait
comme une voix faible qui ne peut se faire entendre
que quand les gens au verbe haut ont disparu. Ces
acquisitions, ces habitudes de l'enfance ou de la jeunesse reviennent au premier plan, non parce qu'une
cause quelconque les pousse en avant, mais parce qu'il
n'y a plus rien qui les recouvre. Les réviviscences de ce
genre ne sont, au sens strict, qu'un retour en arrière, à
des conditions d'existence qui semblaient à jamais disparues, mais que le travail à rebours de la dissolution
a ramenées. Je m'abstiendrai d'ailleurs des réflexions
que ces faits suggèrent si naturellement : j'en laisse le
soin aux moralistes. Ils pourront montrer notamment

1. Winslow, ouv. cité, p. 253, 265, 266, 305.

comment certains retours religieux de la dernière heure dont on fait grand bruit ne sont pour une psychologie clairvoyante que l'effet nécessaire d'une dissolution sans remède.

Indépendamment de cette confirmation inattendue de notre loi de régression, ce qui ressort de l'étude des hypermnésies, c'est la surprenante persistance de ces conditions latentes du souvenir qu'on a appelées les résidus. Sans ces désordres de la mémoire, nous ne pourrions la soupçonner ; car la conscience réduite à elle seule, ne peut affirmer que la conservation des états qui constituent la vie courante et de quelques autres que la volonté tient sous sa dépendance, parce que l'habitude les a fixés.

Faut-il conclure de ces réviviscences que rien, absolument rien ne se perd dans la mémoire ? que ce qui y est une fois entré reste indestructible ? que l'impression même la plus fugitive peut toujours à un moment donné être ravivée ? Plusieurs auteurs, surtout Maury, ont donné à l'appui de cette thèse des exemples frappants. Cependant à qui soutiendrait que, même sans causes morbides, il y a des résidus qui disparaissent, on n'aurait pas de raison péremptoire à opposer [1]. Il est possible que certaines modifications cellulaires et certaines associations dynamiques soient trop instables pour durer. En somme, on peut dire que la persistance est, sinon la règle absolue, au moins la règle ; qu'elle embrasse l'immense majorité des cas.

Quant au mode suivant lequel ces souvenirs lointains sont conservés et reproduits, nous n'en savons

1. Voir l'article de M. Delbœuf dans la *Revue philosophique* du 1er février 1880.

rien. Je ferai seulement remarquer comment cela peut
se concevoir dans l'hypothèse qui a été adoptée tout
le long dans ce travail.

Si l'on admet comme substratum matériel de nos
souvenirs des modifications de cellules et des associations dynamiques entre elles, il n'y a pas de mémoire,
si chargée de faits qu'on la suppose, qui ne puisse suffire à tout garder : car, si les modifications cellulaires
possibles sont limitées, les associations dynamiques
possibles sont innombrables. On peut supposer que
les anciennes associations reparaissent quand les nouvelles, désorganisées temporairement ou pour toujours, leur laissent le champ libre. Le nombre des
réviviscences possibles ayant beaucoup diminué, les
chances augmentent en proportion pour le retour des
associations les plus stables, c'est-à-dire les plus anciennes. Je ne veux pas insister au reste sur une
hypothèse non vérifiable : mon but est de m'en tenir
à ce qu'on peut savoir et de n'en pas sortir.

Il est impossible de rapporter à aucun des types
morbides qui précèdent une illusion d'une nature
bizarre, peu fréquente ou du moins rarement observée,
puisqu'on n'en cite que trois ou quatre cas et qui
n'a reçu jusqu'ici aucune dénomination particulière.
Wigan l'a appelée assez improprement une double
conscience, Sander une illusion de la mémoire (*Erinne-
rungstauschung*). D'autres lui ont donné le nom de
fausse mémoire, qui me paraît préférable. Elle consiste
à croire qu'un état nouveau en réalité a été anté-
rieurement éprouvé, en sorte que, lorsqu'il se pro-

duit pour la première fois, il paraît être une répétition.

Wigan, dans son livre bien connu sur la « dualité de
l'esprit », rapporte que, pendant qu'il assistait au service funèbre de la princesse Charlotte dans la chapelle
de Windsor, il eut tout d'un coup le sentiment d'avoir
été autrefois témoin du même spectacle. L'illusion ne
fut que fugitive; nous en verrons de plus durables.
Lewes rapproche avec raison ce phénomène de quelques autres plus fréquents. Il arrive en pays étranger
que le détour brusque d'un sentier ou d'une rivière
nous met en face de quelque paysage qu'il nous semble avoir autrefois contemplé. Introduit pour la première fois près d'une personne, on *sent* qu'on l'a déjà
vue. En lisant dans un livre des pensées nouvelles, on
sent qu'elles ont été présentes à l'esprit antérieure-
ment [1].

Selon nous, cette illusion s'explique assez facilement. L'impression reçue évoque dans notre passé
des impressions analogues, vagues, confuses, à peine
entrevues, mais qui suffisent à faire croire que l'état
nouveau en est la répétition. Il y a un fond de ressemblance rapidement senti entre deux états de conscience, qui pousse à les identifier. C'est une erreur;
mais elle n'est que partielle, parce qu'il y a en effet
dans notre passé quelque chose qui ressemble à une
première expérience.

Si cette explication peut suffire pour des cas très
simples, en voici d'autres où elle n'est guère admis-
sible.

Un malade, dit Sander, en apprenant la mort d'une

1. Lewes, *Problems of Life and Mind*, 3ᵉ série, p. 129.

personne qu'il connaissait, fut saisi d'une terreur indéfinissable, parce qu'il lui sembla qu'il avait déjà ressenti cette impression. « Je sentais que déjà auparavant, étant couché ici, dans ce même lit, X... était venu et m'avait dit : « Müller est mort. » Je répondis : « Müller est mort il y a quelque temps, il n'a pu mourir deux fois [1]. »

Le Dr Arnold Pick a rapporté le cas de fausse mémoire le plus complet que je connaisse : ce désordre se présente sous une forme presque chronique. Un homme instruit, raisonnant assez bien sur sa maladie et qui en a donné une description écrite, fut pris vers l'âge de trente-deux ans d'un état mental particulier. S'il assistait à une fête, s'il visitait quelque endroit, s'il faisait quelque rencontre, cet événement, avec toutes ses circonstances, lui paraissait si familier qu'il se sentait sûr d'avoir déjà éprouvé les mêmes impressions, étant entouré précisément des mêmes personnes ou des mêmes objets, avec le même ciel, le même temps, etc. Faisait-il quelque nouveau travail, il lui semblait l'avoir déjà fait et dans les mêmes conditions. Ce sentiment se produisait parfois le jour même, au bout de quelques minutes ou de quelques heures, parfois le jour suivant seulement, mais avec une parfaite clarté [2].

Il y a dans ce phénomène de fausse mémoire une anomalie du mécanisme mental qui nous échappe, qu'il est difficile de comprendre à l'état sain. Le malade, même s'il était bon observateur, ne pourrait l'analyser qu'en cessant d'être dupe. Il me paraît cependant ressortir de ces exemples, d'abord que l'im-

1. Sander, *Archiv für Psychiatrie*, 1873, **IV.**
2. *Archiv für Psychiatrie*, 1876, VI, **2.**

pression reçue se reproduit sous forme d'image (en terme physiologique, il y a une répétition du processus cérébral primitif). Ce phénomène n'a rien que d'ordinaire ; c'est ce qui a lieu pour tout souvenir qui n'est pas causé par la présence actuelle de son objet. Toute la difficulté est de savoir pourquoi cette image qui naît une minute, une heure, un jour après l'état réel, donne à celui-ci le caractère d'une répétition. On peut admettre que le mécanisme de la « reconnaissance », de la localisation dans le temps, fonctionne à rebours. Je propose pour ma part l'explication qui suit.

L'image ainsi formée est très intense, de *nature hallucinatoire;* elle s'impose comme une réalité, parce que rien ne rectifie cette illusion. Par suite, l'impression réelle se trouve rejetée au second plan, avec le caractère effacé des souvenirs : elle est localisée dans le passé, à tort si l'on considère les faits objectivement, avec raison, si on les considère snbjectivement. Cet état hallucinatoire en effet, quoique très vif, n'efface pas l'impression réelle ; mais comme il s'en détache, comme il a été produit par elle après coup, il doit apparaître comme une seconde expérience. Il prend la place de l'impression réelle, il paraît le plus récent, et il l'est en fait. Pour nous qui jugeons du dehors et d'après ce qui s'est passé extérieurement, il est faux que l'impression ait été reçue deux fois. Pour le malade, qui juge d'après les données de sa conscience, il est vrai que l'impression a été reçue deux fois, et dans ces limites, son affirmation est incontestable.

A l'appui de cette explication, je ferai remarquer que presque toujours la fausse mémoire est liée à un désordre mental. Le malade de Pick était atteint d'une forme de folie : le délire des persécutions. La formation d'images hallucinatoires n'aurait donc rien que de naturel. Je ne prétends pas d'ailleurs que mon explication soit la seule possible. Pour un état aussi insolite, des observations plus nombreuses et bien faites seraient nécessaires [1].

---

1. Si nous n'avons rien dit de l'état de la mémoire dans la *folie*, c'est parce que ce terme collectif désigne des états très divers et que les plus importants ont été mentionnés en leur lieu (manie, paralysie générale, démence, etc.). Il ne sera cependant pas inutile de mettre sous les yeux du lecteur le passage suivant, qui traite le sujet dans sa généralité : « Pour ce qui est de la mémoire, elle présente de très grandes différences chez les aliénés. Parfois elle est parfaitement fidèle, aussi bien pour les faits de la vie antérieure que pour ceux qui se sont passés pendant la maladie. Mais il est beaucoup plus fréquent d'y observer un affaiblissement sous différentes formes : ainsi la démence... D'autres fois, les faits de la vie antérieure sont ou bien effacés complètement de la mémoire (ce qui est rare), ou bien ils sont reportés à une telle distance (cela est plus fréquent), ils sont devenus si vagues et si étrangers à l'individu, que c'est à peine s'il peut les reconnaître pour des faits qui lui sont arrivés à lui-même.....

« L'individu qui est guéri de la folie se souvient ordinairement des événements qui se sont passés pendant sa maladie et peut souvent rapporter avec une précision et une fidélité surprenantes les plus petits incidents survenus dans le monde extérieur et exposer dans tous leurs détails les motifs et la disposition d'esprit qui le dirigeaient alors. Il sait aussi souvent décrire chaque geste, chaque mot, chaque changement de physionomie des personnes qui le visitent... Ce phénomène s'observe en particulier chez les individus guéris de mélancolie et de manie peu intense ; moins à la suite de la monomanie, dont le malade conserve ordinairement un souvenir beaucoup plus confus. Lorsqu'un malade guéri déclare ne plus rien se rappeler de tout ce qui s'est passé pendant sa folie, ce dire ne doit être accepté qu'avec réserve, parce que souvent la honte lui fait taire des souvenirs exacts » (Griesinger, *Traité des maladies*

9.

mentales, trad. franç., p. 78. Voir aussi Maudsley dans *Reynold's System of Medicine,* vol. II, p. 26.)

L'affaiblissement de la mémoire dans l'ivresse est bien connu. Il y a de nombreux exemples d'actes violents commis dans cet état, dont il n'est resté aucun souvenir. L'alcoolisme chronique diminue la mémoire sans l'éteindre : à sa période terminale, il aboutit à la démence avec amnésie.

CONCLUSION

I

Description des maladies de la mémoire et recherche de la loi qui les gouverne : tel est le travail qui nous a occupés jusqu'ici. Il faut avant de terminer dire un mot des causes. Il ne s'agit naturellement que des causes immédiates, organiques. Même réduite à ces termes, l'étiologie des désordres de la mémoire est très obscure, et ce qu'on peut considérer comme acquis sur ce point est peu de chose.

La mémoire consiste à conserver et à reproduire : la conservation paraît dépendre surtout de la nutrition ; la faculté de reproduire, de la circulation générale ou locale.

I. La conservation, qui joue le rôle le plus important, puisque sans elle aucune reproduction n'est possible, suppose une condition première qu'on ne peut traduire que par cette expression vague : une constitution normale du cerveau. Nous avons vu que les idiots sont atteints d'amnésie congénitale, d'impuissance native à fixer les souvenirs. Cette condition première est un *postulatum ;* c'est moins une condition que la condition d'existence nécessaire de la mémoire. En fait, elle se rencontre chez presque tous les hommes.

Cette constitution normale étant donnée, il ne suffit pas que les impressions soient reçues, il faut qu'elles soient fixées, enregistrées organiquement, incrustées ; il faut qu'elles deviennent une modification permanente de l'encéphale ; il faut que les modifications imprimées aux cellules et aux filets nerveux et que les associations dynamiques que ces éléments forment entre eux restent stables. Ce résultat ne peut dépendre que de la nutrition. Le cerveau reçoit une masse énorme de sang, surtout la substance grise. Il n'y a pas de partie du corps où le travail nutritif soit plus actif ni plus rapide. Nous ignorons le mécanisme intime de ce travail. L'histologie la plus raffinée ne peut suivre les molécules dans leurs réarrangements. Nous n'en constatons que les effets : tout le reste est induction. Mais il y a des faits de tout ordre qui démontrent la connexion étroite de la nutrition et de la mémoire.

Il est d'observation vulgaire que les enfants apprennent avec une merveilleuse facilité, que tout ce qui ne demande que de la mémoire, comme les langues, est vite acquis par eux. On sait aussi que les habitudes, c'est-à-dire une forme de la mémoire, sont bien plus aisément contractées dans l'enfance et la jeunesse qu'à l'âge adulte. C'est qu'à cette période de la vie, l'activité du processus nutritif est tellement grande que les connexions nouvelles sont rapidement établies. Chez le vieillard, au contraire, l'effacement si prompt des impressions nouvelles coïncide avec un affaiblissement considérable de cette activité.

Tout ce qui est appris trop vite ne dure pas. L'expression « s'assimiler une chose » n'est pas une métaphore. Je n'insisterai pas sur une vérité que tout le monde répète, mais sans se douter que ce fait psychique a une raison organique. Pour fixer les souvenirs, il faut du temps, parce que la nutrition ne fait pas son œuvre en un instant; parce que ce mouvement moléculaire incessant qui la constitue doit suivre une direction constante que la même impression périodiquement renouvelée est propre à maintenir [1].

La fatigue, sous toutes ses formes, est fatale à la mémoire. Les impressions reçues ne sont pas fixées; la reproduction est très pénible, souvent impossible. Or la fatigue est considérée comme un état où, par suite de la suractivité d'un organe, la nutrition souffre et languit. Avec le retour aux conditions normales, la mémoire revient. La relation de Holland citée plus haut est assez explicite sur ce point.

Nous avons vu aussi que, dans les cas d'amnésie temporaire dus à une commotion cérébrale, l'oubli a toujours un caractère rétroactif; il s'étend sur une période plus ou moins longue, antérieure à l'accident :

---

1. « J'ai connu, dit Abercrombie, un acteur distingué qui, appelé à remplacer un de ses confrères malades, dut apprendre en peu d'heures un rôle long et difficile. Il l'apprit très vite et le joua avec une parfaite exactitude. Mais, immédiatement après la pièce, il l'oubliait, à tel point qu'ayant eu à jouer le rôle plusieurs jours de suite, il était obligé chaque fois de le préparer à nouveau, n'ayant pas, disait-il, le temps de l' « étudier ». Interrogé sur le procédé mental par lui suivi, quand il joua son rôle pour la première fois, il me répondit qu'il avait complètement perdu de vue le public, qu'il lui semblait n'avoir devant les yeux que les pages de son livre, et que, si quoi que ce soit avait interrompu cette illusion, il se serait arrêté instantanément. » (Ouvrage cité, p. 103.)

c'est une règle qui n'a guère d'exceptions. La plupart
des physiologistes qui se sont occupés de ce fait l'expliquent par un défaut de nutrition. L'enregistrement organique qui consiste en une modification nutritive de
la substance cérébrale n'a pas eu le temps de se produire.

Enfin, rappelons que la forme la plus grave des maladies de la mémoire, l'amnésie progressive des déments,
des vieillards, des paralytiques généraux, a pour cause
une atrophie toujours croissante des éléments nerveux. Les tubes et les cellules subissent une dégénérescence ; les dernières surtout finissent par disparaître,
ne laissant à leur place que des amas méconnaissables.

L'ensemble de ces faits, physiologiques et pathologiques, montre entre la nutrition et la conservation un
rapport de cause à effet. Il y a une exacte coïncidence
entre leurs périodes d'apogée et de déclin. Les variations
à courte ou longue durée de l'une se retrouvent dans
l'autre. Que l'une soit ou active, ou modérée, ou lan-
guissante, il en est de même de l'autre. La conservation du souvenir doit donc être comprise non au sens
métaphysique « d'états de l'âme » qui subsisteraient on
ne sait où, mais comme un état acquis de l'organe cérébral qui implique la possibilité d'états de conscience,
quand leurs conditions d'existence se rencontrent.

La rapidité extrême des échanges nutritifs dans le
cerveau, qui semble au premier abord une cause d'instabilité, explique au contraire la fixation des souvenirs.
« La réparation, s'effectuant sur le trajet modifié, sert
à enregistrer l'expérience. Ce n'est pas une simple
intégration qui a lieu, mais une réintégration : la substance est restaurée d'une façon spéciale après une
modification spéciale : ce qui fait que la modalité qui

s'est produite est pour ainsi dire incorporée ou incarnée dans la structure de l'encéphale ¹. »

Nous touchons ici à la raison dernière de la mémoire dans l'ordre biologique : elle est une imprégnation. Aussi n'est-il pas étonnant qu'un éminent chirurgien anglais, traitant de cette modification indélébile que les maladies infectieuses impriment aux tissus vivants, ait écrit le passage suivant, qui semble composé pour nous : « Comment peut-on supposer que le cerveau soit l'organe de la mémoire s'il change toujours ? Comment ce changement nutritif de toutes les molécules du cerveau ne détruit-il pas toute mémoire ? Parce que, dans le processus nutritif, l'assimilation se fait d'une manière parfaitement exacte. L'effet produit par une impression sur le cerveau (que ce soit une perception ou un acte intellectuel) y est fixé et retenu, parce que la partie quelle qu'elle soit, qui a été changée par cette impression, est exactement représentée par la partie qui lui succède dans le cours de la nutrition ². » Si paradoxal que puisse paraître un rapprochement entre une maladie infectieuse et la mémoire, il est donc rigoureusement exact, au point de vue biologique.

II. D'une manière générale, la reproduction des souvenirs paraît dépendre de l'état de la circulation. C'est une question bien plus obscure que la précédente et sur laquelle on n'a que des données très incomplètes. Une première difficulté vient de la rapidité des phénomènes

1. Maudsley, *Physiologie de l'esprit*, trad. Herzen, p. 140.
2. J. Paget. *Lectures on surgical Pathology*, t. I. p. 52. Voir aussi Maudsley, ouv. cité, p. 477-478.

et de leurs perpétuels changements. Une seconde vient
de leur complexité : la reproduction, en effet, ne dépend pas seulement de la circulation générale ; elle dépend aussi de la circulation particulière du cerveau, et
il est vraisemblable qu'il y a, même dans celle-ci, des
variations locales qui ont une grande influence. Ce
n'est pas tout : il y a à tenir compte de la *qualité* du sang
tout aussi bien que de sa quantité.

Il est impossible de déterminer, même grossièrement,
le rôle de chacun de ces facteurs dans le mécanisme
de la reproduction. Nous devons nous borner à faire
voir que la circulation et la reproduction présentent
des variations corrélatives. Voici les principaux faits
qu'on peut donner à l'appui :

La fièvre, à ses divers degrés, s'accompagne d'une
suractivité cérébrale. La mémoire y participe pour une
bonne part. Nous avons même vu jusqu'à quel point
d'excitation surprenante elle peut atteindre. On sait
que dans la fièvre la rapidité de la circulation est
excessive, que le sang est altéré, qu'il est chargé d'éléments provenant d'une dénutrition trop rapide, d'un
travail de combustion exagéré. Nous trouvons donc ici
une variation en qualité et en quantité qui se traduit
par une hypermnésie.

Même en dehors de l'état de fièvre, « des impressions
triviales, qui n'ont offert aucun intérêt, survivent souvent dans la mémoire, quand des impressions bien plus
importantes ou imposantes ont disparu. En considé-
rant les circonstances, on trouvera souvent que ces
impressions ont été reçues quand l'énergie était très
élevée, quand l'exercice, le plaisir, ou l'un et l'autre
avaient grandement augmenté l'action du cœur. Les
romanciers ont noté comme un trait de la nature hu-

maine que, dans les moments où une forte émotion a excité la circulation à un degré exceptionnel, les groupes de sensations causées par les objets environnants peuvent être ravivés avec une grande clarté, souvent même en traversant la vie tout entière [1]. »

Remarquons encore combien la reproduction est facile et rapide dans cette période de la vie où le sang est poussé en courants rapides et abondants, combien elle devient lente et difficile quand l'âge ralentit la circulation. Nous pouvons noter aussi que chez le vieillard la composition du sang a changé, qu'il est moins riche en globules et en albumine.

Chez les personnes épuisées par une longue maladie, la mémoire s'affaiblit avec la circulation. « Les sujets très nerveux, chez qui l'action du cœur a grandement baissé se plaignent habituellement de perte de la mémoire.... symptôme qui diminue à mesure que le degré normal de la circulation revient [2]. »

Il y a exaltation de la mémoire, quand la circulation a été modifiée par des stimulants, tels que le hachich, l'opium, etc., qui excitent le système nerveux avant d'amener un état final de dépression. D'autres agents thérapeutiques produisent un effet contraire, par exemple le bromure de potassium, dont l'action est sédative, hypnotique, et qui, pris à forte dose, produit un ralentissement de la circulation. Un prédicateur fut obligé d'en interrompre l'usage : il avait presque perdu la mémoire ; elle revint dès qu'il cessa le traitement.

De tous ces faits ressort une conclusion générale : l'exercice normal de la mémoire suppose une circula-

1. Herbert Spencer, *Principes de psychologie*, t. I, **p. 239.**
2. *Ibid.*, p. 241.

tion active et un sang riche en matériaux nécessaires
pour l'intégration et la désintégration. Dès que cette
activité s'exagère, il y a tendance vers l'excitation
morbide; dès qu'elle s'abaisse, il y a tendance vers
l'amnésie. Il est impossible de préciser davantage sans
entrer dans l'hypothèse pure. Pourquoi, de préférence
à toute autre, telle catégorie de souvenirs est-elle ravivée ou abolie? Nous n'en savons rien: Il y a tant
d'imprévu dans chaque cas particulier d'amnésie et
d'hypermnésie qu'il serait chimérique d'essayer une
explication. Il est probable que ce sont des modifications organiques très fugitives, des causes infinitési-
males, qui font que, seule entre toutes, telle série est
évoquée ou reste sourde à l'appel. Qu'un seul élément nerveux se mette en branle ou reste paralysé,
cela suffit : le mécanisme bien connu de l'association
explique le reste. Quelques physiologistes ont émis
l'opinion que les *lapsus* limités et temporaires de la
mémoire sont dus à des modifications locales et transitoires dans le calibre des artères, sous l'influence des
vaso-moteurs. Ils en ont donné pour raison que le
retour est brusque, qu'il est causé d'ordinaire par une
émotion, et que les émotions exercent une influence
particulière sur le système nerveux vaso-moteur.

Dans ces cas de perte complète de la mémoire, dont
nous avons donné plusieurs exemples, le retour dépend
de la circulation et de la nutrition. Est-il brusque (ce
qui est rare), l'hypothèse la plus probable est celle d'un
arrêt de fonction, d'un état « d'inhibition » qui cesse
tout d'un coup : ce problème est l'un des plus obscurs
de la physiologie nerveuse.

S'il résulte d'une rééducation (ce qui est l'ordinaire),
le rôle capital paraît dévolu à la nutrition. La rapidité

avec laquelle on rapprend montre que tout n'était pas
perdu. Les cellules ont pu être atrophiées; mais si
leurs noyaux (considérés en général comme leurs organes reproducteurs) donnent naissance à d'autres
cellules, les bases de la mémoire sont par là même
rétablies : les cellules-filles ressemblent aux cellules-
mères, en vertu de cette tendance de tout organisme à
maintenir son type et de toute modification acquise à
devenir une modification transmise; la mémoire n'est
dans ce cas qu'une forme de l'hérédité [1].

II

. En résumé, la mémoire est une fonction générale
du système nerveux. Elle a pour base la propriété
qu'ont les éléments de conserver une modification
reçue et de former des associations. Ces associations,
résultat de l'expérience, nous les avons appelées dynamiques, pour les distinguer des associations naturelles
ou anatomiques. La conservation est assurée par la nutrition, qui fixe sans cesse parce qu'elle renouvelle sans .
cesse. La puissance reproductive nous a paru dépendre
surtout de la circulation.

Conserver et reproduire : tout l'essentiel de la mémoire est ainsi rattaché aux conditions fondamentales
de la vie. Le reste — conscience, localisation exacte
des souvenirs dans le passé — n'est qu'un perfectionnement. La mémoire psychique n'est que la forme la
plus haute et la plus complexe de la mémoire. S'y

1. Pour plus de détails sur ce point, voir dans le *Brain* l'article cité plus haut.

confiner, comme la plupart des psychologues, c'est se condamner d'avance à ne tourmenter que des abstractions.

Ces préliminaires établis, nous avons classé et décrit les maladies de la mémoire ; et, comme une observation bien faite vaut toujours mieux qu'une description générale, comme elle est plus instructive et plus suggestive, nous avons donné de chaque type morbide quelques exemples clairs et authentiques.

Après avoir traversé une masse de faits qui paraîtra encombrante à plus d'un lecteur, nous avons recherché les résultats généraux qui en ressortent :

D'abord la nécessité de résoudre la mémoire en *des* mémoires dont l'indépendance est nettement établie par les cas morbides.

Nous avons montré ensuite que la destruction de la mémoire suit une *loi*. Négligeant les désordres secondaires, à courte durée, peu instructifs pour ceux qui ont une évolution normale, nous avons constaté ce qui suit :

Dans le cas de dissolution *générale* de la mémoire, la perte des souvenirs suit une marche invariable : les faits récents, les idées en général, les sentiments, les actes.

Dans le cas de dissolution *partielle* le mieux connu (l'oubli des signes), la perte des souvenirs suit une marche invariable : les noms propres, les noms communs, les adjectifs et les verbes, les interjections, les gestes.

Dans les deux cas, la marche est identique. C'est une régression du plus nouveau au plus ancien, du complexe au simple, du volontaire à l'automatique, du moins organisé au mieux organisé.

L'exactitude de cette *loi de régression* est vérifiée par

les cas assez rares où la dissolution progressive de la mémoire est suivie d'une guérison : les souvenirs reviennent dans l'ordre inverse de leur perte.

Cette loi de régression nous a permis d'expliquer la réviviscence extraordinaire de certains souvenirs, comme un retour de l'esprit en arrière, à des conditions d'existence qui semblaient à jamais disparues.

Nous avons rattaché notre loi à ce principe physiologique : « La dégénérescence frappe d'abord ce qui est le plus récemment formé ; » et à ce principe psychologique : « Le complexe disparaît avant le simple, parce qu'il a été moins souvent répété dans l'expérience. »

Enfin notre étude pathologique nous a conduit à cette conclusion générale : La mémoire consiste en un processus d'organisation à degrés variables compris entre deux limites extrêmes, l'état nouveau, l'enregistrement organique.

FIN

TABLE DES MATIÈRES

CHAPITRE III

Les amnésies partielles.

CHAPITRE IV

Les exaltations de la mémoire.

CONCLUSION

FIN DE LA TABLE DES MATIÈRES.

942-03. — Coulommiers. Imp. PAUL BRODARD. — 8-03.

BIBLIOTHÈQUE DE PHILOSOPHIE CONTEMPORAINE

Volumes in-16; chaque vol. broché : 2 fr. 50.

EXTRAIT DU CATALOGUE

Herbert Spencer.
Classificat. des sciences. 8ᵉ éd.
L'individu contre l'Etat. 6ᵉ éd.

Th. Ribot.
La psych. de l'attention. 8ᵉ éd.
La phil. de Schopen. 10ᵉ éd.
Les mal. de la mém. 17ᵉ édit.
Les mal. de la volonté. 20ᵉ éd.
Mal. de la personnalité. 11ᵉéd.

Hartmann (E. de).
La religion de l'avenir. 6ᵉ éd.
Le Darwinisme. 8ᵉ édit.

Schopenhauer.
Essai sur le libre arbitre. 9ᵉéd.
Fond. de la morale. 8ᵉ édit.
Pensées et fragments. 19ᵉ éd.
Ecrivains et style.

L. Liard.
Logiciens angl. contem. 3ᵉ éd.
Définitions géomét. 3ᵉ éd.

A. Binet.
La psychol. du raisonn.3ᵉédit.

Mosso.
La peur. 3ᵉ édit.
La fatigue. 5ᵉ édit.

G. Tarde.
La criminalité comparée.5ᵉéd.
Les transform. du droit. 4ᵉ éd.
Les lois sociales. 4ᵉ éd.

Ch. Richet.
Psychologie générale. 6ᵉ éd.

Tissié.
Les rêves. 2ᵉ édit.

J. Lubbock.
Le bonheur de vivre (2 v.) 9ᵉéd.
L'emploi de la vie. 5ᵉ édit.

Queyrat.
L'imagination chez l'enfant.
L'abstraction dans l'éduc.
Les caractères et l'éducation
    morale. 2ᵉéd.
La logique chez l'enfant. 2ᵉ éd.
Les jeux des enfants.

Wundt.
Hypnot. et suggestion. 3ᵉ éd.

Fonsegrive.
La causalité efficiente.

Guillaume de Greef.
Les lois sociologiques. 4ᵉédit.

Gustave Le Bon.
Lois psychol. de l'évolution
    des peuples. 7ᵉ édit.
Psychologie des foules. 10ᵉ éd.

G. Lefèvre.
Obligat. morale et idéalisme.

E. Durkheim.
Règles de la méth. soc. 3ᵉ éd.

P.-F. Thomas.
La suggestion et l'éduc. 3ᵉ éd.
Morale et éducation. 2ᵉ éd.

R. Allier.
Philos. d'Ernest Renan. 2ᵉédit.

Lange.
Les émotions. 2ᵉ éd.

E. Boutroux.
Conting. des lois de la nature.

L. Dugas.
Le psittacisme.
La timidité. 3ᵉ édition.
Psychologie du rire.
L'absolu.

C. Bouglé.
Les sciences soc. en Allem.

Max Nordau.
Paradoxes psycholog. 5ᵉ édit.
Paradoxes sociolog. 4ᵉ edit.
Génie et talent. 3ᵉ édit.

J.-L. de Lanessan.
Morale des philos. chinois.

G. Richard.
Social. et science sociale. 2ᵉéd.

F. Le Dantec.
Le déterminisme biol. 2ᵉ éd.
L'individualité. 2ᵉ éd.
Lamarckiens et Darwiniens.

Flérens-Gevaert.
Essai sur l'art contemp. 2ᵉ éd.
La tristesse contemp. 4ᵉ éd.
Psychologie d'une ville. 2ᵉ éd.
Nouveaux essais sur l'art
    contemporain.

A. Cresson.
La morale de Kant. 2ᵉéd.
Le malaise de la pensée phi-
    losophique.

J. Novicow.
L'avenir de la race blanche.

G. Milhaud.
La certitude logique. 2ᵉ éd.
Le rationnel.

H. Lichtenberger.
Philos. de Nietzsche. 8ᵉ édit.
Frag. et aphor. de Nietzsche.

G. Renard.
Le régime socialiste. 5ᵉ édit.

Ossip-Lourié.
Pensées de Tolstoï. 2ᵉ édit.
Nouvelles pensées de Tolstoï.
La philosophie de Tolstoï.
La philos. sociale dans Ibsen.
Le bonheur et l'intelligence.

M. de Fleury.
L'âme du criminel.

P. Lapie.
La justice par l'Etat.

G.-L. Duprat.
Les causes sociales de la folie
Le mensonge.

Tanon.
L'évolution du droit. 2ᵉ éd.

Bergson
Le rire. 3ᵉ éd.

Brunschvicg.
Introd. à la vie de l'esprit. 2ᵉéd.
L'idéalisme contemporain.

Hervé Blondel.
Approximations de la vérité.

Mauxion
L'éducation par l'instruction.
La moralité.

Arréat.
Dix ans de philosophie.
Le sentiment relig. en France.

Fr. Paulhan.
La fonction de la mémoire.
Psychologie de l'invention.
Les phénomènes affectifs.2ᵉéd.
Analystes et esprits synthétiq.

Murisier.
Malad. du sentim. relig. 2ᵉ éd.

Palante.
Précis de sociologie. 2ᵉ édit.

Fournière.
Essai sur l'individualisme.

Grasset.
Limites de la biologie. 2ᵉ éd.

Encausse
Occult. et Spiritual. 2ᵉ éd.

A. Landry
La responsabilité pénale.

**Sully Prudhomme
et Ch. Richet**
Probl. des causes finales.2ᵉédit.

E. Goblot
Justice et Liberté.

W. James
La théorie de l'émotion.

J. Philippe.
L'image mentale.

M. Boucher
Essai sur l'hyperespace.

Coste.
Dieu et l'âme. 2ᵉ édit.

P. Sollier.
Les phénomènes d'autoscopie.

Roussel-Despierres
L'idéal esthétique.

J. Bourdeau
Maîtres de la pensée contemp.
Socialistes et sociologues.

C.-A. Laisant.
L'éduc. fond. s. la science.2ᵉéd.

Romaine Paterson.
L'éternel conflit.

A. Réville.
Dogme et divinité de J.-C.
    3ᵉ éd.

M. Jaëll.
La musique et la psychophy-
    siologie.
Mouvements artistiques.

Fouillée.
Propriété soc. et démocratie.

A. Bayet.
La morale scientifique.

G. Geley.
L'être subconscient.

Philippe et Paul-Boncour
Les anomalies mentales chez
    les écoliers.

BIBLIOTHÈQUE D'HISTOIRE CONTEMPORAINE

Volumes in-16 à 3 fr. 50. — Volumes in-8 à 5, 7, 10 et 12 fr.

HISTOIRE GÉNÉRALE

HISTOIRE DIPLOMATIQUE DE L'EUROPE (1814-1878), par *A. Debidour*. 2 vol. in-8. 18 fr. »

LA QUESTION D'ORIENT, par *Éd. Driault*, préf. de *G. Monod*. 1 v. in-8. 3ᵉ éd. 7 fr. »

LES PROBLÈMES POLITIQUES ET SOCIAUX A LA FIN DU XIXᵉ SIÈCLE, par *Éd. Driault*. 1 vol. in-8 . . . . 7 fr. »

LES RELATIONS DE LA CHINE AVEC LES PUISSANCES OCCIDENTALES, par *H. Cordier* (1860-1902). 3 vol. in-8 . . . . 30 fr.

HISTOIRE DE L'EUROPE PENDANT LA RÉVOLUTION FRANÇAISE, par *H. de Sybel*. Trad. par Mlle Dosquet. 6 v. in-8. Chac. 7 fr. »

LA PAPAUTÉ, par *I. Dœllinger*. 1 vol. in-8. 7 fr.

QUESTIONS DIPLOMATIQUES DE 1904, par *A. Tardieu*. In-16 . . . . . 3 fr. 50

FRANCE

LA RÉVOLUTION FRANÇAISE, résumé historique, par *H. Carnot*. In-12. . 3 fr. 50

ÉTUDES ET LEÇONS SUR LA RÉVOLUTION, par *A. Aulard*. 4 vol. in-12. Ch. 3 fr. 50

LE CULTE DE LA RAISON ET LE CULTE DE L'ÊTRE SUPRÊME, par *A. Aulard*. 2ᵉ éd. In-12 . . . . 3 fr. 50

LA THÉOPHILANTHROPIE ET LE CULTE DÉCADAIRE (1796-1801). p. *A. Mathiez*. In-8. 12 fr.

CONDORCET ET LA RÉVOLUTION FRANÇAISE, par *L. Cahen*. 1 vol. in-8. . . . . 10 fr.

CAMBON ET LA RÉVOLUTION FRANÇAISE, par *F. Bornarel*. 1 vol. in-8. . . . . 7 fr. »

LES CAMPAGNES DES ARMÉES FRANÇAISES (1792-1815), par *C. Vallaux*. In-12. 3 fr. 50

NAPOLÉON ET LA SOCIÉTÉ DE SON TEMPS, par *P. Bondois*. 1 vol. in-8. . . 7 fr. »

LA POLITIQUE ORIENTALE DE NAPOLÉON (1806-1808), par *Éd. Driault*. 1 v. in-8. 7 fr.

DE WATERLOO A SAINTE-HÉLÈNE (20 juin-16 oct. 1815), par *J. Silvestre*. 1 v. in-16. 3 fr. 50

HISTOIRE DE DIX ANS (1830-1840), par *Louis Blanc*. 5 vol. in-8 . . . . 25 fr. »

HISTOIRE DU PARTI RÉPUBLICAIN EN FRANCE (1814-1870), par *G. Weill*. 1 vol. in-8. 10 fr.

ASSOCIATIONS ET SOCIÉTÉS SECRÈTES SOUS LA DEUXIÈME RÉPUBLIQUE (1848-1851), par *J. Tchernoff*. 1 vol. in-8 . . . . . 7 fr. »

HISTOIRE DU MOUVEMENT SOCIAL EN FRANCE (1852-1902), par *le même*. 1 vol. in-8 . 7 fr. »

HISTOIRE DU SECOND EMPIRE (1848-1870), par *Taxile Delord*. 6 v. in-8. Chac. 7 fr. »

HISTOIRE DE LA TROISIÈME RÉPUBLIQUE, par *Edg. Zevort* : I. La présidence de M. Thiers. 2ᵉ éd. 1 vol. in-8. . 7 fr. »

II. La présidence du Maréchal. 2ᵉ éd. 1 vol. in-8 . . . . 7 fr. »

III. La présidence de Jules Grévy. 2ᵉ éd. 1 vol. in-8 . . . . 7 fr. »

IV. La présidence de Carnot. In-8. 7 fr.

LES COLONIES FRANÇAISES, par *Paul Gaffarel*. 1 vol. in-8. 6ᵉ édition. . . 5 fr. »

LA FRANCE HORS DE FRANCE, par *J.-B. Piolet*. 1 vol. in-8 . . . . 10 fr. »

L'ALGÉRIE, par *M. Wahl* et *A. Bernard*. 4ᵉ édition, 1 vol. in-8. . . . . 5 fr. »

LES CIVILISATIONS TUNISIENNES, par *P. Lapie*. 1 vol. in-12. . . . 3 fr. 50

L'INDO-CHINE FRANÇAISE, par *J.-L. de Lanessan*. In-8 avec 5 cartes. . 15 fr. »

LES RAPPORTS DE L'ÉGLISE ET DE L'ÉTAT EN FRANCE, par *A. Debidour*. 1 v. in-8. 12 fr.

LA LIBERTÉ DE CONSCIENCE EN FRANCE (1598-1870), par *Bonet-Maury*. In-8. 5 fr.

ANGLETERRE

HISTOIRE DE L'ANGLETERRE, depuis la reine Anne, par *H. Reynald*. In-12. 3 fr. 50

LE SOCIALISME EN ANGLETERRE, par *A. Métin*. 1 vol. in-12 . . . . 3 fr. 50

ALLEMAGNE

LE GRAND-DUCHÉ DE BERG (1806-1813), par *Ch. Schmidt*. 1 vol. in-8. . . . . 10 fr.

HISTOIRE DE LA PRUSSE, de la mort de Frédéric II à la bataille de Sadowa, par *E. Véron* et *P. Bondois*. In-12. 6ᵉ éd. 3 fr. 50

HISTOIRE DE L'ALLEMAGNE, dep. la bataille de Sadowa, p. *Eug. Véron*. In-12. 3ᵉ éd. 3 fr. 50

ORIGINES DU SOCIALISME D'ÉTAT EN ALLEMAGNE, par *Ch. Andler*. 1 vol. in-8. 7 fr.

LA DÉMOCRATIE SOCIALISTE ALLEMANDE, par *Edg. Milhaud*. 1 vol. in-8. 10 fr. »

LA PRUSSE ET LA RÉVOLUTION DE 1848, par *P. Matter*. 1 vol. in-12. . . 3 fr. 50

BISMARCK ET SON TEMPS. *La préparation* (1815-1862), par *le même*. 1 v. in-8. 10 fr.

AUTRICHE-HONGRIE

HISTOIRE DE L'AUTRICHE, depuis la mort de Marie-Thérèse jusqu'à nos jours, par *L. Asseline*. 1 vol. in-12. 3ᵉ édition. . 3 fr. 50

RACES ET NATIONALITÉS EN AUTRICHE-HONGRIE, par *B. Auerbach*. 1 vol. in-8. 5 fr.

LES TCHÈQUES ET LA BOHÈME CONTEMPORAINE, par *J. Bourlier*. 1 vol. in-12. 3 fr. 50

LE PAYS MAGYAR, p. *R. Recouly*. In-12. 3 fr. 50

ESPAGNE

HISTOIRE DE L'ESPAGNE, depuis la mort de Charles III jusqu'à nos jours, par *H. Reynald*. 1 vol. in-12. . . . . . . 3 fr. 50

SUISSE

HISTOIRE DU PEUPLE SUISSE, par *Daendliker*. 1 vol. in-8 . . . . 5 fr. »

ITALIE

HISTOIRE DE L'ITALIE, depuis 1815 jusqu'à la mort de Victor-Emmanuel, par *E. Sorin*. 1 vol. in-12 . . . . 3 fr. 50

HISTOIRE DE L'UNITÉ ITALIENNE (1814-1871), par *Bolton King*. 2 vol. in-8. . . 15 fr.

TURQUIE

LA TURQUIE ET L'HELLÉNISME CONTEMPORAIN, par *V. Bérard*. In-12. 5ᵉ éd. 3 fr. 50

ÉGYPTE

LA TRANSFORMATION DE L'ÉGYPTE, par *Alb. Métin*. 1 vol. in-12. . . . 3 fr. 50

ROUMANIE

HISTOIRE DE LA ROUMANIE CONTEMPORAINE (1822-1900), par *Fr. Damé*. 1 v. in-8. 7 fr.

INDE

L'INDE CONTEMPORAINE ET LE MOUVEMENT NATIONAL, par *E. Piriou*. In-12. 3 fr. 50

CHINE

RELATIONS DE LA CHINE AVEC LES PUISSANCES OCCIDENTALES (1860-1902), par *H. Cordier*. 3 vol. in-8. . . . . 30 fr.

L'EXPÉDITION DE CHINE DE 1857-58, par *le même*. 1 vol. in-8. . . . . 7 fr.

L'EXPÉDITION DE CHINE DE 1860, par *le même*. 1 vol. in-8 . . . . 7 fr.

AMÉRIQUE

HISTOIRE DE L'AMÉRIQUE DU SUD, depuis sa conquête jusqu'à nos jours, par *Deberle*. In-12. 3ᵉ édit., revue par *A. Milhaud*. 3 fr. 50

942-05. — Coulommiers. Imp. PAUL BRODARD. — 8-05.

Janvier 1905

FÉLIX ALCAN, ÉDITEUR

ANCIENNE LIBRAIRIE GERMER BAILLIÈRE ET Cie

108, Boulevard Saint-Germain, 108, Paris, 6e.

EXTRAIT DU CATALOGUE

SCIENCES — MÉDECINE — HISTOIRE — PHILOSOPHIE

BIBLIOTHÈQUE
SCIENTIFIQUE INTERNATIONALE

Volumes in-8, cartonnés à l'anglaise. — Prix : 6, 9 et 12 fr.

103 VOLUMES PUBLIÉS :

1. J. TYNDALL. Les glaciers et les transformations de l'eau, 7e éd., illustré.
2. W. BAGEHOT. Lois scientifiques du développement des nations, 6e édition.
3. J. MAREY. La machine animale, locomotion terrestre et aérienne, 6e édition, illustré.
4. A. BAIN. L'esprit et le corps considérés au point de vue de leurs relations, 6e édition.
5. PETTIGREW. La locomotion chez les animaux, 2° éd., ill.
6. HERBERT SPENCER. Introd. à la science sociale, 13° édit.
7. OSCAR SCHMIDT. Descendance et darwinisme, 6e édition.
8. H. MAUDSLEY. Le crime et la folie, 7e édition.
9. VAN BENEDEN. Les commensaux et les parasites dans le règne animal, 4° édition, illustré.
10. BALFOUR STEWART. La conservation de l'énergie, 6e éd., illustré.
11. DRAPER. Les conflits de la science et de la religion, 11e éd.
12. LÉON DUMONT. Théorie scientifique de la sensibilité, 4° éd.
13. SCHUTZENBERGER. Les fermentations, 6° édition, illustré.
14. WHITNEY. La vie du langage, 4° édition.
15. COOKE et BERKELEY. Les champignons, 4e éd., illustré.
16. BERNSTEIN. Les sens, 5e édition, illustré.
17. BERTHELOT. La synthèse chimique, 9e édition.
18. NIEWENGLOWSKI. La photographie et la photochimie. illustré.
19. LUYS. Le cerveau, ses fonctions, 7e édition.
20. W. STANLEY JEVONS. La monnaie et le mécanisme de l'échange, 5e édition.
21. FUCHS. Les volcans et les tremblements de terre, 6e éd.
22. GÉNÉRAL BRIALMONT. La défense des États et les camps retranchés, 3e édition, avec fig. (*épuisé*).
23. A. DE QUATREFAGES. L'espèce humaine, 13° édition.

24. BLASERNA et HELMHOLTZ. Le son et la musique, 5° éd.
25. ROSENTHAL. Les muscles et les nerfs, 3° édition (*épuisé*).
26. BRUCKE et HELMHOLTZ. Principes scientifiques des beaux-arts, 4° édition, illustré.
27. WURTZ. La théorie atomique, 8° édition.
28-29. SECCHI (Le Père). Les étoiles, 3° édit., 2 vol. illustrés.
30. N. JOLY. L'homme avant les métaux, 4° édit. (*épuisé*).
31. A. BAIN. La science de l'éducation, 10° édition.
32-33. THURSTON. Histoire de la machine à vapeur, 3° éd., 2 vol.
34. R. HARTMANN. Les peuples de l'Afrique, 2° édit. (*épuisé*).
35. HERBERT SPENCER. Les bases de la morale évolutionniste, 7° édition.
36. Th.-H. HUXLEY. L'écrevisse, introduction à l'étude de la zoologie, 2° édition, illustré.
37. DE ROBERTY. La sociologie, 3° édition.
38. O.-N. ROOD. Théorie scientifique des couleurs et leurs applications à l'art et à l'industrie, 2° édition, illustré.
39. DE SAPORTA et MARION. L'évolution du règne végétal. *Les cryptogames*, illustré.
40-41. CHARLTON-BASTIAN. Le cerveau et la pensée, 2° éd., 2 vol. illustrés.
42. JAMES SULLY. Les illusions des sens et de l'esprit, 3° éd., ill.
43. YOUNG. Le Soleil, illustré (*épuisé*).
44. A. DE CANDOLLE. Origine des plantes cultivées, 4° édit.
45-46. J. LUBBOCK. Les Fourmis, les Abeilles et les Guêpes, 2 vol. illustrés (*épuisé*).
47. Ed. PERRIER. La philos. zoologique avant Darwin, 3° éd.
48. STALLO. La matière et la physique moderne, 3° édition.
49. MANTEGAZZA. La physionomie et l'expression des sentiments, 3° édit., illustré, avec 8 pl. hors texte. .
50. DE MEYER. Les organes de la parole, illustré.
51. DE LANESSAN. Introduction à la botanique. *Le sapin*, 2° édit., illustré.
52-53. DE SAPORTA et MARION. L'évolution du règne végétal. *Les phanérogames*, 2 volumes illustrés.
54. TROUESSART. Les microbes, les ferments et les moisissures, 2° éd., illustré.
55. HARTMANN. Les singes anthropoïdes (*épuisé*).
56. SCHMIDT. Les mammifères dans leurs rapports avec leurs ancêtres géologiques, illustré.
57. BINET et FÉRÉ. Le magnétisme animal, 4° éd., illustré.
58-59. ROMANES. L'intelligence des animaux, 3° éd., 2 vol.
60. F. LAGRANGE. Physiologie des exercices du corps, 8° éd.
61. DREYFUS. L'évolution des mondes et des sociétés, 3° édit.
62. DAUBRÉE. Les régions invisibles du globe et des espaces célestes, 2° édition, illustré.
63-64. J. LUBBOCK. L'homme préhistorique, 4° édition, 2 volumes illustrés.
65. RICHET (Ch.). La chaleur animale, illustré.

COLLECTION MÉDICALE

ÉLÉGANTS VOLUMES IN-12, CARTONNÉS A L'ANGLAISE, A 4 ET A 3 FRANCS

Hygiène de l'alimentation dans l'état de santé et de maladie, par le Dᵣ J. LAUMONIER, avec gravures. 3ᵉ éd.   4 fr.

Les nouveaux traitements, par *le même.* 2ᵉ édit.   4 fr.

L'alimentation des nouveau-nés. *Hygiène de l'allaitement artificiel,* par le Dᵣ S. ICARD, avec 60 gravures. 2ᵉ édit. (*Couronné par l'Académie de médecine.*)   4 fr.

La mort réelle et la mort apparente, diagnostic et traitement de la mort apparente, par *le même,* avec gravures.   4 fr.

L'hygiène sexuelle et ses conséquences morales, par le Dᵣ S. RIBBING, prof. à l'Univ. de Lund (Suède). 2ᵉ édit.   4 fr.

Hygiène de l'exercice chez les enfants et les jeunes gens, par le Dᵣ F. LAGRANGE, lauréat de l'Institut. 8ᵉ édit.   4 fr.

De l'exercice chez les adultes, par *le même.* 4ᵉ édition.   4 fr.

Hygiène des gens nerveux, par le Dᵣ LEVILLAIN, avec gravures. 4ᵉ édition.   4 fr.

L'idiotie. *Psychologie et éducation de l'idiot,* par le Dᵣ J. VOISIN, médecin de la Salpêtrière, avec gravures.   4 fr.

La famille névropathique, *Hérédité, prédisposition morbide, dégénérescence,* par le Dᵣ CH. FÉRÉ, médecin de Bicêtre, avec gravures. 2ᵉ édition.   4 fr.

Le traitement des aliénés dans les familles, par *le même.* 2ᵉ édition.   3 fr.

L'éducation rationnelle de la volonté, son emploi thérapeutique, par le Dᵣ PAUL-EMILE LÉVY. Préface de M. le prof. BERNHEIM. 5ᵉ édition.   4 fr.

L'hystérie et son traitement, par le Dᵣ PAUL SOLLIER.   4 fr.

Manuel de psychiatrie, par le Dᵣ J. ROGUES DE FURSAC, ancien chef de clinique à la Faculté de Paris. 2ᵉ éd.   4 fr.

L'instinct sexuel. *Évolution, dissolution,* par *le même.* 2ᵉ édition.   4 fr.

L'éducation physique de la jeunesse, par A. Mosso, profess. à l'Univers. de Turin. Préface du Commandant LEGROS.   4 fr.

Manuel de percussion et d'auscultation, par le Dᵣ P. SIMON, professeur à la Faculté de médecine de Nancy, avec grav.   4 fr.

Éléments d'anatomie et de physiologie génitales et obstétricales, par le Dᵣ A. POZZI, professeur à l'Ecole de médecine de Reims, avec 219 gravures.   4 fr.

Manuel théorique et pratique d'accouchements, par *le même,* avec 138 gravures. 4ᵉ édition.   4 fr.

Morphinisme et Morphinomanie, par le Dr PAUL RODET.
(*Couronné par l'Académie de médecine.*) 4 fr.

La fatigue et l'entraînement physique, par le D^r PH. TISSIÉ,
avec gravures. Préface de M. le prof. BOUCHARD. 2e édition. 4 fr.

**Les maladies de la vessie et de l'urèthre chez la
femme**, par le Dr KOLISCHER ; trad. de l'allemand par le D^r
BEUTTNER, de Genève; avec gravures. 4 fr.

La profession médicale. *Ses devoirs, ses droits*, par le D^r
G. MORACHE, professeur de médecine légale à l'Université de
Bordeaux. 4 fr.

Le mariage. *Étude de socio-biologie et de médecine légale*, par le
même. 4 fr.

Grossesse et accouchement. *Étude de socio-biologie et de
médecine légale*, par le même. 4 fr.

Naissance et mort. *Étude de socio-biologie et de médecine
légale*, par le même. 4 fr.

Manuel d'électrothérapie et d'électrodiagnostic, par
le Dr E. ALBERT-WEIL, avec 80 gravures. 2e éd. 4 fr.

Traité de l'intubation du larynx *chez l'enfant et chez
l'adulte*, par le Dr A. BONAIN, avec 42 gravures. 4 fr.

Pratique de la chirurgie courante, par le Dr M. CORNET.
Préface du Pr OLLIER, avec 111 gravures. 4 fr.

Dans la même collection :

COURS DE MÉDECINE OPÉRATOIRE

de M. le Professeur **Félix Terrier**.

Petit manuel d'antisepsie et d'asepsie chirurgicales,
par les Drs FÉLIX TERRIER, professeur à la Faculté de médecine de
Paris, et M. PÉRAIRE, ancien interne des hôpitaux, avec grav. 3 fr.

Petit manuel d'anesthésie chirurgicale, par *les mêmes*,
avec 37 gravures. 3 fr.

L'opération du trépan, par *les mêmes*, avec 222 grav. 4 fr.

Chirurgie de la face, par les Drs FÉLIX TERRIER, GUILLEMAIN
et MALHERBE, avec gravures. 4 fr.

Chirurgie du cou, par *les mêmes*, avec gravures. 4 fr.

Chirurgie du cœur et du péricarde, par les Drs FÉLIX
TERRIER et E. REYMOND, avec 79 gravures. 3 fr.

Chirurgie de la plèvre et du poumon, par *les mêmes*,
avec 67 gravures. 4 fr.

MÉDECINE

Extrait du catalogue, par ordre de spécialités.

A. — Pathologie et thérapeutique médicales.

AXENFELD et HUCHARD. **Traité des névroses.** 2ᵉ édition, par
HENRI HUCHARD. 1 fort vol. gr. in-8.   20 fr.

BOUCHUT et DESPRÉS. **Dictionnaire de médecine et de thérapeutique médicale et chirurgicale,** comprenant le résumé de
la médecine et de la chirurgie, les indications thérapeutiques de chaque
maladie, la médecine opératoire, les accouchements, l'oculitisque, l'odon-
totechnie, les maladies d'oreilles, l'électrisation, la matière médicale,
les eaux minérales, et un formulaire spécial pour chaque maladie.
6ᵉ édition, très augmentée. 1 vol. in-4, avec 1001 fig. dans le texte et
3 cartes. Broché, 25 fr. ; relié   30 fr.

BOURCART et CAUTRU. **Le ventre.** I. *Le rein.* 1 vol. gr. in-8 avec
grav. et planches.   10 fr.

CAMUS et PAGNIEZ. **Isolement et psychothérapie.** *Traitement
de la neurasthénie.* Préface du Pʳ DÉJERINE. 1 vol. gr. in-8.   9 fr.
Couronné par l'Académie des Sciences (Prix Lallemand.)

CORNIL et BABÈS. **Les bactéries et leur rôle dans l'anatomie et l'histologie pathologiques des maladies infectieuses.** 3ᵉ éd. entièrement refondue. 2 vol. in-8, avec 350 fig. dans
le texte en noir et en couleurs et 12 planches hors texte.   40 fr.

DAVID. **Les microbes de la bouche.** 1 vol. in-8, avec gravures en
noir et en couleurs dans le texte.   10 fr.

DÉJERINE-KLUMPKE (Mᵐᵉ). **Des polynévrites et des paralysies
et atrophies saturnines.** 1 vol. in-8.   6 fr.

DELBET (Pierre). **Du traitement des anévrysmes.** 1 vol. in-8. 5 fr.

DUCKWORTH (Sir Dyce). **La goutte,** son traitement. Trad. de l'anglais
par le Dʳ RODET. 1 vol. gr. in-8, avec gravures dans le texte.   10 fr.

DURAND-FARDEL. **Traité des eaux minérales** de la France et de
l'étranger, suivi dans les maladies chroniques. 3ᵉ éd. 1 v. in-8. 10 fr.

FÉRÉ (Ch.). **Les épilepsies et les épileptiques.** 1 vol. gr. in-8,
avec 12 planches hors texte et 67 grav. dans le texte.   20 fr.

— **La pathologie des émotions.** 1 vol. in-8.   12 fr.

FINGER (E.). **La syphilis et les maladies vénériennes.** Trad.
de l'allemand avec notes par les docteurs SPILLMANN et DOYON. 2ᵉ édit.
1 vol. in-8, avec 5 planches hors texte.   12 fr.

FLEURY (Maurice de). **Introduction à la médecine de l'esprit.**
6ᵉ édit. 1 vol. in-8.   7 fr. 50
(*Ouvrage couronné par l'Académie française et par l'Académie de médecine.*)

— **Les grands symptômes neurasthéniques.** 2ᵉ édition, revue.
1 vol. in-8.   7 fr. 50

— **Manuel pour l'étude des maladies du système nerveux.**
1 vol. gr. in-8, avec 132 grav. en noir et en couleurs, cart. à l'angl. 25 fr.
*Ces deux derniers ouvrages ont été couronnés par l'Académie
des Sciences* (Prix Lallemand.)

GAYME (L.). **Essai sur la maladie de Basedow.** 1 vol. grand
in-8.   6 fr.

GLÉNARD. **Les ptoses viscérales** (Estomac, Intestin, Rein, Foie,
Rate). 1 vol. gr. in-8, avec 224 fig. et 30 tableaux synoptiques. 20 fr.

GRASSET. **Les maladies de l'orientation et de l'équilibre.**
1 vol. in-8, cart à l'angl. 6 fr.

HERARD, CORNIL ET HANOT. **De la phtisie pulmonaire.** 2ᵉ éd.
1 vol. in-8, avec fig. dans le texte et pl. coloriées. 20 fr.

ICARD (S.). **La femme pendant la période menstruelle.** Étude
de psychologie morbide et de médecine légale. In-8. 6 fr.

JANET (P.) ET RAYMOND (F.). **Névroses et idées fixes.**

TOME I. — *Études expérimentales sur les troubles de la volonté, de
l'attention, de la mémoire; sur les émotions, les idées obsédantes et
leur traitement,* par P. JANET. 2ᵉ éd. 1 vol. gr. in-8, avec 68 gr. 12 fr.

TOME II. — *Fragments des leçons cliniques du mardi sur les névroses,
les maladies produites par les émotions, les idées obsédantes et
leur traitement,* par F. RAYMOND et P. JANET. 1 vol. grand in-8,
avec 97 gravures. 14 fr.

(*Ouvrage couronné par l'Académie des Sciences
et par l'Académie de médecine.*)

JANET (P.) ET RAYMOND (F.) **Les obsessions et la psychas-
thénie.**

TOME I. — *Études cliniques et expérimentales sur les idées obsédantes, les impulsions, les manies mentales, la folie du doute, les
tics, les agitations, les phobies, les délires du contact, les
angoisses, les sentiments d'incomplétude, la neurasthénie, les modifications des sentiments du réel, leur pathogénie et leur traitement,*
par P. JANET. 1 vol. in-8 raisin, avec gravures dans le texte. 18 fr.

TOME II. — *Fragments des leçons cliniques du mardi sur les états
neurasthéniques, les aboulies, les sentiments d'incomplétude, les
agitations et les angoisses diffuses, les algies, les phobies, les délires
du contact, les tics, les manies mentales, les folies du doute, les
idées obsédantes, les impulsions, leur pathogénie et leur traitement,*
par F. RAYMOND et P. JANET. 1 vol. in-8 raisin, avec 22 grav.
dans le texte. 14 fr.

LAGRANGE (F.). **Les mouvements méthodiques et la « mécanothérapie ».** 1 vol. in-8, avec 55 gravures dans le texte. 10 fr.

— **Le traitement des affections du cœur par l'exercice et le
mouvement.** 1 vol. in-8, avec nombreux graphiques et une carte
hors texte. 6 fr.

— **La médication par l'exercice.** 1 vol. gr. in-8 avec 68 grav. et
une planche en couleurs hors texte, 2ᵉ éd. 12 fr.

MARVAUD (A.). **Les maladies du soldat,** étude étiologique, épidé-
miologique et prophylactique. 1 vol. grand in-8. 20 fr.

(*Ouvrage couronné par l'Académie des sciences.*)

MOSSÉ. **Le diabète et l'alimentation aux pommes de terre.**
1 vol. in-8. 5 fr.

MURCHISON. **De la fièvre typhoïde.** In-8, avec figures dans le texte
et planches hors texte. 3 fr.

ONIMUS ET LEGROS. **Traité d'électricité médicale.** 2ᵉ édition.
1 fort vol. in-8, avec 275 figures dans le texte. 17 fr.

RILLIET ET BARTHEZ. **Traité clinique et pratique des
maladies des enfants.** 3ᵉ édition, refondue et augmentée, par
BARTHEZ et A. SANNÉ.

TOME I, 1 fort vol. gr. in-8. 16 fr.
TOME II, 1 fort vol. gr. in-8. 14 fr.
TOME III terminant l'ouvrage, 1 fort vol. gr. in-8. 25 fr.

SOLLIER (Paul). **Genèse et nature de l'hystérie.** 2 forts vol.
in-8.   20 fr.

SPRINGER. **La croissance.** Son rôle en pathologie. Essai de pathologie générale. 1 vol. in-8.   6 fr.

VOISIN (J.). **L'épilepsie.** 1 vol. in-8.   6 fr.

WIDE (A.). **Traité de gymnastique médicale suédoise.** Trad.,
annoté et augm. par le Dʳ BOURCART. 1 vol. in-8, avec 128 grav.   12 fr. 50

B. — Pathologie et thérapeutique chirurgicales.

ANGER (Benjamin). **Traité iconographique des fractures et
luxations.** 2ᵉ tirage. 1 fort volume in-4, avec 100 planches coloriées,
et 127 gravures dans le texte. Relié   150 fr.

Congrès français de chirurgie. Mémoires et discussions, publiés
par MM. POZZI et PICQUÉ, secrétaires généraux :
1ʳᵉ, 2ᵉ et 3ᵉ sessions : 1885, 1886, 1888, 3 forts vol. gr. in-8, avec fig.,
chacun, 14 fr. — 4ᵉ session : 1889, 1 fort vol. gr. in-8, avec fig., 16 fr.
— 5ᵉ session : 1891, 1 fort vol. gr. in-8, avec fig., 14 fr. — 6ᵉ session :
1892, 1 fort vol. gr. in-8, avec fig., 16 fr. — 7ᵉ session : 1893, 1 fort vol.
gr. in-8, 18 fr. — 8ᵉ, 9ᵉ, 10ᵉ, 11ᵉ, 12ᵉ, 13ᵉ, 14ᵉ, 15ᵉ et 16ᵉ sessions :
1894-95-96-97-98-99-1901-02-03, chaque volume   20 fr.

DE BOVIS. **Le cancer du gros intestin,** *rectum excepté.* 1 volume
in-8.   5 fr.

DELORME. **Traité de chirurgie de guerre.** 2 vol. gr. in-8.
    TOME I, avec 95 grav. dans le texte et une pl. hors texte.   16 fr.
    TOME II, terminant l'ouvrage, avec 400 grav. dans le texte.   26 fr.
    (*Ouvrage couronné par l'Académie des Sciences.*)

ESTOR. **Guide pratique de chirurgie infantile.** 1 vol. in-8, avec
165 gravures.   8 fr.

FRAISSE. **Principes du diagnostic gynécologique.** 1 vol. in-12,
avec gravures.   5 fr.

JAMAIN ET TERRIER. **Manuel de pathologie et de clinique
chirurgicales.** 3ᵉ édition. TOME I, 1 fort vol. in-18, 8 fr. — TOME II,
1 vol. in-18, 8 fr. — TOME III, avec la collaboration de MM. BROCA et
HARTMANN, 1 vol. in-18, 8 fr. — TOME IV, avec la collaboration de
MM. BROCA et HARTMANN, 1 vol. in-18.   8 fr.

KOSCHER. **Les fractures de l'humérus et du fémur.** 1 vol.
gr. in-8, avec 105 fig. et 56 planches hors texte.   15 fr.

LABADIE-LAGRAVE ET LEGUEU. **Traité médico-chirurgical de
gynécologie.** 3ᵉ édition entièrement remaniée. 1 vol. grand in-8, avec
nombreuses fig., cart. à l'angl.   25 fr.

LE FORT (Léon). **Œuvres complètes,** publiées par le Dʳ LEJARS
(1895-1896).
    TOME I.—*Hygiène hospitalière, démographie, hygiène publique.* 1 vol.
    in-8.   20 fr.
    TOME II. — *Chirurgie militaire, enseignement.* 1 vol. in-8.   20 fr.
    TOME III. — *Chirurgie.* 1 vol. in-8.   20 fr.

F. LEGUEU. **Leçons de clinique chirurgicale** (Hôtel-Dieu, 1901).
1 volume grand in-8, avec 71 gravures dans le texte.   12 fr.

LIEBREICH. **Atlas d'ophtalmoscopie,** représentant l'état normal
et les modifications pathologiques du fond de l'œil vues à l'ophtalmo-
scope. 3ᵉ édition. Atlas in-f° de 12 planches.   40 fr.

MALGAIGNE ET LE FORT. **Manuel de médecine opératoire.**
9ᵉ édit. 2 vol. grand in-18, avec nombreuses fig. dans le texte. 16 fr.

NÉLATON. **Éléments de pathologie chirurgicale,** par A. NÉLATON, membre de l'Institut, professeur de clinique à la Faculté de médecine, etc. Ouvrage complet en six volumes.

Seconde édition, complètement remaniée, revue par les Drs JAMAIN, PÉAN, DESPRÉS, GILLETTE et HORTELOUP, chirurgiens des hôpitaux. 6 forts vol. gr. in-8, avec 795 figures dans le texte.   32 fr.

NIMIER (H.). **Blessures du crâne et de l'encéphale par coup de feu.** 1 vol. in-8, avec 150 fig.   15 fr.

NIMIER (H.) ET DESPAGNET. **Traité élémentaire d'ophtalmologie.** 1 fort vol. gr. in-8, avec 432 gravures. Cart. à l'angl.   20 fr.

NIMIER (H.) ET LAVAL. **Les projectiles de guerre** et leur action vulnérante. 1 vol. in-12, avec grav.   3 fr.

— **Les explosifs, les poudres, les projectiles d'exercice,** leur action et leurs effets vulnérants. 1 vol. in-12, avec grav.   3 fr.

— **Les armes blanches,** leur action et leurs effets vulnérants. 1 vol. in-12, avec grav.   6 fr.

— **De l'infection en chirurgie d'armée,** évolution des blessures de guerre. 1 vol. in-12, avec grav.   6 fr.

— **Traitement des blessures de guerre.** 1 fort vol. in-12, avec gravures.   6 fr.

RICHARD. **Pratique journalière de la chirurgie.** 2ᵉ éd. 1 vol. gr. in-8, avec 215 fig. dans le texte.   5 fr.

SOELBERG-WELLS. **Traité pratique des maladies des yeux.** 1 fort volume gr. in-8, avec fig.   4 fr. 50

TERRIER. **Éléments de pathologie chirurgicale générale.**
   1ᵉʳ fascicule : *Lésions traumatiques et leurs complications.* 1 vol. in-8.   7 fr.
   2ᵉ fascicule : *Complications des lésions traumatiques. Lésions inflammatoires.* 1 vol. in-8.   6 fr.

F. TERRIER ET M. AUVRAY. **Chirurgie du foie et des voies biliaires.** 1 vol. grand in-8, avec 50 fig.   10 fr.

F. TERRIER ET M. PÉRAIRE. **Manuel de petite chirurgie.** 8ᵉ édition, entièrement refondue. 1 fort vol. in-12, avec 572 fig., cartonné à l'anglaise.   8 fr.

C. — Thérapeutique. Pharmacie. Hygiène.

BOSSU. **Petit Compendium médical.** 6ᵉ édit. 1 vol. in-32, cartonné à l'anglaise.   1 fr. 25

BOUCHARDAT. **Nouveau formulaire magistral.** 1900. 1 vol. in-18, cartonné.   4 fr.

BOUCHARDAT ET DESOUBRY. **Formulaire vétérinaire,** contenant le mode d'action, l'emploi et les doses des médicaments. 6ᵉ édit. 1 vol. in-18, broché, 3 fr. 50; cartonné, 4 fr.; relié   4 fr. 50

BOUCHARDAT. **De la glycosurie ou diabète sucré,** son traitement hygiénique. 2ᵉ édition. 1 vol. grand in-8, suivi de notes et documents sur la nature et le traitement de la goutte, la gravelle urique, sur l'oligurie, le diabète insipide avec excès d'urée, l'hippurie, la pimélorrhée, etc.   15 fr.

BOUCHARDAT. **Traité d'hygiène publique et privée,** basée sur l'étiologie. 3ᵉ édition. 1 fort volume gr. in-8.   18 fr.

**

LAGRANGE (F.). **La médication par l'exercice.** 1 vol. grand in-8,
avec 68 grav. et une carte en couleurs. 2 éd. 12 fr.

— **Les mouvements méthodiques et la « mécanothérapie »**
1 vol. in-8, avec 55 gravures. 10 fr.

MOSSÉ. **Le diabète et l'alimentation aux pommes de terre.**
1 volume in-8, avec graphiques. 5 fr.

WEBER. **Climatothérapie.** Traduit de l'allemand par les docteurs
DOYON et SPILMANN. 1 vol. in-8. 6 fr.

D. — Anatomie. Physiologie. Histologie.

ALEZAIS. **Étude anatomique sur le cobaye.** 1 vol. in-4°, avec
58 gravures. 8 fr.

BELZUNG. **Anatomie et physiologie végétales.** 1 fort volume
in-8, avec 1700 gravures. 20 fr.

— **Anatomie et physiologie animales.** 9e édition revue. 1 fort
volume in-8, avec 522 gravures dans le texte, broché, 6 fr.; cart. 7 fr.

BÉRAUD (B.-J.). **Atlas complet d'anatomie chirurgicale topo-
graphique,** pouvant servir de complément à tous les ouvrages d'anatomie chirurgicale, composé de 109 planches représentant plus de 200
figures gravées sur acier, avec texte explicatif. 1 fort vol. in-4.
Prix : Fig. noires, relié, 60 fr. — Fig. coloriées, relié, 120 fr.

BURDON-SANDERSON, FOSTER ET BRUNTON. **Manuel du laboratoire de physiologie.** Traduit de l'anglais par M. MOQUIN-
TANDON. 1 vol. in-8, avec 184 figures dans le texte. 7 fr.

CORNIL, RANVIER, BRAULT ET LETULLE. **Manuel d'histologie
pathologique.** 3e édition entièrement remaniée.

> TOME I, par MM. RANVIER, CORNIL, BRAULT, F. BEZANÇON et
> M. CAZIN. — *Histologie normale. — Cellules et tissus normaux.
> — Généralités sur l'histologie pathologique. — Altération des
> cellules et des tissus. — Inflammations. — Tumeurs. — Notions sur
> les bactéries. — Maladies des systèmes et des tissus. — Altérations
> du tissu conjonctif.* 1 vol. in-8, avec 387 gravures en noir et en
> couleurs. 25 fr.

> TOME II, par MM. DURANTE, JOLLY, DOMINICI, GOMBAULT et PHILLIPE.
> — *Muscles. — Sang et hématopoïèse. — Généralités sur le système
> nerveux.* 1 vol. in-8, avec 278 grav. en noir et en couleurs. 25 fr.

> TOME III, par MM. GOMBAULT, NAGEOTTE, RICHE, MARIE, DURANTE,
> MILIAN, BEZANÇON. — *Cerveau. — Moelle. — Nerfs. — Cœur. —
> Poumon. — Ganglion lymphatique. — Rate.* 1 vol. in-8, avec gra-
> vures en noir et en couleurs. 25 fr.

> L'ouvrage complet comprendra 4 volumes.

DEBIERRE. **Traité élémentaire d'anatomie de l'homme.**
Anatomie descriptive et dissection, avec notions d'organogénie et d'embryologie générales. Ouvrage complet en 2 volumes. 40 fr.

> TOME I. *Manuel de l'amphithéâtre.* 1 vol. in-8 de 950 pages, avec
> 450 figures en noir et en couleurs dans le texte. 20 fr.

> TOME II ET DERNIER. 1 vol. in-8, avec 515 figures en noir et en cou-
> leurs dans le texte. 20 fr.

(*Couronné par l'Académie des Sciences.*)

DEBIERRE. **Les Centres nerveux** (Moelle épinière et encéphale), avec applications physiologiques et médico-chirurgicales. 1 vol. in-8, avec grav. en noir et en couleurs. 12 fr.

— **Atlas d'ostéologie**, comprenant les articulations des os et les insertions musculaires. 1 vol. in-4, avec 253 grav. en noir et en couleurs, cart. toile dorée. 12 fr.

— **Leçons sur le péritoine.** 1 vol. in-8, avec 58 figures. 4 fr.

— **L'embryologie en quelques leçons.** 1 vol. in-8, avec 144 fig. 4 fr.

G. DEMENY. **Mécanisme et éducation des mouvements.** 1 vol. in-8, avec 565 figures. 9 fr.

DUVAL (Mathias). **Le placenta des rongeurs.** 1 vol. in-4, avec 106 fig. dans le texte et un atlas de 22 planches en taille-douce hors texte. 40 fr.

— **Le placenta des carnassiers.** 1 beau vol. in-4, avec 46 figures dans le texte et un atlas de 13 planches en taille-douce. 25 fr.

— **Études sur l'embryologie des chéiroptères.** *L'ovule, la gastrula, le blastoderme et l'origine des annexes chez le murin.* 1 fort vol., avec 29 fig. dans le texte et 5 planches en taille-douce. 15 fr.

FAU. **Anatomie des formes du corps humain**, à l'usage des peintres et des sculpteurs. 1 atlas in-folio de 25 planches. Prix : Figures noires, 15 fr. — Figures coloriées 30 fr.

FÉRÉ. **Travail et plaisir.** *Études de psycho-mécanique.* 1 vol. gr. in-8, avec 200 fig. 12 fr.

LE DANTEC. **Traité de Biologie.** 1 vol. grand in-8, avec fig. 15 fr.

PREYER. **Éléments de physiologie générale.** Traduit de l'allemand par M. J. Soury. 1 vol. in-8. 5 fr.

— **Physiologie spéciale de l'embryon.** 1 vol. in-8, avec figures et 9 planches hors texte. 7 fr. 50

BIBLIOTHÈQUE GÉNÉRALE DES SCIENCES SOCIALES

Secrétaire de la rédaction : DICK MAY, Secr. gén. de l'Éc. des Hautes Études sociales.

Volumes in-8 carré de 300 pages environ, cart. à l'anglaise. Chaque volume, 6 fr.

L'individualisation de la peine, par R. Saleilles, professeur à la Faculté de droit de l'Université de Paris.

L'idéalisme social, par Eugène Fournière.

Ouvriers du temps passé (xv° et xvi° siècles), par H. Hauser, professeur à l'Université de Dijon.

Les transformations du pouvoir, par G. Tarde, de l'Institut, professeur au Collège de France.

Morale sociale, par MM. G. Belot, Marcel Bernès, Brunschvicg, F. Buisson, Darlu, Dauriac, Delbet, Ch. Gide, M. Kovalevsky, Malapert, le R. P. Maumus, de Roberty, G. Sorel, le Pasteur Wagner. Préface de M. Émile Boutroux, de l'Institut.

Les enquêtes, *pratique et théorie*, par P. du Maroussem. *(Ouvrage couronné par l'Institut.)*

Questions de morale, par MM. Belot, Bernès, F. Buisson, A. Croiset, Darlu, Delbos, Fournière, Malapert, Moch, D. Parodi, G. Sorel.

Le développement du catholicisme social, depuis l'en-
cyclique *Rerum Novarum,* par Max Turmann.

Le socialisme sans doctrines, par A. Métin.

L'éducation morale dans l'Université (*Enseignement secondaire*). Conférences et discussions, sous la présidence de M.
A. Croiset, doyen de la Faculté des lettres de l'Université de Paris.

**La méthode historique appliquée aux sciences socia-
les,** par Ch. Seignobos, maître de conf. à l'Univ. de Paris.

Assistance sociale. *Pauvres et mendiants,* par Paul Strauss,
sénateur.

L'hygiène sociale, par E. Duclaux, de l'Institut, directeur de
l'Institut Pasteur.

Le contrat de travail. *Le rôle des syndicats professionnels,* par
P. Bureau, professeur à la Faculté libre de droit de Paris.

Essai d'une philosophie de la solidarité. Conférences et
discussions, sous la présidence de MM. Léon Bourgeois, député,
ancien président du Conseil des ministres, et A. Croiset, de
l'Institut, doyen de la Faculté des lettres de Paris.

L'éducation de la démocratie. Leçons professées à l'École
des Hautes Études sociales, par MM. E. Lavisse, A. Croiset,
Seignobos, Malapert, Lanson, Hadamard.

L'exode rural et le retour aux champs, par E. Vandervelde,
professeur à l'Université nouvelle de Bruxelles.

La lutte pour l'existence et l'évolution des sociétés,
par J.-L. De Lanessan, député, ancien ministre de la Marine.

La concurrence sociale et les devoirs sociaux, par
le même.

La démocratie devant la science, par C. Bouglé, professeur à l'Université de Toulouse.

L'individualisme anarchiste. *Max Stirner,* par V. Basch,
professeur à l'Université de Rennes.

Les applications sociales de la solidarité, par MM. P.
Budin, Ch. Gide, H. Monod, Paulet, Robin, Siegfried, Brouardel.
Préface de M. Léon Bourgeois.

La paix et l'enseignement pacifiste, par MM. Fr. Passy,
Ch. Richet, d'Estournelles de Constant, E. Bourgeois, A. Weiss,
H. La Fontaine, G. Lyon.

Études sur la philosophie morale au XIXᵉ siècle, par
MM. Belot, A. Darlu, M. Bernès, A. Landry, Ch. Gide,
E. Roberty, R. Allier, H. Lichtenberger, L. Brunschvicg.

Enseignement et démocratie, par MM. Croiset, Devinat,
Boitel, Millerand, Appell, Seignobos, Lanson, Ch.-V. Langlois.

MINISTRES ET HOMMES D'ÉTAT

Volumes in-16, à 2 fr. 50

Bismarck, par Henri Welschinger.

Prim, par H. Léonardon.

Disraeli, par M. Courcelle.

Mac Kinley, par A. Viallate.

Ôkoubo, ministre japonais, par M. Courant.

BIBLIOTHÈQUE
D'HISTOIRE CONTEMPORAINE
Volumes in-18 et in-8

EUROPE

HISTOIRE DE L'EUROPE PENDANT LA RÉVOLUTION FRANÇAISE, par *H. de Sybel*. Traduit de l'allemand par Mlle Dosquet. 6 vol. in-8. Chacun séparément. . . . . 7 fr.
HISTOIRE DIPLOMATIQUE DE L'EUROPE, DE 1815 A 1878, par *Debidour*, 2 vol. in-8. . . . . 18 fr.
LA QUESTION D'ORIENT, depuis ses origines jusqu'à nos jours, par *E. Driault* ; préface de *G. Monod*. 1 vol. in-8. 3ᵉ édit. . . . . 7 fr.
LA PAPAUTÉ, par *I. de Dœllenger*. Traduit de l'allemand par *A. Giraud-Teulon*. 1 vol. in-8. 7 fr.

FRANCE

LA RÉVOLUTION FRANÇAISE, par *H. Carnot*. 1 vol. in-18. Nouv. éd. 3 fr. 50
LA THÉOPHILANTHROPIE ET LE CULTE DÉCADAIRE, par *A. Mathiez*. 1 vol. in-8. . . . . 12 fr.
CONDORCET ET LA RÉVOLUTION FRANÇAISE, par *L. Cahen*. 1 vol. in-8. 10 fr.
LE CULTE DE LA RAISON ET LE CULTE DE L'ÊTRE SUPRÊME (1793-1794). Étude historique, par *A. Aulard*. 2ᵉ éd. 1 vol. in-18. . . . . . . 3 fr. 50
ÉTUDES ET LEÇONS SUR LA RÉVOLUTION FRANÇAISE, par *A. Aulard*. 4 vol. in-18. Chacun . . . . 3 fr. 50
VARIÉTÉS RÉVOLUTIONNAIRES, par *M. Pellet*. 3 vol. in-18. Chacun 3 fr. 50
HOMMES ET CHOSES DE LA RÉVOLUTION, par *Eug. Spuller*. 1 vol. in-18. . . . . 3 fr. 50
LES CAMPAGNES DES ARMÉES FRANÇAISES (1792-1815), par *C. Vallaux*. 1 vol. in-18, avec 17 cartes. . . . . 3 fr. 50
LA POLITIQUE ORIENTALE DE NAPOLÉON (1806-1808), par *E. Driault*. 1 vol. in-8. . . . . 7 fr.
NAPOLÉON ET LA SOCIÉTÉ DE SON TEMPS, par *P. Bondois*. 1 vol. in-8. 7 fr.
DE WATERLOO A SAINTE-HÉLÈNE (20 juin. 16 oct. 1815), par *J. Silvestre*. 1 vol. in-16. . . . . 3 fr. 50
HISTOIRE DE LA RESTAURATION, par *de Rochau*. 1 vol. in-18. . 3 fr. 50
HISTOIRE DE DIX ANS (1830-1840), par *Louis Blanc*. 5 vol. in-8. Chacun. 5 fr.
HISTOIRE DU SECOND EMPIRE (1848-1870), par *Taxile Delord*. 6 vol. in-8. Chacun . . . . 7 fr.
HISTOIRE DU PARTI RÉPUBLICAIN (1814-1870), par *G. Weill*. 1 v. in-8. 10 fr.
HISTOIRE DU MOUVEMENT SOCIAL (1852-1902), par *le même*. 1 v. in-8. 7 fr.
LA CAMPAGNE DE L'EST (1870-71), par *Poullet*. 1 vol. in-8 avec cartes. 7 fr.
HISTOIRE DE LA TROISIÈME RÉPUBLIQUE, par *E. Zevort* :
     I. *Présidence de M. Thiers*. 1 vol. in-8. 2ᵉ édit. . . . . . 7 fr.
     II. *Présidence du Maréchal*. 1 vol. in-8. 2ᵉ édit. . . . . 7 fr.
     III. *Présidence de Jules Grévy*. 1 vol. in-8. 2ᵉ édit. . . . 7 fr.
     IV. *Présidence de Sadi-Carnot*. 1 vol. in-8. . . . . 7 fr.
LA SOCIÉTÉ FRANÇAISE SOUS LA TROISIÈME RÉPUBLIQUE, par *Marius-Ary Leblond*. 1 vol. in-8. . . . . 5 fr.
HISTOIRE DE LA LIBERTÉ DE CONSCIENCE EN FRANCE (1595-1870), par *G. Bonet-Maury*. 1 vol. in-8. . . . . 5 fr.
LES CIVILISATIONS TUNISIENNES (Musulmans, Israélites, Européens), par *Paul Lapie*. 1 vol. in-18. . . . . 3 fr. 50
LA FRANCE POLITIQUE ET SOCIALE, par *Aug. Laugel*. 1 vol. in-8. 5 fr.
HISTOIRE DES RAPPORTS DE L'ÉGLISE ET DE L'ÉTAT EN FRANCE (1789-1870). par *A. Debidour*. 1 vol. in-8. (*Couronné par l'Institut*). . . 12 fr.
LES COLONIES FRANÇAISES, par *P. Gaffarel*. 1 vol. in-8. 6ᵉ éd. . . 5 fr.
LA FRANCE HORS DE FRANCE. *Notre émigration, sa nécessité, ses conditions*, par *J.-B. Piolet*. 1 vol. in-8 . . . . 10 fr.
L'INDO-CHINE FRANÇAISE, étude économique, politique et administrative sur *la Cochinchine, le Cambodge, l'Annam* et *le Tonkin* (Médaille Du-

pleix de la Société de Géographie commerciale), par *J.-L. de Lanessan*.
1 vol. in-8, avec 5 cartes en couleurs. . . . . 15 fr.
L'ALGÉRIE, par *M. Wahl*. 1 vol. in-8. 4e édition, revue par *A. Bernard*.
(Ouvrage couronné par l'Institut). . . . . 5 fr.

ANGLETERRE

HISTOIRE CONTEMPORAINE DE L'ANGLETERRE, depuis la mort de la reine
Anne jusqu'à nos jours, par *H. Reynald*. 1 vol. in-18. 2e éd. 3 fr. 50
LORD PALMERSTON ET LORD RUSSELL, par *Aug. Laugel*. 1 vol. in-18. 3 fr.50
LE SOCIALISME EN ANGLETERRE, par *Albert Métin*. 1 vol. in-18. 3 fr. 50
HISTOIRE GOUVERNEMENTALE DE L'ANGLETERRE (1770-1830), par *Cornewal
Lewis*. 1 vol. in-8 . . . . 7 fr.

ALLEMAGNE

HISTOIRE DE LA PRUSSE, depuis la mort de Frédéric II jusqu'à la ba-
taille de Sadowa, par *Eug. Véron*. 1 vol. in-18. 6e éd., revue par *Paul
Bondois*. . . . . 3 fr. 50
HISTOIRE DE L'ALLEMAGNE, depuis la bataille de Sadowa jusqu'à nos jours,
par *Eug. Véron*. 1 vol. in-18. 3e éd., continuée jusqu'en 1892, par
Paul Bondois. . . . . 3 fr. 50
LE SOCIALISME ALLEMAND ET LE NIHILISME RUSSE, par *J. Bourdeau*. 1 vol.
in-18. 2e édition. . . . . 3 fr. 50
LES ORIGINES DU SOCIALISME D'ÉTAT EN ALLEMAGNE, par *Ch. Andler*. 1 vol.
in-8. . . . . 7 fr.
L'ALLEMAGNE NOUVELLE ET SES HISTORIENS (*Niebuhr, Ranke, Mommsen,
Sybel, Treitschke*), par *A. Guilland*. 1 vol. in-8 . . . . . . 5 fr.
LA DÉMOCRATIE SOCIALISTE ALLEMANDE, par *Edg. Milhaud*. 1 vol.
in-8 . . . . 10 fr.
LA PRUSSE ET LA RÉVOLUTION DE 1848, par *P. Matter*. 1 vol.
in-18 . . . . 3 fr. 50

AUTRICHE-HONGRIE

LES TCHÈQUES ET LA BOHÊME CONTEMPORAINE, par *J. Bourlier*. 1 vol.
in-18. . . . . 3 fr. 50
LES RACES ET LES NATIONALITÉS EN AUTRICHE-HONGRIE, par *B. Auerbach*,
1 vol. in-8 . . . . 5 fr.
HISTOIRE DES HONGROIS ET DE LEUR LITTÉRATURE POLITIQUE (1790-1815),
par *Ed. Sayous*. 1 vol. in-18 . . . . 3 fr. 50
LE PAYS MAGYAR, par *R. Recouly*. 1 vol. in-18. . . . . 3 fr. 50

ESPAGNE

HISTOIRE DE L'ESPAGNE, depuis la mort de Charles III jusqu'à nos jours,
par *H. Reynald*. 1 vol. in-18 . . . . 3 fr. 50

SUISSE

HISTOIRE DU PEUPLE SUISSE, par *Daendliker*; précédée d'une Introduction
par *Jules Favre*. 1 vol. in-8. . . . . 5 fr.

AMÉRIQUE

HISTOIRE DE L'AMÉRIQUE DU SUD, par *Alf. Deberle*. 1 vol. in-18. 3e éd., revue
par *A. Milhaud*. . . . . 3 fr. 50

ITALIE

HISTOIRE DE L'UNITÉ ITALIENNE (1814-1871), par *Bolton King*. Traduit
de l'anglais par *Macquart* ; introduction de *Yves Guyot*. 2 vol. in-8. 15 fr.
HISTOIRE DE L'ITALIE, depuis 1815 jusqu'à la mort de Victor-Emmanuel,
par *E. Sorin*. 1 vol. in-18 . . . . 3 fr. 50
BONAPARTE ET LES RÉPUBLIQUES ITALIENNES (1796-1799), par *P. Gaffarel*.
1 vol. in-8 . . . . 5 fr.

ROUMANIE

HISTOIRE DE LA ROUMANIE CONTEMPORAINE (1822-1900), par *F. Damé*.
1 vol. in-8. . . . . 7 fr.

GRÈCE et TURQUIE

LA TURQUIE ET L'HELLÉNISME CONTEMPORAIN, par *V. Bérard*. 1 vol. in-18.
4e éd. (*Ouvrage couronné par l'Académie française*) . . . . 3 fr. 50
BONAPARTE ET LES ILES IONIENNES (1797-1816), par *E. Rodocanachi*.
1 vol. in-8. . . . . 5 fr.

CHINE

HISTOIRE DES RELATIONS DE LA CHINE AVEC LES PUISSANCES OCCIDENTALES
(1861-1902), par *H. Cordier*. 3 vol. in-8, avec cartes. . . . . . 30 fr.
L'EXPÉDITION DE CHINE DE 1857-58. par *le même*. 1 vol. in-8. . . 7 fr.
EN CHINE. *Mœurs et institutions. Hommes et faits*, par *Maurice Courant*.
1 vol. in-18 . . . . 3 fr. 50

ÉGYPTE

LA TRANSFORMATION DE L'ÉGYPTE, par *Alb. Métin*. 1 vol. in-18. 3 fr. 50

Paul Louis. L'OUVRIER DEVANT L'ÉTAT. 1 vol. in-8. . . . . . 7 fr.
E. Driault. LES PROBLÈMES POLITIQUES ET SOCIAUX A LA FIN DU
XIXe SIÈCLE. 1 vol. in-8. . . . . 7 fr.
Louis Blanc. DISCOURS POLITIQUES (1848-1881). 1 vol. in-8. 7 fr. 50
Jules Barni. HISTOIRE DES IDÉES MORALES ET POLITIQUES EN FRANCE
AU XVIIIe SIÈCLE. 2 vol. in-18, chaque volume . . . . . . 3 fr. 50
Jules Barni. LES MORALISTES FRANÇAIS AU XVIIIe SIÈCLE. 1 vol.
in-18 . . . . 3 fr. 50
Deschanel (E.). LE PEUPLE ET LA BOURGEOISIE. 1 vol. in-8. 2e éd. 5 fr.
E. de Laveleye. LE SOCIALISME CONTEMPORAIN. 1 volume in-18.
11e édition, augmentée. . . . . 3 fr. 50
E. Despois. LE VANDALISME RÉVOLUTIONNAIRE. 1 vol. in-18. 4e éd. 3 fr. 50
Du Casse. LES ROIS FRÈRES DE NAPOLÉON Ier. 1 vol. in-8. . . 10 fr.
Eug. Spuller. FIGURES DISPARUES, portraits contemporains, littéraires
et politiques. 3 vol. in-18, chaque volume. . . . . 3 fr. 50
Eug. Spuller. L'ÉDUCATION DE LA DÉMOCRATIE. 1 vol. in-18. 3 fr. 50
Eug. Spuller. L'ÉVOLUTION POLITIQUE ET SOCIALE DE L'ÉGLISE. 1 vol.
in-18 . . . . 3 fr. 50
J. Reinach. LA FRANCE ET L'ITALIE DEVANT L'HISTOIRE. 1 vol. in-8. 5 fr.
J. Reinach. PAGES RÉPUBLICAINES. 1 vol. in-18. . . . . . . 3 fr. 50
G. Schefer. BERNADOTTE ROI (1810-1818-1844). 1 vol. in-8. . 5 fr.
G. Guéroult. LE CENTENAIRE DE 1789. Évolution politique, philos.,
artistique et scientifique de l'Europe depuis cent ans. In-18. 3 fr. 50
Heurard. HENRI IV ET LA PRINCESSE DE CONDÉ. 1 vol. in-8. . 6 fr.
Hector Depasse. TRANSFORMATIONS SOCIALES. 1 vol. in-18. 3 fr. 50
Hector Depasse. DU TRAVAIL ET DE SES CONDITIONS. 1 vol.
in-18 . . . . 3 fr. 50
Eug. d'Eichthal. SOUVERAINETÉ DU PEUPLE ET GOUVERNEMENT. 1 vol.
in-18 . . . . 3 fr. 50
G. Isambert. LA VIE A PARIS PENDANT UNE ANNÉE DE LA RÉVOLUTION
(1791-1792). 1 vol. in-18. . . . . 3 fr. 50
Novicow. LA POLITIQUE INTERNATIONALE. 1 vol. in-8. . . . . 7 fr.
G. Weill. L'ÉCOLE SAINT-SIMONIENNE. 1 vol. in-18 . . . . . 3 fr. 50
A. Lichtenberger. LE SOCIALISME UTOPIQUE. 1 vol. in-18. 3 fr. 50
A. Lichtenberger. LE SOCIALISME ET LA RÉVOLUTION FRANÇAISE.
1 vol. in-8. . . . . 5 fr.
Paul Matter. LA DISSOLUTION DES ASSEMBLÉES PARLEMENTAIRES.
1 vol. in-8. . . . . 5 fr.
J. Bourdeau. L'ÉVOLUTION DU SOCIALISME. 1 vol. in-18. . . 3 fr. 50
Em. Beaussire. LA GUERRE ÉTRANGÈRE ET LA GUERRE CIVILE. 1 vol.
in-18. . . . . 3 fr. 50

BIBLIOTHÈQUE UTILE

Élégants volumes in-32, de 192 pages chacun.

Le volume broché, **60** centimes; en cartonnage anglais, **1** franc.

1. **Morand.** Introduction à l'étude des sciences physiques. 6e éd.
2. **Cruveilhier.** Hygiène générale. 9e édit.
3. **Corbon.** Dè l'enseignement professionnel. 4e édit.
4. **L. Pichat.** L'art et les artistes en France. 5e édit.
5. **Buchez.** Les Mérovingiens. 6e éd.
6. **Buchez.** Les Carlovingiens. 2e éd.
7. **F. Morin.** La France au moyen âge. 5e édit.
8. **Bastide.** Luttes religieuses des premiers siècles. 5e édit.
9. **Bastide.** Les guerres de la Réforme. 5e édit.
10. **Pelletan.** Décadence de la monarchie française. 5e édit.
11. **Brothier.** Histoire de la terre. 8e éd.
12. **Bouant.** Les principaux faits de la chimie (avec fig.).
13. **Turck.** Médecine populaire. 6e édit.
14. **Morin.** La loi civile en France. 5e édit.
15. **Paul Louis.** Les lois ouvrières.
16. (*Épuisé.*)
17. **Catalan.** Notions d'astronomie. 6e édit.
18. **Cristal.** Les délassements du travail. 4e édit.
19. **V. Meunier.** Philosophie zoologique. 3e édit.
20. **J. Jourdan.** La justice criminelle en France. 4e édit.
21. **Ch. Rolland.** Histoire de la maison d'Autriche. 4e édit.
22. **Eug. Despois.** Révolution d'Angleterre. 4e édit.
23. **B. Gastineau.** Les génies de la science et de l'industrie. 2e éd.
24. **Leneveux.** Le budget du foyer. Economie domestique. 3e édit.
25. **L. Combes.** La Grèce ancienne. 4e édit.
26. **F. Lock.** Histoire de la Restauration. 5e édit.
27. **Brothier.** Histoire populaire de la philosophie. (*Épuisé.*)
28. **Elie Margollé.** Les phénomènes de la mer. 7e édit.
29. **L. Collas.** Histoire de l'empire ottoman. 3e édit.
30. **F. Zurcher.** Les phénomènes de l'atmosphère. 7e édit.
31. **E. Raymond.** L'Espagne et le Portugal. 3e édit.
32. **Eugène Noël.** Voltaire et Rousseau. 4e édit.
33. **A. Ott.** L'Asie occidentale et l'Egypte. 3e édit.
34. **Ch. Richard.** Origine et fin des mondes. (*Épuisé.*)
35. **Enfantin.** La vie éternelle. 5e éd.
36. **Brothier.** Causeries sur la mécanique. 5e édit.
37. **Alfred Doneaud.** Histoire de la marine française. 4e édit.
38. **F. Lock.** Jeanne d'Arc. 3e édit.
39-40. **Carnot.** Révolution française, 2 vol. 7e édit.
41. **Zurcher et Margollé.** Télescope et microscope. 2e édit.
42. **Blerzy.** Torrents, fleuves et canaux de la France. 3e édit.
43. **Secchi, Wolf, Briot et Delaunay.** Le soleil et les étoiles. 5e édit.
44. **Stanley Jevons.** L'économie politique. 9e édit.
45. **Ferrière.** Le darwinisme. 8e éd.
46. **Leneveux.** Paris municipal. 2e édit.
47. **Boillot.** Les entretiens de Fontenelle sur la pluralité des mondes.
48. **Zevort (Edg.).** Histoire de Louis-Philippe. 4e édit.
49. **Geikie.** Géographie physique (avec fig.). 4e édit.
50. **Zaborowski.** L'origine du langage. 5e édit.
51. **H. Blerzy.** Les colonies anglaises.
52. **Albert Lévy.** Histoire de l'air (avec fig.). 4e édit.
53. **Geikie.** La géologie (avec fig.). 4e édit.
54. **Zaborowski.** Les migrations des animaux. 3e édit.
55. **F. Paulhan.** La physiologie de l'esprit. 5e édit.
56. **Zurcher et Margollé.** Les phénomènes célestes. 3e édit.
57. **Girard de Rialle.** Les peuples de l'Afrique et de l'Amérique. 2e éd.
58. **Jacques Bertillon.** La statistique humaine de la France.

18 FÉLIX ALCAN, ÉDITEUR

BIBLIOTHÈQUE
DE PHILOSOPHIE CONTEMPORAINE

VOLUMES IN-12.

Br., 2 fr. 50 ; cart. à l'angl., 3 fr. ; reliés, 4 fr.

Alaux.
Philosophie de Victor Cousin.
R. Allier.
Philosophie d'Ernest Renan. 2ᵉ éd.
L. Arréat.
La morale dans le drame, l'épopée et le roman. 2ᵉ édition.
Mémoire et imagination (peintres, musiciens, poètes et orateurs).
Les croyances de demain.
Dix ans de philosophie (1890-1900).
Le sentiment religieux en France.
G. Ballet.
Langage intérieur et aphasie. 2ᵉ éd.
Beaussire.
Antécédents de l'hégélianisme dans la philosophie française.
Bergson.
Le rire. 3ᵉ édit.
Ernest Bersot.
Libre philosophie.
Bertauld.
De la philosophie sociale.
Binet.
Psychologie du raisonnement. 3ᵉ éd.
Hervé Blondel.
Les approximations de la vérité.
C. Bos.
Psychologie de la croyance. 2ᵉ éd.
M. Boucher.
Essai sur l'hyperespace, le temps, la matière et l'énergie.
C. Bouglé.
Les sciences sociales en Allemagne. 2ᵉ édit.
J. Bourdeau.
Les maîtres de la pensée contemporaine. 3ᵉ éd.
E. Boutroux.
Conting. des lois de la nature. 4ᵉ éd.
Brunschvicg.
Introduction à la vie de l'esprit.
Carus.
La conscience du moi.
Coste.
Dieu et l'âme. 2ᵉ édit.
G. Danville.
Psychologie de l'amour. 3ᵉ édit.

L. Dauriac.
La psychol. dans l'Opéra français.
Delbœuf.
Matière brute et matière vivante.
L. Dugas.
Le psittacisme et la pensée symbolique.
La timidité. 3ᵉ édit.
Psychologie du rire.
L'absolu.
Dunan.
Théorie psychologique de l'espace.
Duprat.
Les causes sociales de la folie.
Le mensonge.
Durand (DE GROS).
Questions de philosophie morale et sociale.
E. Durkheim.
Les règles de la méthode sociologique. 3ᵉ édit.
E. d'Eichthal.
Correspondance inédite de J. Stuart Mill avec G. d'Eichthal.
Les probl. sociaux et le socialisme.
Encausse (PAPUS).
L'occultisme et le spiritualisme. 2ᵉ édit.
A. Espinas.
La philosophie expérimentale en Italie.
E. Faivre.
De la variabilité des espèces.
Ch. Féré.
Sensation et mouvement. 2ᵉ édit.
Dégénérescence et criminalité. 3ᵉ éd.
E. Ferri.
Les criminels dans l'art et la littérature. 2ᵉ édit.
Fierens-Gevaert.
Essai sur l'art contemporain. 2ᵉ éd.
La tristesse contemporaine. 4ᵉ éd.
Psychologie d'une ville. Essai sur Bruges. 2ᵉ édit.
Nouveaux essais sur l'art contemporain.
M. de Fleury.
L'âme du criminel.
Fonsegrive.
La causalité efficiente.

A. Fouillée.
La propriété sociale et la démocratie. Nouv. éd.

E. Fournière.
Essai sur l'individualisme.

Ad. Franck.
Philosophie du droit pénal. 5ᵉ édit.
Des rapports de la religion et de l'État. 2ᵉ édit.
La philosophie mystique en France au xviiiᵉ siècle.

Gauckler.
Le beau et son histoire.

E. Goblot.
Justice et liberté.

J. Grasset.
Les limites de la biologie. 2ᵉ édit.

G. de Greef.
Les lois sociologiques. 3ᵉ édit.

Guyau.
La genèse de l'idée de temps. 2ᵉ éd.

E. de Hartmann.
La Religion de l'avenir. 5ᵉ édition.
Le Darwinisme. 7ᵉ édition.

R. C. Herckenrath.
Probl. d'esthétique et de morale.

Marie Jaëll.
La musique et la psycho-physiologie.

W. James.
La théorie de l'émotion.

Paul Janet.
La philosophie de Lamennais.

J. Lachelier.
Du fondement de l'induction. 4ᵉ éd.

Mᵐᵉ Lampérière.
Le rôle social de la femme.

A. Landry.
La responsabilité pénale.

J.-L. de Lanessan.
Morale des philosophes chinois.

Lange.
Les émotions. 2ᵉ édit.

Lapie.
La justice par l'État.

Auguste Laugel.
L'Optique et les Arts.

Gustave Le Bon.
Lois psychologiques de l'évolution des peuples. 7ᵉ éd.
Psychologie des foules. 9ᵉ éd.

Lechalas.
Etude sur l'espace et le temps.

F. Le Dantec.
Le déterminisme biologique. 2ᵉ éd.
L'individualité et l'erreur individualiste.
Lamarckiens et darwiniens. 2ᵉ éd.

G. Lefèvre.
Obligation morale et idéalisme.

Liard.
Les Logiciens anglais contemporains. 4ᵉ édition.
Définitions géométriques. 3ᵉ édit.

H. Lichtenberger.
La philosophie de Nietzsche. 8ᵉ éd.
Aphorismes et fragments choisis de Nietzsche. 2ᵉ édit.

Lombroso.
L'anthropologie criminelle. 5ᵉ éd.
Nouvelles recherches de psychiatrie et d'anthropologie criminelle.
Les applications de l'anthropologie criminelle.

John Lubbock.
Le bonheur de vivre. 2 vol. 8ᵉ éd.
L'emploi de la vie. 5ᵉ édit.

G. Lyon.
La philosophie de Hobbes.

E. Marguery.
L'œuvre d'art et l'évolution.

Mariano.
La Philosophie contemp. en Italie.

Marion.
J. Locke, sa vie, son œuvre. 2ᵉ édit.

Maus.
La justice pénale.

Mauxion.
L'éducation par l'instruction.
Nature et éléments de la moralité.

G. Milhaud.
Essai sur les conditions et les limites de la certitude logique. 2ᵉ édit.
Le Rationnel.

Mosso.
La peur. 2ᵉ éd.
La fatigue intellect. et phys. 3ᵉ éd.

E. Murisier.
Les maladies du sentiment religieux. 2ᵉ édit.

A. Naville.
Nouvelle classification des sciences. 2ᵉ édit.

Max Nordau.
Paradoxes psychologiques. 5ᵉ éd
Paradoxes sociologiques. 4ᵉ édit.
Psycho-physiologie du génie et du talent. 3ᵉ édit.

Novicow.
L'avenir de la race blanche.

Ossip-Lourié.
Pensées de Tolstoï. 2ᵉ édit.
Philosophie de Tolstoï. 2ᵉ édit
La philos. soc. dans le théât. d'Ibsen.
Nouvelles pensées de Tolstoï.
Le bonheur et l'intelligence.

G. Palante.
Précis de sociologie. 2ᵉ édit.

Paulhan.
Les phénomènes affectifs. 2ᵉ édit.
J. de Maistre, sa philosophie.
Psychologie de l'invention.
Analystes et esprits synthétiques.
J. Philippe.
L'image mentale.
F. Pillon.
La philosophie de Charles Secrétan.
Mario Pilo.
La psychologie du beau et de l'art.
Pioger.
Le monde physique.
Queyrat.
L'imagination chez l'enfant. 3ᵉ édit.
L'abstraction, son rôle dans l'éducation intellectuelle.
Les caractères et l'éducation morale.
La logique chez l'enfant et sa culture. 2ᵉ éd.
P. Regnaud.
Précis de logique évolutionniste.
Comment naissent les mythes.
Charles de Rémusat.
Philosophie religieuse.
G. Renard.
Le régime socialiste. 4ᵉ édit.
A. Réville
Dogme de la divinité de Jésus-Christ. 3ᵉ éd.
Th. Ribot.
La philos. de Schopenhauer. 9ᵉ éd.
Les maladies de la mémoire. 17ᵉ éd.
Les maladies de la volonté. 19ᵉ éd.
Les maladies de la personnalité. 11ᵉ édit.
La psychologie de l'attention. 7ᵉ éd.
G. Richard.
Socialisme et science sociale. 2ᵉ éd.
Ch. Richet.
Psychologie générale. 5ᵉ éd.
De Roberty.
L'inconnaissable.
L'agnosticisme. 2ᵉ édit.
La recherche de l'Unité.
Auguste Comte et H. Spencer. 2ᵉ éd.
Le bien et le mal.
Psychisme social.
Fondements de l'éthique.
Constitution de l'éthique.
Frédéric Nietzsche.

Roisel.
De la substance.
L'idée spiritualiste. 2ᵉ édit.
Roussel-Despierres
L'idéal esthétique.
Émile Saisset.
L'âme et la vie.
Schopenhauer.
Le libre arbitre. 9ᵉ édition.
Le fondement de la morale. 8ᵉ éd.
Pensées et fragments. 18ᵉ édition.
Camille Selden.
La Musique en Allemagne.
P. Sollier
Les phénomènes d'autoscopie.
Herbert Spencer.
Classification des sciences. 7ᵉ édit.
L'individu contre l'État. 5ᵉ éd.
Stuart Mill.
Auguste Comte et la philosophie positive. 6ᵉ édition.
L'Utilitarisme. 3ᵉ édition.
Sully Prudhomme et Ch. Richet.
Le probl. des causes finales. 2ᵉ éd.
Tanon.
L'évol. du droit et la conscience soc.
Tarde.
La criminalité comparée. 5ᵉ éd.
Les transformations du droit. 2ᵉ éd.
Les lois sociales. 2ᵉ édit.
Thamin.
Éducation et positivisme. 2ᵉ éd.
P.-F. Thomas.
La suggestion, son rôle dans l'éducation intellectuelle. 2ᵉ édit.
Morale et éducation.
Tissié.
Les rêves. 2ᵉ édit.
Vianna de Lima.
L'homme selon le transformisme.
T. Wechniakoff.
Savants, penseurs et artistes.
Wundt.
Hypnotisme et suggestion.
Zeller.
Christ. Baur et l'école de Tubingue.
Th. Ziegler.
La question sociale est une question morale. 3ᵉ éd.

Derniers volumes publiés :

A. Bayet.
La morale scientifique.
A. Cresson.
La morale de Kant. 2ᵉ éd.
Marie Jaëll.
L'intelligence et le rythme dans les mouvements artistiques.

C.-A. Laisant.
L'éduc. fondée sur la science. 2ᵉ éd.
W.-R. Paterson (SWIFT)
L'éternel conflit.
Paulhan.
La fonction de la mémoire.
Queyrat.
Les jeux des enfants.

VOLUMES IN-8.

Brochés, à 5, 7 50 et 10 fr.; cart. angl., 1 fr. de plus par vol.; reliure, 2 fr.

Ch. Adam.
La philosophie en France (première moitié du XIXᵉ siècle). 7 fr. 50

Agassiz.
De l'espèce et des classifications. 5 fr.

Alengry.
La sociologie chez Aug. Comte. 10 fr.

Matthew Arnold.
La crise religieuse. 7 fr. 50

Arréat.
Psychologie du peintre. 5 fr.

P. Aubry.
La contag. du meurtre. 3ᵉ éd. 5 fr.

Alex. Bain.
La logique inductive et déductive. 3ᵉ édit. 2 vol. 20 fr.
Les sens et l'intell. 3ᵉ édit. 10 fr.

J.-M. Baldwin.
Le développement mental chez l'enfant et dans la race. 7 fr. 50

Barthélemy Saint-Hilaire.
La philosophie dans ses rapports avec les sciences et la religion. 5 fr.

Barzellotti.
La philosophie de H. Taine. 7 fr. 50

Bergson.
Essai sur les données immédiates de la conscience. 3ᵉ édit. 3 fr. 75
Matière et mémoire. 3ᵉ édit. 5 fr.

A. Bertrand.
L'enseignement intégral. 5 fr.
Les études dans la démocratie. 5 fr.

Em. Boirac.
L'idée du phénomène. 5 fr.

Bouglé.
Les idées égalitaires. 3 fr. 75

L. Bourdeau.
Le problème de la mort. 3ᵉ éd. 5 fr.
Le problème de la vie. 7 fr. 50

Bourdon.
L'expression des émotions et des tendances dans le langage. 7 fr. 50

Em. Boutroux.
Études d'histoire de la philosophie. 2ᵉ édit. 7 fr. 50

L. Bray.
Du beau. 5 fr.

Brochard.
De l'erreur. 2ᵉ éd. 5 fr.

Brunschvicg.
Spinoza. 3 fr. 75
La modalité du jugement 5 fr.

Ludovic Carrau.
La philosophie religieuse en Angleterre depuis Locke. 5 fr.

Ch. Chabot.
Nature et moralité. 5 fr.

Clay.
L'alternative. 2ᵉ éd. 10 fr.

Collins.
Résumé de la phil. de H. Spencer. 4ᵉ éd. 10 fr.

Aug. Comte.
La sociologie. 7 fr. 50

A. Coste.
Principes d'une sociol. obj. 3 fr. 75
L'expérience des peuples. 10 fr.

Crépieux-Jamin.
L'écriture et le caractère. 4ᵉ éd. 7 fr. 50

A. Cresson.
La morale de la raison théorique. 5 fr.

Devaule.
Condillac et la psychologie anglaise contemporaine. 5 fr.

G. Dumas.
La tristesse et la joie. 7 fr. 50

G.-L. Duprat.
L'instabilité mentale. 5 fr.

Duproix.
Kant et Fichte et le problème de l'éducation. 2ᵉ édit. 5 fr.

Durand (DE GROS).
Taxinomie générale. 5 fr.
Esthétique et morale. 5 fr.
Variétés philosophiques. 2ᵉ éd. 5 fr.

Durkheim.
De la div. du trav. soc. 2ᵉ éd. 7 fr. 50
Le suicide, étude sociolog. 7 fr. 50
L'année sociologique. 7 volumes :
1896-97, 1897-98, 1898-99, 1899-1900, 1900-1901. Chacune. 10 fr.
1901-1902, 1902-1903. Chac. 12 fr. 50

V. Egger.
La parole intérieure. 2ᵉ éd. 5 fr.

A. Espinas.
La philosophie sociale au XVIIIᵉ siècle et la Révolution. 7 fr. 50

G. Ferrero.
Les lois psychologiques du symbolisme. 5 fr.

Louis Ferri.
La psychologie de l'association, depuis Hobbes. 7 fr. 50

Flint.
La philosophie de l'histoire en Allemagne. 7 fr. 50

22 FÉLIX ALCAN, ÉDITEUR

Fonsegrive.
Le libre arbitre. 2ᵉ éd. 10 fr.
M. Foucault.
La psychophysique. 7 fr. 50
Alf. Fouillée.
La liberté et le déterminisme. 4ᵉ édit. 7 fr. 50
Critique des systèmes de morale contemporains. 4ᵉ éd. 7 fr. 50
La morale, l'art et la religion, d'après Guyau. 5ᵉ éd. 3 fr. 75
L'avenir de la métaphysique fondée sur l'expérience. 5 fr.
L'évolutionnisme des idées-forces. 7 fr. 50
La psychologie des idées-forces. 2 vol. 15 fr.
Tempérament et caractère. 3ᵉ édit. 7 fr. 50
Le mouvement idéaliste. 2ᵉ éd. 7 fr. 50
Le mouvement positiviste. 2ᵉ édit. 7 fr. 50
Psychologie du peuple français. 3ᵉ édit. 7 fr. 50
La France au point de vue moral. 2ᵉ édit. 7 fr. 50
Esquisse psychologique des peuples européens. 3ᵉ édit. 10 fr.
Nietzsche et l'immoralisme. 5 fr.
Ad. Franck.
La philosophie du droit civil. 5 fr.
G. Fulliquet.
Sur l'obligation morale. 7 fr. 50
Garofalo.
La criminologie. 5ᵉ édit. 7 fr. 50
La superstition socialiste. 5 fr.
L. Gérard-Varet.
L'ignorance et l'irréflexion. 5 fr.
E. Goblot.
La classific. des sciences. 5 fr.
A. Godfernaux.
Le sentiment et la pensée. 5 fr.
G. Gory.
L'immanence de la raison dans la connaissance sensible. 5 fr.
R. de la Grasserie.
De la psychologie des religions. 5 fr.
G. de Greef.
Le transformisme social. 2ᵉ éd. 7 fr. 50
La sociologie économique. 3 fr. 75
K. Groos.
Les jeux des animaux. 7 fr. 50
Gurney, Myers et Podmore
Les hallucin. télépath. 4ᵉ éd. 7 fr. 50
Guyau.
La morale angl. cont. 5ᵉ éd. 7 fr. 50
Les problèmes de l'esthétique contemporaine. 5ᵉ éd. 5 fr.
Esquisse d'une morale sans obligation ni sanction. 6ᵉ éd. 5 fr.
L'irréligion de l'avenir. 9ᵉ éd. 7 fr. 50

L'art au point de vue sociologique. 6ᵉ éd. 7 fr. 50
Hérédité et éducation. 7ᵒ éd. 5 fr.
E. Halévy.
La form. du radicalisme philos.
I. La jeunesse de Bentham. 7 fr. 50
II. Évol. de la doctr. utilitaire, 1789-1815. 7 fr. 50
III. Le radicalisme philos. 3 fr. 50
Hannequin.
L'hypoth. des atomes. 2ᵉ éd. 7 fr. 50
P. Hartenberg.
Les timides et la timidité. 2ᵉ éd. 5 fr.
G. Hirth.
Physiologie de l'art. 5 fr.
H. Hoffding.
Esquisse d'une psychologie fondée sur l'expérience. 2ᵉ édit. 7 fr. 50
J. Izoulet.
La cité moderne. 6ᵉ éd. 10 fr.
Paul Janet.
Les causes finales. 4ᵉ édit. 10 fr.
Œuvres phil. de Leibniz. 2ᵉ édition. 2 vol. 20 fr.
Victor Cousin et son œuvre. 3ᵉ édit. 7 fr. 50
Pierre Janet.
L'automatisme psychol. 4ᵉ éd. 7 fr. 50
J. Jaurès.
De la réalité du monde sensible. 2ᵉ édition. 7 fr. 50
Karppe.
Études d'histoire de philosophie. 3 fr. 75
A. Lalande.
La dissolution opposée à l'évolution, dans les sciences phys. et mor. 7 fr. 50
Lang.
Mythes, cultes et religions. 10 fr.
P. Lapie.
Logique de la volonté. 7 fr. 50
E. de Laveleye.
De la propriété et de ses formes primitives. 5ᵒ édit. 10 fr.
Le gouvernement dans la démocratie. 3ᵉ éd. 2 vol. 15 fr.
Gustave Le Bon.
Psych. du socialisme. 3ᵉ éd. 7 fr. 50
G. Lechalas.
Études esthétiques. 5 fr.
Lechartier.
David Hume, moraliste et sociologue. 5 fr.
Leclère.
Le droit d'affirmer. 5 fr.
F. Le Dantec.
L'unité dans l'être vivant. 7 fr. 50
Les limites du connaissable. 2ᵉ éd. 3 fr. 75

X. Léon.
La philosophie de Fichte. 10 fr.

L. Lévy-Bruhl.
La philosophie de Jacobi. 5 fr.
Lettres inédites de J. Stuart Mill
à Auguste Comte. 10 fr.
La philos. d'Aug.Comte.2ᵉ éd.7fr.50
La morale et la science des
mœurs. 2ᵉ éd. 5 fr.

Liard.
La science positive et la métaphy-
sique. 4ᵉ édit. 7 fr. 50
Descartes. 2ᵉ édit. 5 fr.

H. Lichtenberger.
Richard Wagner, poète et penseur.
3ᵉ édit. 10 fr.

Lombroso.
La femme criminelle et la prostituée
(en collab. avec M. Ferrero).
1 vol., avec planches. 15 fr.
Le crime polit.et les révol. (en collab. avec M. Laschi). 2 vol. 15 fr.
L'homme criminel. 3ᵉ édit. 2 vol.,
avec atlas. 36 fr.

É Lubac.
Esquisse d'un système de psychol.
rationnelle. 3 fr. 75

G. Lyon.
L'idéalisme en Angleterre au XVIIIᵉ
siècle. 7 fr. 50

P. Malapert.
Les éléments du caractère. 5 fr.

Marion.
La solidarité morale. 5ᵉ édit. 5 fr.

Fr. Martin.
La perception extérieure et la
science positive. 5 fr.

J. Maxwell.
Les phénomènes psych. 2ᵉ éd. 5 fr.

Max Muller.
Nouv. études de Mythol. 12 fr. 50

Myers.
La personnalité humaine. 7 fr.50

E. Naville.
La logique de l'hypothèse.2ᵉéd.5fr.
La physique moderne. 2ᵉ édit. 5 fr.
La définition de la philosophie. 5 fr.
Les philosophies négatives. 5 fr.
Le libre arbitre. 2ᵉ édition. 5 fr.

Max Nordau.
Dégénérescence. 2v. 6ᵉ éd. 17 fr. 50
Les mensonges conventionnels de
notre civilisation. 8ᵉ éd. 5 fr.
Vus du dehors. 5 fr.

Novicow.
Les luttes entre sociétés humaines.
2ᵉ édit. 10 fr.
Les gaspillages des sociétés modernes. 2ᵉ édit. 5 fr.

H. Oldenberg.
Le Bouddha, sa vie, sa doctrine,
sa communauté. 2ᵉ éd. 7 fr. 50
La religion du Véda. 10 fr.

Ossip-Lourié.
La philosophie russe contemp. 5 fr.

Ouvré.
Form.littér.de la pensée grecq. 10 fr.

G. Palante.
Combat pour l'individu. 3 fr. 75

Fr. Paulhan.
L'activité mentale et les éléments
de l'esprit. 10 fr.
Esprits logiques et esprits faux.
7 fr. 50
Les caractères. 2ᵉ édition. 5 fr.

Payot.
L'éducation de la volonté.20ᵉéd.5fr.
La croyance. 2ᵉ éd. 5 fr.

Jean Pérès.
L'art et le réel. 3 fr. 75

Bernard Perez.
Les trois premières années de l'en-
fant. 5ᵉ édit. 5 fr.
L'éd. mor. dès le berceau. 4ᵉ éd. 5 fr.
L'éd. intell.dès le berceau.2ᵉ éd.5 fr.

C. Piat.
La personne humaine. 7 fr. 50
Destinée de l'homme. 5 fr.

Picavet.
Les idéologues. 10 fr.

Piderit.
La mimique et la physiognomonie,
avec 95 fig. 5 fr.

Pillon.
L'année philosophique. 12 vol.: 1890,
1891, 1892. 1894, 1895, 1896, 1897,
1898, 1899, 1900, 1901, 1902. Séparément 5 fr.

J. Pioger.
La vie et la pensée. 5 fr.
La vie sociale, la morale et le
progrès. 5 fr.

Preyer.
Éléments de physiologie. 5 fr.
L'âme de l'enfant. 10 fr.

L. Proal.
Le crime et la peine. 3ᵉ éd. 10 fr.
La criminalité politique. 5 fr.
Le crime et le suicide passionnels.
10 fr.

F. Rauh.
De la méthode dans la psycholo-
gie des sentiments. 5 fr.
L'expérience morale. 3 fr. 75

Récéjac.
La connaissance mystique. 5 fr.

Renard.
La méthode scientifique de l'histoire littéraire. 10 fr.

Renouvier.

Les dilem. de la métaph. pure. 5 fr.
Hist. et solut. des problèmes mé-
taphysiques.   7 fr. 50
Le personnalisme.   10 fr.

Th. Ribot.

L'hérédité psycholog. 5e éd. 7 fr. 50
La psychologie anglaise contem-
poraine. 3e éd.   7 fr. 50
La psychologie allemande contem-
poraine. 4e éd.   7 fr. 50
La psych. des sentim. 4e éd. 7 fr. 50
L'évol. des idées générales. 2e éd. 5 fr.
L'imagination créatrice. 2e éd. 5 fr.

Ricardon.

De l'idéal.   5 fr.

G. Richard.

L'idée d'évolution dans la nature
et dans l'histoire.   7 fr. 50

E. de Roberty

Ancienne et nouvelle philos. 7 fr. 50
La philosophie du siècle.   5 fr.
Nouveau programme de sociol. 5 fr.

Romanes.

L'évol. ment. chez l'homme. 7 fr. 50

Ruyssen.

Évolut. psychol. du jugement. 5 fr.

A. Sabatier.

Philosophie de l'effort.   7 fr. 50

Emile Saigey.

Les sciences au XVIIIe siècle. La
physique de Voltaire.   5 fr.

E. Sanz y Escartin.

L'individu et la réforme sociale.
                             7 fr. 50

Schopenhauer.

Aphorisme sur la sagesse dans la
vie. 7e éd.   5 fr.
Le monde comme volonté et représentation. 3e éd. 3 vol. 22 fr. 50

Séailles.

Ess. sur le génie dans l'art. 2e éd. 5 fr.

Sergi.

La psychologie physiolog. 7 fr. 50

Sighele.

La foule criminelle. 2e édit.   5 fr.

Sollier.

Psychologie de l'idiot et de l'imbécile. 2e éd.   5 fr.
Le problème de la mémoire. 3 fr. 75

Souriau.

L'esthétique du mouvement.   5 fr.
La suggestion dans l'art.   5 fr.
La beauté rationnelle.   10 fr.

Herbert Spencer.

Les premiers principes. 9e éd. 10 fr.
Principes de psychologie. 2 vol. 20 fr.
Princip. de biologie. 5e éd. 2 v, 20 fr.
Princip. de sociol. 4 vol.   36 fr. 25
Essais sur le progrès. 5e éd. 7 fr. 50
Essais de politique. 4e éd.   7 fr. 50
Essais scientifiques. 3e éd.   7 fr. 50
De l'éducation physique, intellec-
tuelle et morale. 11e édit.   5 fr.

Stein.

La question sociale au point de
vue philosophique.   10 fr.

Stuart Mill.

Mes mémoires. 3e éd.   5 fr.
Système de logique déductive et
inductive. 4e édit. 2 vol.   20 fr.
Essais sur la Religion. 4e édit. 5 fr.

James Sully.

Le pessimisme. 2e éd.   7 fr. 50
Études sur l'enfance.   10 fr.

G. Tarde.

La logique sociale. 2e édit.   7 fr. 50
Les lois de l'imitation. 4e éd. 7 fr. 50
L'opposition universelle.   7 fr. 50
L'opinion et la foule. 2e édit. 5 fr.
Psychologie économique. 2 vol. 15 fr.

Em. Tardieu.

L'ennui.   5 fr.

P.-Félix Thomas.

L'éduc. des sentiments. 2e éd. 5 fr.
Pierre Leroux. Sa philosophie. 5 fr.

Thouverez.

Réalisme métaphysique.   5 fr.

Et. Vacherot.

Essais de philosophie critique. 7 fr. 50
La religion.   7 fr. 50

L. Weber.

Vers le positivisme absolu par
l'idéalisme.   7 fr. 50

Derniers volumes publiés :

Dauriac.

Essai sur l'esprit musical.   5 fr.

Draghicesco

Rôle de l'individu dans le déterminisme social.   7 fr. 50

E. Fournière.

Théories social. au XIXe siècle. 7 fr. 50

E. Gley.

Études de psycho-physiologie. 5 fr.

Jacoby.

La sélect. chez l'homme. 2e éd. 10 fr.

Lauvrière.

Edgar Poë. Sa vie. Son œuvre. 10 fr.

A. Lévy

La philosophie de Feuerbach. 10 fr.

Th. Ribot.

La logique des sentiments. 3 fr. 75

G. Saint-Paul.

Le langage intérieur et les para-
phasies.   5 fr.

James Sully.

Essai sur le rire.   7 fr. 50

1081-04. — Coulommiers. Imp. PAUL BRODARD. — 11-04.

www.ingramcontent.com/pod-product-compliance
Lightning Source LLC
Chambersburg PA
CBHW072226270326
41930CB00010B/2015